本书受以下基金项目资助：
上海市哲学社会科学规划项目：从君士坦丁堡到伊斯坦布尔：一座帝都的变迁史（2018ZCS005）
上海市浦江人才计划："一带一路"背景下的中国—土耳其关系（17PJC049）
上海市曙光学者计划：前线政体与转型社会——土耳其的民族主义及少数族裔问题（15SG38）
教育部哲学社会科学研究重大攻关课题（17JZD036）

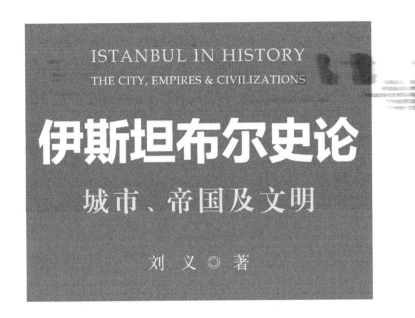

ISTANBUL IN HISTORY
THE CITY, EMPIRES & CIVILIZATIONS

伊斯坦布尔史论

城市、帝国及文明

刘义◎著

上海大学出版社

图书在版编目(CIP)数据

伊斯坦布尔史论：城市、帝国及文明/刘义著.—上海：上海大学出版社，2022.6
ISBN 978-7-5671-4470-5

Ⅰ.①伊… Ⅱ.①刘… Ⅲ.①伊斯坦布尔—历史 Ⅳ.①K374.0

中国版本图书馆 CIP 数据核字（2022）第 074285 号

责任编辑　徐雁华
封面设计　缪炎栩
技术编辑　金　鑫　钱宇坤

伊斯坦布尔史论：城市、帝国及文明
刘　义　著
上海大学出版社出版发行
（上海市上大路99号　邮政编码200444）
（http://www.shupress.cn　发行热线021-66135112）
出版人　戴骏豪

*

南京展望文化发展有限公司排版
江苏凤凰数码印务有限公司印刷　各地新华书店经销
开本710 mm×1000 mm　1/16　印张14　字数227千
2022年6月第1版　2022年6月第1次印刷
ISBN 978-7-5671-4470-5/K·257　定价　68.00元

版权所有　侵权必究
如发现本书有印装质量问题请与印刷厂质量科联系
联系电话：025-57718474

目录 | contents

序　伊斯坦布尔的多维面孔 / 001

通史篇

基督信仰与罗马帝国：君士坦丁大帝的功绩 / 013

帝国更替与文明兴衰：全球史上的1453年 / 025

从鲁米利亚到安纳托利亚：土耳其的现代化历程 / 038

从新土耳其到新奥斯曼主义：埃尔多安的苏丹梦 / 051

分析篇

伊斯兰教与世俗主义：土耳其的意识形态之争 / 067
政党选举与暴力恐怖：土耳其的民族主义问题 / 083
东方政策与西方民主：土耳其的社会主义运动 / 096
伊斯兰教与女性主义：土耳其的性别政治问题 / 112

交往篇

美国传教士在奥斯曼帝国的产业：罗伯特学院 / 133
超越文明冲突论：伯纳德·刘易斯的中东史观 / 149
丝路史学的建构：全球性、关联性及公共性 / 163
当孔子来到博斯普鲁斯：个人经验与反思 / 173

参考文献 / 185

| 序 | preface |

伊斯坦布尔的多维面孔

纵然每一座城市都有着斑斓的色彩和绚丽的历史，但相比于伊斯坦布尔或许都会有些黯然失色。伊斯坦布尔的魅力很大程度上在于各种错综复杂的矛盾，如传统与现代、东方与西方、神圣与世俗，最诡异的则莫过于黑海和白海（即地中海）在博斯普鲁斯海峡的暗流涌动。我的伊斯坦布尔历史书写源于一段工作和生活的经历，而碰巧自己又是一个从事相关研究的历史学者。因此，这里的文字，部分来自观察，部分则来自体验，另外还需加上一些人文的关怀。伊斯坦布尔的辉煌，不可以限制于任何一位作者的笔下；众人可做的，往往是在博斯普鲁斯海峡取一瓢饮[1]。对于受过严格训练的历史学者，则可能面临更多的困惑，甚至于有些无从下手。无论如何，既然来到了这里，或许就应该纵身一跃，在激浪中挣扎一回。抱着这样的心态，我开始了这一段探索历程。

---

[1] 部分代表性著作可参见 John Freely, *Istanbul: The Imperial City*, London: Penguin, 1998; Peter Clark, *Istanbul: A Cultural History*, Northampton, MA: Interlink Books, 2012；麦登：《荣耀之城·伊斯坦堡——位处世界十字路口的伟大城市》，林玉菁译，台北：马可孛罗文化，2018年；休斯：《伊斯坦布尔三城记》，黄煜文译，上海：上海三联书店，2019年。

一、过去与现在：一座绚丽多彩的城市

习惯上，人们经常会说，伊斯坦布尔是横跨欧亚、连接东西方的桥梁。这确实不错。在著名的博斯普鲁斯大桥两边，就竖立着两块分别写着"欢迎来到欧洲"和"欢迎来到亚洲"的路标。在塔克西姆广场附近的独立大街上，游客们也时常发现，身着黑色罩袍的穆斯林妇女和穿着吊带衫的时尚女郎并肩而行。另外，在林立的清真寺之间，你还会看到鳞次栉比的酒吧和其他娱乐场所。

这就是伊斯坦布尔——一座充满矛盾而又迷人的城市。这里曾经是拜占庭帝国的君士坦丁堡；实际上，一直到很近的时期，英语世界的人们还是习惯称它的这个名字。即便在1453年被奥斯曼军队攻陷后，"君士坦丁耶"（Kostantiniyye）也只是其土耳其语的别称。直到1930年，"伊斯坦布尔"才成为这座城市的官方名字，其含义即"去那城"。无论是君士坦丁堡还是伊斯坦布尔，它确实配得上"那城"。正如诸多旅游手册经常引用的拿破仑的话——"如果世界是一个国家，它的首都一定是伊斯坦布尔"。

伊斯坦布尔的伟大与壮丽基于其绚烂的色彩。著名人类学家简·加内特在其经典著作《土耳其的城乡生活》（*Turkish Life in Town and Country*）中曾描述道：

> 来自不同民族的人们，穆斯林、基督徒和犹太人，共同组成了这一国际大都市的人口，分居在城市的不同角落里。在忙完一天的生意后，或者是诚实的交往，或者是参照某种商业伦理，在日落时休憩于完全不同的世界，并因为语言、宗教、传统、民族自豪感或社会习俗而几乎彼此隔绝。本地居民的生活和思想，极少受到这些跟他们打交道的外国人的影响。[1]

---

[1] Lucy Mary Jane Garnett, *Turkish Life in Town and Country*, New York and London: The Knickerbocker Press, 1904, pp. 35-36.

当人们来到著名的苏丹艾哈迈德广场，会惊奇地发现，代表东正教文明的圣索菲亚大教堂和代表伊斯兰文明的蓝色清真寺竟然只有百米之遥，而且看起来非常相似。人们所不太熟悉的是，除了从教堂变为清真寺，圣索菲亚大教堂还在十字军东征时期充当过一段时期的天主教的教堂[1]，而蓝色清真寺之蓝，竟然跟来自中国的青花瓷有着密切的关系。又或者，当伫立在加拉塔大桥之上，我们竟然看到三股水的交汇——金角湾、博斯普鲁斯及马尔马拉海。它们隔开的不仅仅是东方与西方，还有过去与现在。

然而，对于大部分的伊斯坦布尔人来说，或许只有在面对游客时他们才会想到这些。在大部分的时间里，他们只是安居于各自的小区，过着日常琐碎的生活。许多上班族每日都往返于旧城与新城、欧洲与亚洲之间；而对于他们来说，这就像从上海的浦西到浦东一样，并没有特别明显的感觉。但是，在美丽的博斯普鲁斯大桥之下，你却会隐约感觉到两股不同的海水之间的涌动。黑海的深沉和白海的绚丽相交融，形成了伊斯坦布尔阴晴多变的天气，也造就了伊斯坦布尔人悠忽不定的性格。

二、黑海与白海：呼愁之伤

有别于外来的游客，土耳其人确实对黑海与白海的交融有着深切的体会，并形塑了其内在的精神气质。这超越了我们关于欧洲与亚洲、东方与西方的表面判断。中国作家莫言在评论奥尔罕·帕慕克的小说时说："天空中冷空气与热空气交融会合的地方，必然会降下雨露；海洋中寒流与暖流交汇

---

[1] 圣索菲亚大教堂的历史可以追溯到君士坦丁大帝时期。现存的建筑由查士丁尼大帝于532—537年间重建。1204年第四次十字军东征攻陷君士坦丁堡后，圣索菲亚大教堂被改为天主教的教堂，持续到1261年。1453年，奥斯曼苏丹又将其改为清真寺。1935年，土耳其共和国的创立者凯末尔将其改为博物馆。2020年，土耳其总统埃尔多安又将其改为清真寺。世界各地还有很多圣索菲亚教堂，如希腊的萨洛尼卡、土耳其的特拉布宗和保加利亚的索菲亚，多以君士坦丁堡的这座为原型，但不如其持续久远、跌宕起伏。关于其辉煌的历史，参见 Rowland J. Mainstone, *Hagia Sophia: Architecture, Structure, and Liturgh of Justinian's Great Church*, New York: Thames and Hudson, 1998.

的地方繁衍鱼类；人类社会多种文化碰撞，总是能产生出优秀的作家和优秀的作品。因此可以说，先有了伊斯坦布尔这座城市，然后才有了帕慕克的小说。"[1]

不同空气和水流的交融，让莫言首先想到了中国背景式的生产，而对于生长在土耳其社会文化中的帕慕克来说，却形成了一种忧郁式的感伤。在《伊斯坦布尔：一座城市的记忆》中，这被表述为"呼愁"的主题。帕慕克认为，"呼愁"体现了"集体而非个人的忧伤"[2]。它是一种"看待我们共同生命的方式"[3]，是一种精神境界和思想状态。在小说家的笔下，它化为诸多纷乱而随意的景象，却又凝聚在某种具体的行为上。所谓"美景之美，在其忧伤"。

然而，"呼愁"作为伊斯坦布尔人的一种集体气质，就决不会只是小说家个人多愁善感的情绪流露。相比于列维－斯特劳斯在《忧郁的热带》里所描绘的忧伤主题，帕慕克即指出："差异在于伊斯坦布尔辉煌的历史和文明遗迹处处可见。"[4] 这构成了"呼愁"最基本的历史资源——伟大的过去和不堪的现在。这是土耳其人在一战后的一种普遍情绪。"在废墟中寻找一个新土耳其"[5]，成为近代以来土耳其人追逐的梦想。然而，作为小说家的帕慕克不同于作为政治家的凯末尔。他学会了欣赏这种废墟之美，甚至将此类比于他和哥哥之间的打架。为此，他将个人的命运和城市的命运连接在了一起。

"呼愁"也体现了一种文学气质，特别是法国文学的影响。曾经的佩拉大街几乎成了现代美好时光的象征。想想即便是伊斯兰教的经典《古兰经》，一度在奥斯曼晚期最流行的译本是法语而不是土耳其语。法国文学对土耳其的影响更是可以想象。帕慕克阅读法国文学，也向法国作家学习。他特别提到奈瓦尔、戈蒂耶和福楼拜在伊斯坦布尔的情形。他未必赞同他们，却希望通过

---

[1] 这最初源自2006年10月25日莫言在土耳其驻华大使馆组织的关于帕慕克的作品《我的名字叫红》一书的研讨会上的讲话，后被多处转载，曾被附于《伊斯坦布尔：一座城市的记忆》一书中文版的封底。在评价帕慕克的小说《雪》时，莫言再次引述了这段话。

[2] 帕慕克：《伊斯坦布尔：一座城市的记忆》，何佩桦译，上海：上海人民出版社，2007年，第85页。

[3] 帕慕克：《伊斯坦布尔：一座城市的记忆》，第87页。

[4] 帕慕克：《伊斯坦布尔：一座城市的记忆》，第96页。

[5] 帕慕克：《伊斯坦布尔：一座城市的记忆》，第235页。

他们的眼光来了解伊斯坦布尔。而且，如帕慕克自己所说，作为一名既天真又感伤的小说家，他从西方人那里学到了小说的技艺，却还要比他们表现得更好。

"呼愁"的一种更深层次的根源在于土耳其的苏菲主义传统，特别是梅乌拉那·鲁米的《玛斯纳维》。帕慕克解释说："对苏菲派来说，'呼愁'是因为不够接近真主安拉因为在这世上为安拉做的事不够而感到的精神苦闷。"[1] 由于感到对安拉的领悟不够深刻，所以他们倍感痛苦；但他们更大的痛苦却在于，因为不能体验到这种因不足而产生的痛苦。然而，帕慕克紧接着就解释说："我之所以阅读了大量的土耳其经典著作、波斯和苏菲派经典，主要是基于一个世俗的层面上来读，而非宗教的层面。"[2] 换句话说，帕慕克重视的是它们的文学和思想资源。

帕慕克确实擅长从不同的文化传统汲取资源。譬如，他多次提到托尔斯泰的《安娜·卡列尼娜》，对其中的文学手法甚为钦佩。联想俄罗斯文化中深沉的东正教因素，以及君士坦丁堡曾经是东正教之都，或许从文化的层面上帕慕克都受到了影响。他也欣赏中国的山水画，认为其提供了一种类似小说的景象，并将其视为影响土耳其细密画的资源之一[3]。帕慕克实际上到访过中国，不过他觉得中国读者并没有真正理解自己。

三、东方与西方：怀旧的现代性

土耳其和中国之间的感情联系，基于都有伟大文明及其近代以来在西方文化冲击下有类似的变迁。在著名思想家康有为等人的笔下，晚期奥斯曼帝国和清朝相对应，成为"西亚病夫"和"东亚病夫"的难兄难弟。这也构成了近代以来中国人希望探索和了解土耳其的一个思想根源。

---

[1] 帕慕克：《伊斯坦布尔：一座城市的记忆》，第86页。
[2] 帕慕克等：《帕慕克在十字路口》，南京：译林出版社，2017年，第14页。
[3] 关于帕慕克的小说写作，可参其在哈佛大学的演讲集。帕慕克：《天真的和感伤的小说家》，彭发胜译，上海：上海人民出版社，2012年。

2013年，因有着对伊斯坦布尔作为东西方桥梁的想象，也因有着近代以来中国知识分子的惯性感伤，我踏上了土耳其的土地，背包里正好装着一本帕慕克的《伊斯坦布尔：一座城市的记忆》。我曾多次从浦东机场短暂离开上海这个第二故乡，但那一次我却有一种莫名其妙的独特感伤。在来到伊斯坦布尔之前，我仿佛已经披上了帕慕克的影子。

在伊斯坦布尔，我的工作和生活离帕慕克都不是那么远，但我们从未在任何场合有谋面的机会。这让我更多地可以从文学的场景而不是以个人来理解帕慕克。我工作的海峡大学的前身正是帕慕克曾学习过的罗伯特学院。帕慕克的哥哥和嫂子都在那里工作。他嫂子还曾担任海峡大学孔子学院的外方理事长。从婴儿湾到黄金地的海峡沿岸，也是我们经常活动的地方。特别是在当地工作的最后一年，我就住在与尼山塔什一街之隔的波曼提。我们的一个教学点则位于许多中产家庭休假的海贝里岛。

尝试从帕慕克的角度阅读伊斯坦布尔，我首先会想到林语堂和他的小说《京华烟云》。他们都是受西方文化深刻影响的本土作家，又都在西方文化的冲击下返回各自的传统寻找资源。要说到伊斯坦布尔作为帝都的衰落，我们特别容易联想到电影《末代皇帝》所反映的"紫禁城的黄昏"。若论作为现代城市，特别是其在文学中的景象，香港导演王家卫电影中的上海意境则有更多的相似性，而要说到帝都的变迁和衰落，或许我们更愿意提到西安和南京。因此，在中国，我们其实是找不到跟伊斯坦布尔完全匹配的一座城市的。

不过，我确实愿意追寻伊斯坦布尔和上海之间的现代都市情结。2015年，在博斯普鲁斯电影节期间，我在自己工作的地方组织了一个以"夜上海"为主题的电影周，一部代表作即彭小莲导演的《上海伦巴》。光是名字，这就给人们以无尽的想象。联想到20世纪30年代的十里洋场，法租界里没落的白俄贵族，这确实体现了一种"怀旧的现代性"（nostalgic modernity）。不同的是，土耳其人曾经因为政治伊斯兰的复兴而兴起了一种对世俗主义的怀旧情绪；中国人则是因为现代化过快而产生了一种对近代历史的浪漫想象。

作为姊妹城市，上海和伊斯坦布尔之间的区别确实大过了相似性。伊斯坦布尔从帝都到现代城市的变迁，培育了一种落寞的忧伤情绪。在李天纲所写的《人文上海》一书中，除了那种表象的"罗曼蒂克消亡史"，我们更发掘了从现代商业中培养出的市民精神[1]。另外，联想到上海曾经收容逃亡的白俄贵族，二战时期更是成为唯一对犹太人张开怀抱的城市，一种海纳百川的精神油然而现。相比而言，伊斯坦布尔的多元性则在一战后骤然消失，跟希腊的人口交换更是反映了一种狭隘的民族主义精神。因此，在加拉塔大桥和黄浦江边，我们看到了当下迥然不同的风景。

四、中心与边缘：难解之困

如果作为一个外国人生活在伊斯坦布尔，土耳其人一定会反复教导你，伊斯坦布尔不能代表土耳其。当然，如果在伊斯坦布尔只知道贝伊奥卢和贝希克塔什这样的地区，那你就只能是外国人。然而，我所在的海峡大学的师生就经常被当地人称为"本土异民"（native alien）。

我曾有幸到博斯普鲁斯海峡边上的一家富人别墅去做客。故意做旧的欧式沙发、餐桌上流利的英语谈话以及不言自喻的礼节和习惯，都让你切身体会到上层中产阶级仅仅用金钱换不来的奢华。因为，在这一切的背后，实际上都渗透着西式文明所教化的修养。然而，当有一次我因追寻君士坦丁时期的遗迹而无意闯入法提赫的平民街区，我顿时体会到一种杂乱中的萧条。跟我同行的女学生则直接被身着黑色罩袍的妇女和追着讨钱的小孩儿给吓到了。这不是帕慕克所说的伟大文明的废墟，而是在现代都市里真实的贫民区。

伊斯坦布尔的富裕和贫穷其实经常比邻而居。20世纪70年代，土耳其在城市化进程中产生了大量的棚户区。本来是在小山上临时搭建的房子，后来因为驱逐不及竟然非法变合法了。我所在的海峡大学旁边就是一个叫纳菲巴巴的棚户区，我们还经常开玩笑地将该区的清真寺作为办公楼的地标。我的一个朋友则住

---

[1] 李天纲：《人文上海——市民的空间》，上海：上海教育出版社，2004年。更多关于上海城市文化的讨论，参见忻平：《从上海发现历史——现代化进程中的上海人及其生活》，上海：上海人民出版社，1996年；白吉尔：《上海史：走向衰落之路》，王菊、赵念国译，上海：上海社会科学院出版社，2005年；熊月之、周武：《上海：一座现代化都市的编年史》，上海：上海书店出版社，2007年；李欧梵：《上海摩登——一种新都市文化在中国 1930—1945》，毛尖译，上海：上海三联书店，2008年；苏智良：《上海：城市变迁、文明演进与现代性》，上海：上海人民出版社，2011年。

在以保守穆斯林政党选票区著称的于姆拉尼耶。每到周末的时候，经常可以看到往返于城乡之间的居民。街上有人开着车叫卖土豆等农产品，顽皮的孩子会光着上身在街上踢足球，而不顾邻居家的玻璃和来往的车辆。这当然是另一个非常不同的伊斯坦布尔。

走出伊斯坦布尔更是别有一番风景。朋友们经常嘲笑土耳其首都安卡拉的破旧与落后，戏称其为"安村"。即便是在以西化著称的爱琴海城市伊兹密尔，破旧也是一个显著特征。然而，土耳其确实意味着很多。我跟朋友一起驾车造访黑海城市特拉布宗。除了著名的修道院和索菲亚教堂，那里的人们高鼻梁下的直率与真诚给我留下了深刻的印象；而在靠近叙利亚边境的哈塔伊，我更是与当地的一大家子人过了个开斋节。我们尽情地享受着当地的美食，喝着自家酿的拉克酒，抽着阿拉伯水烟，似乎忘记了所有的忧愁，包括邻近的战争。

帕慕克的小说《雪》也反映了一个不同于伊斯坦布尔的故事[1]。那里有宗教激进主义者，也有极端的民族主义者，当然还有流血与冲突。土耳其东南部的库尔德人地区确实十分敏感和危险，所以我一直无缘去实地看看，但我们依旧可以通过不同的作家了解土耳其的生活。在2013年的一次中土作家对话活动中，我们通过穆拉特罕·蒙甘体会了土耳其的语言之美，通过拉蒂芙·泰金体会了棚户区人民的生活，通过杰克琳·切利克体会到了亚美尼亚裔的疾苦。无疑，土耳其有着更广阔的世界和更丰富的人群。

我之所以离开伊斯坦布尔是因为一份工作的结束，也慨叹于现实生活的无望。当土耳其再一次陷入政变，平民和士兵在博斯普鲁斯大桥上扭打，再加上频繁的暴恐和不断贬值的里拉，我只得充满感伤地离开。但这却不是因为帕慕克所说的忧伤，而是中国知识分子梁漱溟所反思的——"这个世界会好吗？"

小结

每一座城市都有自身独特的叙事方式。对于现代人来说，最直观的方式莫过

---

[1] 莫言：《好大一场雪——〈雪〉赏析》，《作家》2008年第13期。

于小说。除了帕慕克的自传体式记忆,《佩拉宫的午夜:现代伊斯坦布尔的诞生》是另外一部动人心弦的文学作品。佩拉本身就是伊斯坦布尔都市现代性的典型表征,而午夜则更是充满了法兰西式的扑朔迷离,让人浮想联翩[1]。近期还有其他陆续翻译成中文的以伊斯坦布尔为主题的小说,如《伊斯坦布尔之仁慈七日》《伊斯坦布尔假期》《开往伊斯坦布尔的最后列车》《伊斯坦布尔,伊斯坦布尔!》[2],这无疑让伊斯坦布尔在中国读者的心里更具吸引力。然而,我们如何能超越西方作家习惯性的东方想象,从一个真实的角度去理解当地社会?这一下子少了许多的浪漫,却是成年人不得不面对的现实。

相对于伊斯坦布尔的辉煌,眼前的这本书稿显得有些微不足道。我的关注兴趣,开始于小说激起的"怀旧的现代性"。书稿的写作,则基于一种文明史的考量。伊斯坦布尔可能最具备一个文明交会点的所有特征——传统与现代、东方与西方。这里最初就是作为一个希腊城邦而出现的,后来则演化为希腊化的帝国,并被抄袭和模仿。政治始终是城市生活的核心。书稿分为三大部分:第一部分从通史的角度梳理了伊斯坦布尔的历史演变;第二部分集中分析奥斯曼—土耳其社会的各种思潮;第三部分则探讨了伊斯坦布尔与其他外来文明的交往。我的笔墨着重在这些文明的交会点上,如文明之间的更替、不同社会思潮的交错、外来文明的碰撞等。城市本身的描绘则点缀于文明史的宏大叙事中。姑且以"史论"冠之,并附以城市、帝国及文明的副题。

---

[1] Charles King, *Midnight at the Pera Palace: the Birth of Modern Istanbul*, New York and London: W.W. Norton & Company, 2014. 中译本参见金:《佩拉宫的午夜:现代伊斯坦布尔的诞生》,宋非译,北京:社会科学文献出版社,2016年。

[2] 居尔索伊:《伊斯坦布尔之仁慈七日》,夏勇敏译,北京:中国国际广播出版社,2010年;李维:《伊斯坦布尔假期》,张怡译,长沙:湖南文艺出版社,2017年;库林:《开往伊斯坦布尔的最后列车》,解村译,北京:外语教学与研究出版社,2018年;索恩梅兹:《伊斯坦布尔,伊斯坦布尔!》,丁林棚译,北京:外语教学与研究出版社,2019年。

通史篇

基督信仰与罗马帝国：
君士坦丁大帝的功绩

在人类文明的历史长河中，君士坦丁大帝绝对是一个杰出的符号。306 年，其父君士坦提乌斯去世后，他被拥立为罗马的西部皇帝。312 年，他打败马克森提乌斯，取得罗马。324 年，他击败东部皇帝李锡尼，成为罗马唯一的皇帝。330 年，历经六年的工程，作为新罗马的君士坦丁堡建成。337 年，在临死之前，君士坦丁在病榻上接受洗礼[1]。作为第一位基督教皇帝，君士坦丁的个人信仰和罗马帝国的宗教政策成为谜一样的问题。这是因为，基督徒和非基督徒对该问题有着完全不同的解答；而在丰富的教会史文献中，君士坦丁个人被大大神化了。君士坦丁在多大程度上是一位虔诚或合格的基督徒？基督教对罗马帝国的影响如何？君士坦丁的个人信仰和帝国的意识形态之间又有什么关联？[2]

在一定程度上，现代的读者是比较幸运的，因为很多杰出的历史学家在这方

---

[1] 一个普及性的读本参见沃尔沃蒂：《君士坦丁大帝》，林丽冠译，北京：中国工人出版社，2010 年。
[2] 国内学者的相关研究参见陈志强、马巍：《君士坦丁基督教政策的政治分析》，《南开学报（哲学社会科学版）》1999 年第 6 期；郭长刚：《罗马帝国基督教政策探析——兼论基督教文化的本位主义特征》，《齐鲁学刊》2002 年第 2 期；袁波：《基督教的传播与罗马帝国统治者的因应对策》，《世界宗教研究》2011 年第 3 期；张庆熊：《通往罗马路上的文化交流和融合——解读早期基督教会从受迫害的宗教到成为"国教"的历史》，《复旦学报（社会科学版）》2017 年第 6 期。

面留下了非常精彩的记述。其中，教会史的开创者尤西比乌斯的《君士坦丁传》、启蒙历史学家爱德华·吉本的《罗马帝国衰亡史》和文艺复兴史的作者布克哈特的《君士坦丁大帝时代》，是三部经典的代表，而且不难想象，这三位历史学家的不同标签直接影响了他们笔下的君士坦丁形象。从完全的神化到彻底的俗化，这模糊了历史学的真实，却促使当代学人不断地反思。本部分无意对这一事情作一个完整的梳理，而是希望以个人的基督信仰和帝国的意识形态建构为出发点，通过不同的历史叙述来解析君士坦丁身上的这一矛盾特征。这构成了我们探讨基督教与罗马帝国关系的一个重要基础[1]。

一、教会史中的君士坦丁

被誉为"教会史之父"的尤西比乌斯（或译为"优西比乌"）[2]是最早为君士坦丁著书立传的作者。与很多后来的作者相比，尤西比乌斯和君士坦丁是同时代的人，且在当时的工作和生活中有诸多交集，甚至有利益的牵扯。在一定程度上，人们理当期盼尤西比乌斯可以提供很多后来人都无法得知的私密信息。然而，实际上，教会史家却走向了另一个极端。他几乎完全照着基督教圣徒传记的传统来描述君士坦丁，其中的溢美之词几近谄媚，从而严重影响了这一早期传记的可信性和可读性。

尤西比乌斯是从君权神授的角度来介绍君士坦丁的。他称赞说："他是一切时代里拥有广泛声望的皇帝当中唯一一个被上帝树立为杰出人物及正确无误之敬神先驱的人，他也是唯一一个上帝通过每一个赐予他的恩惠来对他所践行的宗教提供令人信服的证明的人。"[3] 尤西比乌斯详细地阐述君士坦丁和上帝之间的这种特殊关系：

他用整整三十年来为其帝国统治增光，又用两倍的年数来限定其人寿的

---

[1] 雷立柏：《古希腊罗马与基督宗教》，北京：社会科学文献出版社，2002年；杰弗斯：《古希腊—罗马文明：历史和背景》，谢芬芬译，包兆会校，上海：华东师范大学出版社，2013年。
[2] 优西比乌：《教会史》，瞿旭彤译，北京：生活·读书·新知三联书店，2009年。
[3] 尤西比乌斯：《君士坦丁传》，林中泽译，北京：商务印书馆，2018年，第161页。

长度。在把他打造成他自身的君主制统治的楷模之后,他又指定他为整个暴君的战胜者和与上帝争斗的巨人族的消灭者,这些人心智狂乱地举起武器反对宇宙的主权者。你也许会说,他们似乎很快就要被剿灭,而作为纯一和唯一的上帝,在一个反对许多的时候,会用神圣的甲胄来为他的仆人设防。通过他,他净化了不信神的民众之人性,并把他树立为一名真正献身于万民万邦的教师,用所有人都能听到的洪亮声音证明:他们应当知道上帝是谁,因而从那些根本不存在的众神的错误崇拜当中摆脱出来。[1]

君士坦丁被誉为上帝的使徒,而他的丰功伟绩则成为上帝祝福的见证。尤西比乌斯总结说:"作为一名皇帝他是如此伟大,没有人记得在古时的报道中有过与之相匹敌者;作为一位极幸福者,他如此受神所爱戴,如此纯真的虔诚和完善,以至于他能完全轻而易举地比他的先人们统治了更多的民族,并保持自己的统治区域分毫未损直到生命的最后一刻。"[2]

尤西比乌斯对君士坦丁神化的塑造,一个重要的案例即为与李锡尼的战争。尤西比乌斯努力塑造李锡尼迫害基督徒的形象,而君士坦丁则被树立为基督徒的保护者。在总结战争胜利的时候,尤西比乌斯写道:

> 既然恶人已被除去,阳光开始普照,独裁者的暴政终于受到了净化。整个罗马的版图又连接在一起,东部地区的人民与另一半地区的人民结成一体,罗马整个躯体获得了作为其首领的单一普遍政府的有序处置,该政府的单一统治者的权威已经延伸到每一部分。……他使罗马帝国重新团结在一个首领的领导之下,就像旧时代那样;他是第一个向所有人宣布上帝拥有唯一君主权的人,他本人作为罗马世界的唯一君主,也对罗马统治下的整个人类行使统治权。对邪恶的一切恐惧都被去除了,这些邪恶过去曾经压迫过所有人。[3]

这里充满了启示论的精神。战争的胜利不仅仅意味着权力之争的胜出,更是

---

[1] 尤西比乌斯:《君士坦丁传》,第161—162页。
[2] 尤西比乌斯:《君士坦丁传》,第162页。
[3] 尤西比乌斯:《君士坦丁传》,第220—221页。

意味着光明战胜了黑暗，并最终统一在上帝的神圣光环下。帝国的统一与上帝的主权相一致。

尤西比乌斯还进一步将李锡尼与君士坦丁的这种对比延伸到同其他罗马皇帝的比较上：一是他们强制推行诸种假神崇拜，君士坦丁则督促他们承认唯一的真神；他们用亵渎的语言嘲笑上帝的基督，君士坦丁则以基督受难的标志而自豪。二是他们把上帝的仆人们赶走，君士坦丁则把他们全部召回来；他们查封敬畏上帝者的生活资料，君士坦丁则对他们进行慷慨地赠予。三是他们用书面法令的形式对教会领袖们进行污蔑，君士坦丁则用通告和法律的形式赐予他们更为高贵的头衔；他们完全毁灭了崇拜场所，君士坦丁则动用帝国国库的资金扩建这些崇拜场所。四是他们命令受神启示的《圣经》必须被付之一炬，君士坦丁则下令必须动用帝国国库的资金来复制足够数量的《圣经》。五是他们命令任何地方都不允许举行主教们的宗教会议，君士坦丁则把他们从各个行省集合到自己的跟前并允许他们进入宫殿。六是他们使上帝的殉道者遭到最凶恶的惩罚，君士坦丁则从未停止过纪念上帝的神圣殉道者[1]。

为了解决教会内部的分歧，君士坦丁亲自主持召开了在尼西亚的第一次大公会议，指出"上帝教会的内部分裂比任何战争或凶猛的战斗更加严重"[2]，因此，他试图寻求"一个单一的信念、一个纯粹的爱和一种宗教"[3]。君士坦丁下令在耶路撒冷建造著名的圣墓大教堂。他说："我最大的关切就是：我已遵上帝之命，把神圣场所从骇人听闻的偶像负担之中解救出来……神圣场所从一开始就因上帝的命令而变得神圣……神圣场所必须被我们装饰上漂亮的建筑。"[4] 他也在君士坦丁堡修建大教堂并在里面建了自己的墓室。君士坦丁声称自己是"上帝所任命的管理教会之外的人们的主教"，从而区别于作为神职人员的"教会之内的人们的主教"[5]。君士坦丁的母亲海伦娜本身就是一位虔诚的基督徒。他也让他的三个儿子接受基督教的教导。最后，在病榻上，君士坦丁请求主教们为他施洗。他说：

---

[1] 尤西比乌斯：《君士坦丁传》，第257—259页。
[2] 尤西比乌斯：《君士坦丁传》，第267页。
[3] 尤西比乌斯：《君士坦丁传》，第270页。
[4] 尤西比乌斯：《君士坦丁传》，第281页。
[5] 尤西比乌斯：《君士坦丁传》，第328页。

"如果生与死之主希望我们在这里再生一次,即使那是最后的一次;如果我们在来世无疑能够跻身于上帝人民的行列中,并与他们一起参与对上帝的祷告,我现在就要为自己确立适宜于上帝服务的生命规则。"[1]

在纪念君士坦丁即位30周年的庆典上,尤西比乌斯把这种称赞上升到了极致,甚至将皇帝与基督类比。他声称:"一个皇帝、一种宗教和拯救方法、一种基督的学说的知识,已经为全人类所深知。""借用同一位上帝的明确命令,祝福的两大根源,即罗马帝国和基督教虔诚的学说,为了人类的利益而一起出现。"[2]尽管他的溢美甚至谄媚之词,让其传记的可信性大大减低;然而,这似乎无损于其作为"教会史之父"的美誉。尤西比乌斯是从教会史的角度来描绘君士坦丁大帝的。这里面有感恩,也有神化,更体现了基督徒对君士坦丁的基本态度和情感。这种历史的叙述延续到之后的教会史书写,成就了君士坦丁在基督教史中的一个经典形象[3]。

二、帝国史中的君士坦丁

启蒙时代的历史学家爱德华·吉本和他的《罗马帝国衰亡史》是现代学术界当之无愧的代表之作[4]。相较于蒙森等作者的《罗马史》[5],吉本对罗马的描述远不局限于西方意义上的罗马,而是对同一时期的波斯、阿拉伯、奥斯曼等相关势力都作出了评论。这更有利于读者从一个长时段及比较的角度去审视罗马。其中,作为新旧罗马交替之际的象征性人物,君士坦丁占了相当大的篇幅。此外,很大程度上由于吉本对基督教的偏见,君士坦丁与基督教的关系也得以有了

---

[1] 尤西比乌斯:《君士坦丁传》,第356页。
[2] 尤西比乌斯:《君士坦丁传》,第498页。
[3] 例如:牛津基督教史就是以君士坦丁大帝时期作为一个重要的时间分界点。参见 Margaret Mary Mitchell, Frances M. Young, and K. Scott Bowie (eds.), *The Cambridge History of Christianity, Vol. 1: Origins to Constantine*, Cambridge: Cambridge University Press, 2006; Augustine Casiday and Frederick W. Norris (eds.), *The Cambridge History of Christianity, Vol. 2: Constantine to C. 600*, Cambridge: Cambridge University Press, 2007.
[4] 吉本:《吉本自传》,戴子钦译,北京:生活·读书·新知三联书店,2002年。
[5] 蒙森:《罗马史》(全四册),李稼年译,北京:商务印书馆,2017年。

较详细的论述[1]。

关于对君士坦丁大帝的态度，吉本从一开始就指出了因为基督信仰而产生的差异和复杂性。如他所说："基督教徒出于强烈的感激之情，不惜使用一切描绘英雄，甚至圣徒的色彩来装点这位基督教会的解放者；而那些遭到压制的人群出于愤怒，又把君士坦丁说成是历史上最可憎恶，而且由于其懦弱和邪恶，有辱帝国尊严的暴君。"[2]

特别是关于君士坦丁的个人信仰及其对基督教的政策，吉本以事实为基础作了相对客观的分析。他认为，君士坦丁的基督徒身份确定得很晚，而且其形式也和普通的基督徒迥异。君士坦丁对基督教的态度是比较矛盾的，且服务于帝国的利益。吉本详细地描述说：

> 按照神圣教义的严格说法，第一位基督教皇帝直到他临死以前是不配使用这个头衔的；因为他只是在他最后一次患病时，才以教友的身份举行了按手礼，然后才又按惯例接受洗礼，成为教徒的。君士坦丁对基督教的态度应该说是比较模糊，而且是有所保留的。要真正弄清这位帝王如何先自称为教会的保护者，后又自称是该教会教徒的这个缓慢得几乎让人难以觉察的过程，必须要有十分细心和精确的研究态度才行。对他来说，要消除原来所受教育使他养成的各种习惯和偏见，转而承认基督的神圣权威，并认清他的启示和自己原来崇拜的多神教完全不能相容等等，都必须经过一段非常艰难的过程。也许在他的思想上曾经经受过的困扰一定曾教导他，在推进帝国的宗教改革的重大问题上必须采取谨慎的态度；他对他的一些新观念也总在能安全而有效地加以推行的情况下，才不露声色地表露出来。在他的整个统治期间，基督教像一条缓慢但逐渐加快的河流向前流动着：但它的总的前进方向却不时受到当时变化不定的局势和那位专制君主的小心谨慎，也许还有一时

---

[1] 众所周知，吉本将基督教视为导致罗马帝国衰亡的重要原因。这一定程度上反映了其作为启蒙时期史学家的偏见。然而，吉本又恰好是一位严格的历史学家。因此，为了详细说明自己的这一偏见，自然要在君士坦丁这样一个关键人物身上花费大量的笔墨。

[2] 吉本：《罗马帝国衰亡史（上册）》，黄宜思、黄雨石译，北京：商务印书馆，2002年，第408页。

心血来潮的阻挠或诱导。[1]

吉本的一个重要贡献在于解释了罗马帝国对基督教的复杂态度。他不像尤西比乌斯那样简单地将作为基督徒保护者的君士坦丁和作为基督徒迫害者的其他罗马皇帝对立起来，而是从基督教和罗马帝国的特点来分析这种冲突的原因。他首先分析了基督教在罗马帝国得以发展的五大原因：一是基督教徒的一成不变和——如果我们可以大胆这么说的话——极度的狂热情绪，这种情绪虽确乎出自犹太教，但已清除掉了那种非但不设法诱导，反而阻碍非犹太教徒接受摩西戒律的狭隘的不友好的精神。二是关于来世生活的教义，这一教义更由于一些能使这一重要真理增加分量和影响的新情况的出现而得到了加强。三是一般传说原始基督教会具有的神奇力量。四是基督教徒纯真、严谨的品德。五是基督教世界的内部团结和纪律——它在罗马帝国的中心逐渐形成一个独立的日益壮大的国家[2]。

然而，一定程度上，基督教的独特性正是其遭到罗马帝国反对的重要原因。这特别体现于基督教的排他性特征。在这方面，基督教不但区别于当时的异教，而且区别于作为其信仰之根的犹太教。这是因为，基督教已经超出了单一民族的范围，而当时的大部分宗教都是民族宗教。吉本指出：

> 由于信仰了基督的福音，基督教徒便犯下了所谓的不合常情的、不可饶恕的罪行。他们割断了习俗和教育之间的神圣纽带，破坏了国家的宗教制度，并狂妄地诋毁了他们的先辈长期信仰和崇拜的神圣的一切。而且这种叛教行为（如果我们可以这样说的话）还不仅是一个局部或限于某一地区的问题；因为这些虔诚的叛教者既然摒弃了埃及或叙利亚的神庙，自然同样会不屑于在雅典或迦太基的庙宇中去寻求庇护。每一个基督教徒都以厌恶的情绪抛弃了他的家族、他所在的城市和省区长期保有的迷信思想。全体基督教徒都无例外地拒绝再和罗马、帝国，乃至全人类所崇信的神灵发生任何

---

[1] 吉本：《罗马帝国衰亡史（上册）》，第434—435页。
[2] 吉本：《罗马帝国衰亡史（上册）》，第234—235页。关于罗马时期基督教的兴起，一项专门的研究，参见斯塔克：《基督教的兴起：一个社会学家对历史的再思》，黄剑波、高民贵译，上海：上海古籍出版社，2005年。

关系。[1]

  吉本也分析了罗马皇帝对基督教的政策：一是只是在相当长一段时间过去以后，他们才感到政府对这些新教派不能漠然视之。二是在给任何被控犯有这类奇特罪行的臣民定罪的时候，他们始终都小心谨慎行事。三是他们从来不滥施重刑。四是受攻击的基督教堂也常有一段和平、安宁的时期[2]。简单来说，罗马帝国对基督教的态度是相对模糊的，从本质上来说则是实用主义的。只要基督教不挑战罗马帝国的统治，皇帝就给予其适当的空间。在很长一段时期内，基督教实际上是有着相当活动空间的。然而基督教的排他性注定了其内在的反叛基因。特别是当基督教和一些叛乱阴谋联系起来的时候，迫害也就变得无可避免。最起码，就戴克里先发起的宗教迫害而言，这是一个基本的事实。

  关于君士坦丁对基督教的态度，这一定程度上得益于他父亲君士坦提乌斯的影响。吉本记述道："在他皇宫里担任主要职务的都是基督教徒。他喜爱他们的为人，尊重他们的忠诚，对他们的宗教信仰也从没有任何不满。"[3]因此，在戴克里先发起的宗教迫害时期，君士坦提乌斯的统治区域成为例外。君士坦丁同样把这种影响传递给了后人，更要惠及整个帝国。"他让自己的儿子和侄儿们所受的教育，确保帝国有了一批信仰颇为坚定，更为真诚的王子，因为他们在很小的时候便已被灌输了基督教精神或至少是有关基督教的学说"[4]。战争和商业活动则将福音传到帝国的其他区域，即便是野蛮人也受到了基督教的影响。君士坦丁的影响是广泛的、长远的。

三、文明史中的君士坦丁

  以《意大利文艺复兴时期的文化》而闻名的雅各布·布克哈特[5]，相对来讲是

---

[1] 吉本：《罗马帝国衰亡史（上册）》，第309页。
[2] 吉本：《罗马帝国衰亡史（上册）》，第316页。
[3] 吉本：《罗马帝国衰亡史（上册）》，第359页。
[4] 吉本：《罗马帝国衰亡史（上册）》，第457页。
[5] 布克哈特：《意大利文艺复兴时期的文化》，何新译，马香雪校，北京：商务印书馆，1979年。他的另一部经典著作，参见布克哈特：《希腊人和希腊文明》，王大庆译，上海：上海人民出版社，2012年。

一位后来者。然而，这丝毫不影响其著作的经典性。他的《君士坦丁大帝时代》一定程度上甚至超出了吉本的罗马情结，而给君士坦丁一个彻底世俗的解释。对于布克哈特来说，君士坦丁的一切行动都是以权力为最高旨归，而无论基督教还是异教则只是其实现目的的工具。如他所说：

> 对一个不断受野心驱使和贪恋权力的天才来说，选择基督教还是异教，有没有宗教意识，这些并不重要；就算把自己描摹成站在教会共同体之中的模样，这种人本质上也与宗教无关。他把神圣仅仅理解为怀旧或迷信的异想天开。内心反思的时刻对信徒而言是敬神的本质，对他却要另当别论。统治世界的计划和强权的梦想引导他走上一条一将功成万骨枯的道路。他认为一旦实现这个或那个目标，就可以心安理得，毫不在意还需要什么东西来让他的占有更加完整。同时，他所有的能量，无论精神的还是肉体的，都投入统治世界的宏大目标中去了，如果停下来思考信仰问题，他会觉得那些纯粹是宿命论。[1]

相对于尤西比乌斯，布克哈特似乎走向了另一个极端。对他来说，宗教根本不是君士坦丁所关注的问题；不管其态度如何，权力才是最终的依归。从一开始，他就对君士坦丁和基督教的关系定下了这个基调。

例如，就君士坦丁和李锡尼的战争而言，布克哈特认为，基督教实际上成为君士坦丁利用的一个因素，而李锡尼恰好掉进了这个阴谋里。李锡尼或许对基督教并不友善，但似乎也不是存心迫害；君士坦丁对基督教的针对性行为，恰恰是诱发李锡尼态度变化的原因。如他所说："在这关键的几年里，君士坦丁一直留心观察基督教怎样可以为一个聪明的统治者所用。……一旦他认为整个当代基督教的特点可以为王权提供巨大的支持力量（他必须及时为它提供保证，因为这股力量已经开始要求皇帝提供保证了），他便意识到，他找到了一个反对李锡尼的绝对可靠的平台。"[2] 相对来讲，李锡尼却把本应对君士坦丁的愤怒发泄到了基督

---

[1] 布克哈特：《君士坦丁大帝时代》，宋立宏、熊莹、卢彦名译，上海：上海三联书店，2017年，第259页。
[2] 布克哈特：《君士坦丁大帝时代》，第248页。

徒身上。这反过来成为君士坦丁利用的理由。"实际上，李锡尼从未发布过与他早先时候的宽容敕令相抵触的总命令……；但是他确实对基督徒干过没收财产、流放荒岛、发配矿山、剥夺各种公民权、卖为奴隶的事情"[1]。随着在对抗中的失败，李锡尼最终彻底转向了异教，而这也为后来的反基督教形象提供了借口。

布克哈特的一个优势是其文明史的方法。他花了大量的精力来描绘当时宗教的状态。异教呈现出混合信仰和精灵化（daimones）的特征。这既有政治的因素，也有哲学上新柏拉图主义的影响。罗马帝国本身也有宗教崇拜的特征。皇帝就是大祭司（pontifices maximi），神化、神庙、祭坛和祭司制度作为皇帝特权的象征持续了三百年。这一切最终为基督教所替代。那么，基督教的优势和独特性体现在哪里呢？他说："不是社团的数量，不是成员一贯优越的道德，也不是内部制度的卓越，而是对灵魂不灭的坚定信仰。"[2] 尽管后来异教也学习这一特点，但却缺乏基督教那样的必胜信念。更进一步说，基督教满足了当时罗马政治的需要。"罗马的强力统治已带来对政治的绝望，而基督教提供了一种新的国家、新的民主，甚至新的市民社会"[3]。当很多人在政治仕途上无望时，到教会中做主教成为另一种选择。

君士坦丁的伟大性恰恰在于，他将罗马帝国的传统与基督教独特的精神结合了起来。布克哈特认为，君士坦丁的一个重要贡献即基督教的教阶制。在第一道宽容敕令颁布时，教士（clerici）作为一个阶层或法人团体已经得到了承认。君士坦丁选择与教士合作。"他赋予教士所有可能的宠爱保证，甚至让他们参与统治；作为回报，教士成了传播他的权力的最兢兢业业的代理人"[4]。313年和319年，教士作为一个阶层或法人团体在君士坦丁那里获得免除所有公共义务的特许。321年，教会获允接受遗产。后来，教会法官还获得了与世俗法官一样的权力。君士坦丁是教会的保护者，又是教会分歧的仲裁者。从325年的尼西亚大公会议开始，君士坦丁树立了一个典范，亲自出席主教会议并凭借皇帝的权威平定教会内部的神学纷争。

---

[1] 布克哈特：《君士坦丁大帝时代》，第249页。
[2] 布克哈特：《君士坦丁大帝时代》，第105页。
[3] 布克哈特：《君士坦丁大帝时代》，第106页。
[4] 布克哈特：《君士坦丁大帝时代》，第271页。

为成就自己的伟大，君士坦丁最终选择建立一座新城来纪念自己的丰功伟绩。这不但是皇权的象征，也是宗教精神的堡垒。这座城市成为君士坦丁大帝丰功伟绩的永恒纪念。在漫长的历史长河中，虽几经风霜却始终屹立不倒。在很大程度上，君士坦丁堡意味着一种全新的精神气质。

> 君士坦丁堡无论坐落在哪里，都不仅仅是皇帝的住所，也展现了国家、宗教和生活的新面貌。其建造者无疑充分意识到这点，他必须选择一个不受传统羁绊的中立点。无论配不配，历史已经给他的功绩盖上伟大印记；在这座"君士坦丁的城市"里，历史发展出将教会与政治融为一体的独特精神，以及独树一帜的文化，即拜占庭文化，无论人们喜不喜欢，都必须承认这是一种世界潮流。其顶峰是专制主义，它随着教会统治和世俗统治合为一体而得到无限巩固；它强行用正统观念取代了道德规范；用虚情假意和矫揉造作代替了对自然本身恣意忘情的抒发；面对专制主义，出现了假扮贫穷的贪婪和深藏不露的狡诈；至于宗教艺术和宗教文学，则不断重复陈旧主题，顽固得简直难以置信——总而言之，其大部分特征让人想起埃及宗教，它最大的特色与埃及宗教一样，那就是经久不衰。[1]

自君士坦丁大帝之后，除了在位仅三年的朱利安以外，其他罗马皇帝都是基督徒。391—392 年，狄奥多西一世下令禁止传统异教的主要活动，包括公开献祭和私下的偶像崇拜。这种强制性的法令最终完成于查士丁尼大帝时期。在帝国的东部，尽管在 726—780 年和 815—843 年间出现了圣像破坏运动，但东正教和拜占庭帝国实现了完美的结合，意欲建立一个地上天国。在西部，即便在 476 年罗马沦陷后，罗马天主教作为一个相对独立的体系却得到了加强；后来复兴于神圣罗马帝国的辉煌中。基督教和罗马帝国的联姻成为一个历史典范，影响了世界文明的进程[2]。

---

[1] 布克哈特：《君士坦丁大帝时代》，第 303 页。
[2] 威克姆：《罗马帝国的遗产：400—1000》，余乐译，北京：中信出版社，2019 年。从更长时段思考基督教与文明的关系，另参见施密特：《基督教对文明的影响》，汪晓丹、赵巍译，苏欲晓校，北京：北京大学出版社，2004 年。

小结

与新罗马同时诞生的是一种新的政治神学,而君士坦丁大帝正是其共同的缔造者。当基督教从一种受迫害的宗教变成罗马帝国的国教,它也超越了犹太人的叛乱特征,而演变为帝国的意识形态。在这里,世俗的主权和上帝的主权相一致;或者说,上帝的主权为世俗的主权提供了合法性[1]。作为戴克里先之后又一位具有开创精神的皇帝,君士坦丁的所作所为符合时代的需求,给罗马帝国以新生。如著名政治史家沃格林所说:"在这个历史时代,精神秩序的普遍性契合了缺乏实质的权力外壳所进行的不确定扩张。一方面,精神秩序的普遍性似乎要将整个人类天下,而非某个具体社会作为其实现领域;另一方面,那些新帝国倾向于扩张至整个天下,并提供一种政治层面的,已准备好接受那种精神实质的秩序。"[2] 普遍宗教与普遍帝国相契合,共同打造了君士坦丁以来的历史秩序。

君士坦丁大帝被纪念和颂扬,很大程度上是因为其对基督教的宽容和保护政策。然而,在大部分的基督教史文献中,君士坦丁都被过于神化,以至于影响了其本身的伟大性。君士坦丁大帝无疑是伟大的,他是罗马的继承者,又是新罗马的开创者。他不但将罗马重新统一起来,而且改造了罗马的精神气质。这些都是历史学家所不可忽视的。然而,君士坦丁说到底是一个政治和军事人物,权力是他的首要和最终目的。也许基督教确实在他的戎马生涯中给其以安慰和鼓励,然而,我们并不能因此忽略其作为政治人物的残酷和冷血。君士坦丁的伟大是基于罗马而言的,而不在于其作为基督教的圣徒。只是神化已然成为这一伟大人物传记的一部分。后来的历史学家纵然需要厘清历史的事实,却又不能不对历史时代予以同情式的理解。

---

[1] 关于政治神学的概念,参见施米特:《政治的概念》,刘宗坤等译,上海:上海人民出版社,2003年。

[2] 沃格林:《天下时代》,叶颖译,南京:译林出版社,2018年,第186页。

帝国更替与文明兴衰：
全球史上的 1453 年

1453 年 5 月 29 日，作为基督教世界的象征，君士坦丁堡终于被奥斯曼—土耳其的军队攻陷。这不是君士坦丁堡第一次面临围攻。自 7 世纪以来，阿拉伯人曾多次觊觎这一世界之都。即便是同为兄弟的十字军，也禁不住拜占庭辉煌的诱惑。在此之前，奥斯曼—土耳其人已经尝试过两次。然而，这一次，圣母之城再也没有那么幸运了。君士坦丁堡陷落所带来的，不仅仅是王朝的更替，而且意味着不同文明的兴衰。斯蒂文·朗西曼爵士在其经典名著《1453——君士坦丁堡的陷落》中描述了这一象征性的时刻：

> 苏丹本人于当天下午晚些时候入城。在精锐新军卫队及大臣们的陪同下，他策马缓缓向圣索菲亚大教堂走去。在教堂门外，苏丹下马躬身，拾起一捧泥土，从自己头巾上撒下，以示对真主谦逊之意。随后他进入教堂，并默默驻足片刻。当他开始走向祭坛时，发现一名土耳其士兵正在试图开凿大理石地板——穆罕默德不禁勃然大怒，他斥责这名士兵，告诉他城市的建筑物是苏丹专享的战利品。此刻角落里还有几名瑟瑟发抖的希腊幸存者，苏丹大度地准许他们平安返家。接着，从祭台后的密道走出几位教士，他们恳请

苏丹的慈悲。他们也在苏丹的保护下得以安全离开。不过，穆罕默德坚持，索菲亚大教堂需立即改建为清真寺。他的一位回教高僧（ulema）登上祭坛，高呼唯有安拉，别无他神。苏丹本人也走上祭坛，匍匐在地，感谢为他带来胜利的真主。[1]

对于世界史的撰写者来说，君士坦丁堡的陷落究竟意味着什么呢？是西方的基督教世界失去了拜占庭的屏障，从而不得不直接面临伊斯兰文明的冲击。或者，东方的世界由于奥斯曼—土耳其的统治，从而错过了文艺复兴的契机，让漫长的中世纪又延长了500年[2]。然而，从一个全球文明史的角度看，这或许有着不同的意义。政权更替与文明兴衰的背后，也超越了传统与现代的界限，我们似乎看到了更长时段的历史延续性与断裂性。在这一点上，1453年作为世界史的一个节点有着更多的意义，也值得我们不断反思。

一、新罗马：君士坦丁堡的建造

330年5月11日，君士坦丁大帝（272或274—337）亲自主持了新都的落成典礼，这也将为期40天的庆祝活动推向了高潮。这里被称为"新罗马"，又被称为"君士坦丁堡"。它是罗马的延续，更意味着一个新帝国的开始。君士坦丁注定要在此开启一番新的伟业，而君士坦丁堡正是其丰功伟绩的象征。君士坦丁仿照罗马的样式来建设新都，这里也被称为"七丘之城"。这里坐落着君士坦丁的大皇宫、帝国议会和元老院、竞技场，还有雕刻着太阳神阿波罗头像的君士坦丁柱。君士坦丁堡的面积和规模都大大超过了古都罗马，也超过了古代的巴比伦和雅典。它将是漫长的中世纪里最大的帝都，享有"众城之母"（Queen of cities）

---

[1] 朗西曼：《1453——君士坦丁堡的陷落》，马千译，北京：北京时代华文书局，2018年，第139页。关于这一事件，另一本影响深远的著作是克劳利：《1453：君士坦丁堡之战》，陆大鹏译，北京：社会科学文献出版社，2014年。
[2] 西姆斯：《欧洲：1453年以来的争霸之途》，孟维瞻译，北京：中信出版社，2016年。

的美誉[1]。君士坦丁堡继承了罗马的合法性;在后世,它还将类比于耶路撒冷的神圣性[2]。

君士坦丁堡的塑造离不开基督教精神的沐浴。自313年君士坦丁与李锡尼联合发布《米兰敕令》,到391年帝国境内彻底禁止偶像崇拜,"一个皇帝、一个帝国、一种宗教"正在成为现实。君士坦丁的母亲海伦娜从圣地搜集回来的各种遗物,更是将君士坦丁堡装点为整个基督教世界的象征。乔纳森·哈里斯在其关于君士坦丁堡的名著中提出了六点有关这个城市的神话:一是君士坦丁堡由一位圣王创立,并将其作为整个基督教世界的统治中心;二是从一开始,君士坦丁堡就享有上帝和圣母的保护,直到世界末日才可能被征服;三是帝国的统治者受命于天;四是帝都与罗马和耶路撒冷一样神圣,其教堂都由使徒所创,并有圣徒的遗物;五是其财富喻示了上帝的庇佑,因此比世界任何其他城市都要丰富;六是皇帝是基督徒的万福之源,同上帝一样独自统治[3]。参照基督教神学的观点,君士坦丁堡被喻为是道成肉身的结果,是天国在地上的呈现。

君士坦丁堡作为君士坦丁的城市,既是世俗权力的象征,也是神圣大能的彰显。这在教会史家尤西比乌斯那里已经有着形象的描绘[4]。然而,即便是文艺复兴史的撰写者布克哈特也不吝笔墨。他写道:

> 君士坦丁堡无论坐落在哪里,都不仅仅是皇帝的住所,也展现了国家、宗教和生活的新面貌。其建造者无疑充分意识到这点,他必须选择一个不受传统羁绊的中立点。无论配不配,历史已经给他的功绩盖上伟大印记;在这座"君士坦丁的城市"里,历史发展出将教会与政治融为一体的独特精神,以及独树一帜的文化,即拜占庭文化,无论人们喜不喜欢,都必须承认这是

---

[1] 关于君士坦丁堡的建筑和装饰,参见 Thomas Mathews, *Byzantium: From Antiquity to the Renaissance*, New Haven and London: Yale University Press, 1998.

[2] 关于这两座城市,参见希伯特:《罗马:一座城市的兴衰史》,孙力译,南京:译林出版社,2018年;蒙蒂菲奥里:《耶路撒冷三千年》,张倩红、马丹静译,北京:民主与建设出版社,2015年。

[3] Jonathan Harris, *Constantinople: Capital of Byzantium*, London and New York: Continuum, 2007, p. 2. 该书的新版本参见 Jonathan Harris, *Constantinople: Capital of Byzantium*, 2nd edition, London: Bloomsbury, 2017. 不过, 新版本中少了原导论部分关于该问题的论述。

[4] 尤西比乌斯:《君士坦丁传》,林中泽译,北京:商务印书馆,2018年。

一种世界潮流。其顶峰是专制主义，它随着教会统治和世俗统治合为一体而得到无限巩固；它强行用正统观念取代了道德规范；用虚情假意和矫揉造作代替了对自然本身恣意忘情的抒发；面对专制主义，出现了假扮贫穷的贪婪和深藏不露的狡诈；至于宗教艺术和宗教文学，则不断重复陈旧主题，顽固得简直难以置信——总而言之，其大部分特征让人想起埃及宗教，它最大的特色与埃及宗教一样，那就是经久不衰。[1]

自君士坦丁大帝之后，除了在位仅三年的朱利安以外，其他罗马皇帝都是基督徒。基督教与罗马帝国完美地结合起来，实现了著名历史学家汤因比所说的"大一统国家"与"大一统宗教"的联姻[2]。

帝国的后继者狄奥多西二世修建了著名的"狄奥多西城墙"（the Theodosian Walls），真正地将七座山丘牢固地包围起来。查士丁尼大帝将帝国的统治推向了高峰。对内，他镇压了尼卡党的叛乱，统一了帝国的律法；对外，他使帝国领土从波斯穿过小亚细亚、巴尔干和意大利、西班牙，从北非经过埃及一直延伸到耶路撒冷、叙利亚和美索不达米亚。查士丁尼统治的象征是，他命人重新修建了著名的圣索菲亚大教堂。它不但有着当时世界最大、最高的穹顶，而且成为帝国时代诸多标志性建筑的参照。即便经过十字军的洗劫，被奥斯曼帝国改造为清真寺，圣索菲亚历尽千年沧桑却依旧屹立不倒，象征着拜占庭帝国智慧的结晶[3]。

然而，帝国意识形态的统一始终只是神话。早在 325 年，为了解决基督教内部的分歧，君士坦丁大帝就亲自主持了在尼西亚召开的第一届大公会议。在之后的连续几届会议中，君士坦丁堡在基督教世界的地位持续上升，逐渐与罗马、耶

---

[1] 布克哈特：《君士坦丁大帝时代》，宋立宏、熊莹、卢彦名译，上海：上海三联书店，2017 年，第 302 页。

[2] 汤因比：《历史研究》，刘北成、郭小凌译，上海：上海人民出版社，2000 年，第 235—246、293—299 页。关于基督教与罗马帝国的关系，参见雷立柏：《古希腊罗马与基督宗教》，北京：社会科学文献出版社，2002 年。

[3] 关于查士丁尼大帝的统治和圣索菲亚大教堂，参见 J. A. S. Evans, *The Age of Justinian: the Circumstance of Imperial Power*, New York: Routledge, 2000 [1996]; Rowland J. Mainstone, *Hagia Sophia: Architecture, Structure, and Liturgy of Justinian's Great Church*, New York: Thames and Hudson, 1988.

路撒冷、安条克和亚历山大并列。即便如此,这也不能阻止 451 年迦克敦会议后君士坦丁堡主教聂斯托里的被逐,从而造成了东正教世界的一次大分裂。726—780 年和 815—843 年间,由于圣像崇拜的问题,拜占庭帝国内部再次发生激烈的斗争。虽然分歧最终被平息,但在新兴的阿拉伯—伊斯兰军队面前,帝国却面临着巨大的挑战。1054 年,由于在"和子"(Filioque)、教宗的独特地位、圣餐礼的饼、教士独身等一系列问题上的争议,东西方教会正式分裂。1204 年,以夺回圣城耶路撒冷为目的十字军竟然在贪欲的诱惑下洗劫了同样作为圣城的君士坦丁堡。这不但促使了帝国的崩溃,也成为基督教军队道德败坏的罪证。1274 年和 1439 年,在奥斯曼军队的压力下,拜占庭不得不在屈辱的条件下与西方教会媾和。然而,这非但没能阻止君士坦丁堡的陷落,反而导致了东方教会内部的分裂——"宁要土耳其人的缠头,不要教宗的三重冕"[1]。

在帝国晚期,拜占庭一方面发展了成熟的政治体制和对外战略[2],另一方面则受困于紫宫厅的阴谋内斗。君士坦丁七世曾为他的儿子写下《典仪论》(*Book of Ceremonies*)和《帝国行政论》(*Book on the Administration*)等重要著作。然而,帝国行政的成熟恰恰是军事衰落的佐证。长期以来,拜占庭不得不同时应付东西方的敌人,君士坦丁堡见证了拜占庭的防御和繁荣。然而,面对日渐兴起的奥斯曼—土耳其人,拜占庭注定难逃一劫。1372 年,约翰五世甚至向苏丹宣布效忠。这是两千年来罗马帝国首次成为另一个强权的附庸。实际上,更为严重的是,当奥斯曼的军队占领了安纳托利亚的粮仓,君士坦丁堡终将成为一座孤城。

二、第三罗马:奥斯曼帝国的业绩

土耳其人常常将他们的故乡追溯到阿姆河和锡尔河之间的河中地区。那里曾

---

[1] Timothy Ware, *The Orthodox Church: An Introduction to Eastern Christianity*, London: Penguin, 2015, pp. 17-69.
[2] 勒特韦克:《拜占庭帝国大战略》,陈定定、王悠、李希瑞译,北京:社会科学文献出版社,2018 年。

经是穆斯林的宗教、行政和文化中心，著名的经济城市撒马尔罕和布哈拉得益于丝绸之路的贸易。11世纪初期，土耳其人的一支奥乌兹的子孙打败了伊朗人，建立了著名的塞尔柱王国。在1071年的曼齐科特战役中，土耳其人首次打败了拜占庭的军队，这为他们向安纳托利亚迈进打开了门户，但这一辉煌的进程为蒙古人的军队所打破。奥斯曼的家族兴起于蒙古帝国统治下的诸多城邦之中。1326年，奥斯曼的儿子奥尔罕攻占布尔萨，成为该王国的第一个首都；接着他又打下了尼西亚等著名城市。1361年，穆拉德一世攻占阿德里安纳堡（埃迪尔内），这成为奥斯曼王国在欧洲的首都。14世纪末，巴耶基德一世几欲围攻君士坦丁堡，但却在1402年的安卡拉战役中被帖木儿的军队打败。这让拜占庭帝国得以延续近半个世纪，但君士坦丁堡无疑已经成为一座孤城[1]。

1453年君士坦丁堡的陷落意味着一个新帝国的开始，穆罕默德二世由此也赢得了"征服者"的誉称。他修缮了圣索菲亚大教堂，将其改为了清真寺。同时，他也修建了自己的清真寺（1462—1470）和新皇宫（1465—1478），作为新帝国的标志。在君士坦丁堡之后，他相继攻占了拜占庭的城市特拉布宗、巴尔干的基督教领地，还发起了针对威尼斯人的战争（1463—1479）。穆罕默德二世自认为是罗马的继承者，但最终于1481年死于征服罗马的途中[2]。1520年，苏丹苏莱曼继位，他的雄韬伟略将帝国的统治推向高峰。1526年，他攻占匈牙利，又在1529年围攻维也纳。1533年，通过海战，北非的海岸区域，尤其是阿尔及利亚，落入奥斯曼的领地。突尼斯也随后陷落。在东方，苏莱曼的军队于1533年攻陷巴格达。1555年，奥斯曼与萨法维王朝签订合约，确立了两大帝国的边界。苏莱曼超越了他的前辈征服者，为帝国颁布了法律。著名的建筑师悉南设计的苏莱曼清真寺成为帝国巅峰的象征[3]。

---

[1] 关于早期土耳其人的历史，参见 Justin McCarthy, *The Ottoman Turks: An Introductory History to 1923*, London and New York: Longman, 1997, chapter 1 and 2. 关于奥斯曼帝国的历史，两部经典的著作参见贝尔福：《奥斯曼帝国六百年：土耳其帝国的兴衰》，栾力夫译，北京：中信出版社，2018年；芬克尔：《奥斯曼帝国 1299—1923》，邓伯宸、徐大成、于丽译，北京：民主与建设出版社，2019年。

[2] 关于征服者苏丹的历史，参见 John Freely, *The Grand Turk: Sultan Mehmet II-Conqueror of Constantinople and Master of an Empire*, London and New York: I. B. Tauris, 2009.

[3] 关于苏莱曼大帝的统治，参见 Andre Clot, *Suleiman the Magnificent*, trans. by Matthew J. Reisz, London: Saqi, 2005.

政权与神权的结合是帝国的一个典型特征。在这一点上，奥斯曼和拜占庭有着惊人的相似性，不同的只是具体宗教的形式。伯纳德·刘易斯很早就指出，土耳其人完全将自己的民族身份等同于伊斯兰教的信仰，这是连阿拉伯人和波斯人都没有做到的。"土耳其人的伊斯兰教从一开始就致力于伊斯兰信仰和权力的保护或扩张，而且从未失去其武力特征"[1]。它兴起于东部，又被带到了西部，针对三重敌人——东部的异邦、西部的基督教和内部分裂。就伊斯兰教与政治的关系，刘易斯进一步指出："哈里发代表权威，苏丹代表权力。苏丹以权力支持哈里发，哈里发则授以苏丹合法性。哈里发统而不治（reigned but did not rule），苏丹则两者兼备。"[2]

作为奥斯曼帝国的首都，伊斯坦布尔与君士坦丁堡有着诸多相似之处。"这里是奥斯曼帝国的艺术和文化中心，也是全球商人云集的商贸之城，更是帝国的政治中心所在"[3]。不过，它代表的不再是希腊正教的拜占庭文明，而是土耳其人的伊斯兰文明。在《伊斯坦布尔与奥斯曼帝国的文明》一书中，刘易斯写道：

> 奥斯曼帝国自始至终都是一个伊斯兰国家，起先是为了征服，尔后是为了防护伊斯兰教的敌人。从十六世纪始，它的领土包括伊斯兰教的古老中心——圣城麦加和麦地那，以及从前哈里发的都城大马士革和巴格达。这是伊斯兰帝国最后的，也可能是最大、最持久的统治。根据其学者和官员的说法，其统治是伊斯兰的统治，军队是伊斯兰的军队，法律是伊斯兰的法律。[4]

无可否认的是，奥斯曼帝国也体现了奥斯曼的家族统治。这多少继承了中亚游牧民族的特点，但也受到了拜占庭文化的熏陶。当帝国扩张的步伐逐渐停止，皇宫

---

[1] Bernard Lewis, *The Middle East: A Brief History of the Last 2000 Years,* New York and London: Scribner, 2003 [1995], p. 95.

[2] Bernard Lewis, *The Middle East*, p. 149.

[3] 宝雅、弗利特：《伊斯坦布尔：面纱下的七丘之城》，于国宽、巩咏梅译，上海：上海文艺出版社，2018年，第1页。

[4] Bernard Lewis, *Istanbul and the Civilization of the Ottoman Empire*, Norman, OK: University of Oklahoma Press, 1963, p. 145.

内部的争斗成了主要矛盾。皇位的继承人被关在"鸟笼"（kafes）中，皇太后则把持了朝政。皇权的管束喻示着帝国生命力的受限[1]。

更重要的，奥斯曼帝国的兴衰注定是欧洲近代史的一部分。1453年君士坦丁堡的陷落被认为是1500年前后地理大发现的前奏。然而，新航路的开辟远远超越了中世纪帝国之间的博弈。1571年的勒班陀海战，被认为是奥斯曼帝国在地中海扩张的终止，尽管之后的一个世纪仍有战争在继续。1606年，苏丹被迫与神圣罗马帝国皇帝签订条约，承认双方平起平坐。苏丹艾哈迈德一世迫切地希望通过蓝色清真寺来挑战圣索菲亚教堂的威严，然而却难以掩饰帝国内部的空虚。到18世纪，"郁金香时期"（Tulip Period）象征着奥斯曼努力学习西方的热潮；后来的佩拉大街逐渐成为时尚的代表[2]。不过，所有这些改变的都只是帝国的外貌，帝国的真正改革者却被罢黜。奥斯曼帝国正在成为欧洲的"东方问题"。

1768—1774年，奥斯曼帝国与沙俄因为克里米亚的问题进行争战。到1851—1853年，这一问题让奥斯曼帝国陷入了一个西方列强主导的国际体系。1789年的法国大革命给这衰老的帝国带来了变革的种子。1839年，奥斯曼苏丹颁布《坦兹马特法令》（Decree of Tanzimat），开始正式向西方学习。1876年，第一届奥斯曼议会召开。为了追赶西方的潮流，奥斯曼政府甚至不惜借债修建欧式的多玛巴赫切皇宫。然而，帝国内部的统治却开始瓦解。1830年，希腊人率先实现了民族独立。接着，巴尔干国家先后挑衅，希望脱离奥斯曼帝国的统治。这最终将帝国拖入了第一次世界大战。1918年，协约国的舰队驶入博斯普鲁斯海峡，青年土耳其党的领袖则悄悄逃离伊斯坦布尔。特别是，当希腊军队登陆士麦那（今伊兹密尔），土耳其人的民族独立战争则宣告正式开始。这一切的纷争在1923年的《洛桑条约》中被重新界定[3]。

---

[1] 关于奥斯曼的宫廷政治，参见 Leslie P. Peirce, *The Imperial Harem: Women and Sovereignty in the Ottoman Empire*, New York and Oxford: Oxford University Press, 1993.

[2] Can Erimtan, *Ottomans Looking West? The Origins of the Tulip Age and Its Development in Modern Turkey*, London and New York: I. B. Tauris, 2008.

[3] 关于奥斯曼帝国的终结，参见 David Fromkin, *A Peace to End All Peace: The Fall of the Ottoman Empire and the Creation of the Modern Middle East*, New York: Henry Holt and Company, 2009 [1989]；罗根：《奥斯曼帝国的衰亡：一战中东，1914—1920》，王阳阳译，桂林：广西师范大学出版社，2017年；麦克米金：《奥斯曼帝国的终结：战争、革命以及现代中东的诞生 1908—1923》，姚志宏译，北京：中信出版社，2018年。

三、神圣罗马：基督王国的旧梦

476年，哥特人奥多维克推翻了西罗马的最后一个皇帝，罗马陷入野蛮人的统治。493年，东哥特人狄奥多里克打败奥多维克并被拜占庭确认为意大利的统治者。在535—562年的哥特战役后，东哥特人被打败，拜占庭在意大利的统治得以确立。查士丁尼实际上是最后一位说拉丁语的罗马皇帝。与此同时，罗马作为基督教世界中心的地位开始凸显。这可以追溯到公元64年使徒彼得和保罗在罗马的殉难。从5世纪开始，教宗们开始用使徒的权威来发布命令，而不再引述政治权威。随着安条克、亚历山大、耶路撒冷等基督教中心落入阿拉伯人之手，罗马和君士坦丁堡成为两大中心。格里高利一世开始推动教宗的权利，以对抗拜占庭的影响[1]。因此，一方面野蛮人征服了罗马，另一方面野蛮人又皈依了基督教。这两股力量的结合，将以一种形式延续罗马在西方的故事。

751年，伦巴第人攻占拉文纳，消除了拜占庭在意大利的影响。在这一情势下，教宗向法兰克人求助。这成为欧洲历史的一个转折点。西方与东方的联系被切断，教宗与王朝的联合转而成为新的起点。732年，查理马特打败入侵的摩尔人，但不幸于一年后去世。751年，查理马特的儿子丕平被教宗祝圣为法兰克王。754年和756年，丕平两次打败伦巴第的军队，但却拒绝将其交还给拜占庭，而是献给了教宗，这致使教宗国产生。773年，丕平的儿子查理曼再次应教宗的要求，对抗伦巴第人的压力。800年的圣诞节，教宗在罗马的圣彼得大教堂为查理曼加冕，这意味着神圣罗马帝国的正式开始[2]。

在哥特人洗劫罗马后，奥古斯丁用"上帝之城"和"世俗之城"的二元模式来描绘当时的政治体制。在漫长的中世纪，这构成了同一体制的两个方面，且呈

---

[1] 希瑟：《罗马的复辟：帝国陨落之后的欧洲》，马百亮译，北京：中信出版社，2020年；威克姆：《罗马帝国的遗产：400—1000》，余乐译，北京：中信出版社，2019年。

[2] Peter H. Wilson, *The Holy Roman Empire: A Thousand Years of Europe's History*, London: Penguin, 2017, pp. 19-27.

现出相辅相成的功效。"神圣罗马帝国"成了一种现象级的存在。如论者所说:

> 神圣罗马教会和神圣罗马帝国是一个东西,是同样东西的两个方面;天主教主义,世界基督教社会的原则,也就是罗马主义,即建基于罗马之上,把罗马当作自己世界性的根源和典型,表现出自己是神秘的二元主义,这种二元主义是和它的创造者的两重性质相合的。作为神的和永存的,它的首脑是教皇,灵魂委托给他;作为人的和暂时的,它的首脑是皇帝,他受委托管理人们的身体和行动。[1]

与东方的拜占庭帝国不同的是,西罗马的遗产体现为对罗马教宗的精神统一。然而,这种神圣权力与世俗权力的结合是矛盾的,并且在现实的世界里表现出此起彼伏、互相利用的交织状态。

962年,德意志的奥托一世决心复兴查理曼帝国,这让教廷看到了重整朝纲的希望。奥托向教宗保证,帮助教廷收复丕平与查理曼承诺的土地;但作为回报,教宗的选举必须获得皇帝的同意,教宗还须向皇帝宣誓效忠。这注定了教权与王权之间的相互斗争。1046年,在苏特里的教职会议上,德意志皇帝亨利三世罢免教宗格里高利;在随后的十年中,他任命了好多个教宗,以图控制整个教会,尤其是教廷本身。1059年的拉特兰教职会议通过了新的教宗选举法:教宗由七位枢机主教选举,帝国皇帝只剩下模糊而勉强的追认权。格里高利七世在《教宗如是说》(Dictatus Papae)中大胆地宣称:教宗有权罢免皇帝,有权解除臣民对邪恶统治者的效忠宣誓。1075年,格里高利在罗马的教职会议中宣判"俗人授予神职有罪"。1077年,由于任命米兰大主教的问题,亨利不得不在卡诺萨城堡的雪地上祈求教宗赦免。格里高利七世时代"代表着教宗支配世俗世界的抱负达到了极致"[2]。

1095年,乌尔班二世发动了旨在解放圣城耶路撒冷的战争,从而开启了所谓的十字军东征。在一定意义上,十字军也是格里高利七世的遗命。第二次十字

---

[1] 布赖斯:《神圣罗马帝国》,孙秉莹、谢德风、赵世瑜译,北京:商务印书馆,2017年,第105页。
[2] 达菲:《圣徒与罪人:一部教宗史》,龙秀清译,北京:商务印书馆,2018年,第169页。

军东征由法王路易七世和德意志的康拉德三世率领。1187年，萨拉丁夺取耶路撒冷。腓特烈一世、狮心王理查德和法国的菲利普二世发动了第三次十字军东征。教宗英诺森三世发起的第四次十字军东征，本来是要攻击在埃及的萨拉丁总部，却转而洗劫了君士坦丁堡。第五次和第六次十字军东征都未有所斩获。在第七次十字军东征中，法王路易九世甚至被捕；在第八次十字军东征中死于突尼斯。十字军逐步走向式微。与此同时，教皇国内部也发生了分裂。1378—1417年，出现了两个教宗：一个在罗马，一个在阿维农。1409年甚至出现了三个教宗的尴尬局面。面对拜占庭帝国岌岌可危的局面，教宗卜尼法斯九世在1398年、1399年和1400年都颁布了发动十字军的手谕。然而，最终让君士坦丁堡苟延残喘的不是在西方的基督教兄弟，而是蒙古后裔帖木儿的铁骑。1453年，君士坦丁堡陷落的消息传到罗马后，教宗尼古拉五世、庇护二世、西克斯图斯四世相继号召发起十字军东征，并在贝尔格莱德和士麦那等地阻碍了土耳其人的军队。到1481年，奥斯曼人甚至逼近意大利本土，但征服者苏丹却倒在了死神的脚下[1]。

神圣罗马帝国的悖论是，在很长的时间里，它既非神圣，也非罗马，更非帝国（伏尔泰语）。神圣罗马帝国也曾面临与奥斯曼帝国之间的冲突，但它更多的是从天主教内部被瓦解的。1517年，德国教士马丁·路德发布著名的《九十五条论纲》，控诉教廷贩卖赎罪券的罪恶行为。与此同时，他的"唯信称义"思想对教宗的权威发起了直接挑战。1520年，查理五世被加冕为神圣罗马帝国皇帝。然而，在宗教改革的浪潮中，帝国已经变得四分五裂。加尔文的"基督教共和国"成为新的名词。最终，在1555年的《奥格斯堡和约》中，这被确定为"教随国定"（cuius region, eius religio）的原则[2]。这并不能保证各国之间的和平。1618—1648年的三十年间的战争就是明证。欧洲成了"基督王国"的替代者。"宗教边界线覆盖欧洲大地，折射出信仰的破碎化。政治体系取决于各个国家，而国家似乎不再遵守传统道德的规则，并且与人民处于公开的斗争状态"[3]。一个新的时代

---

[1] 参见赖利-史密斯：《十字军史》，欧阳敏译，北京：商务印书馆，2016年。
[2] 关于宗教改革的历史，参见麦格拉思：《宗教改革运动思潮》，蔡锦图、陈佐人译，北京：中国社会科学出版社，2009年；林赛：《宗教改革史》，孔祥民等译，北京：商务印书馆，2016年。
[3] 格林格拉斯：《基督教欧洲的巨变：1517—1648》，李书瑞译，北京：中信出版社，2018年，第35页。

即将到来。它所要改变的不仅是欧洲本身,而且包括整个世界。

小结

在相当的意义上,罗马成为西方政治的一个隐喻。关于罗马的衰落更是世界史上的一个迷思。在1453年君士坦丁堡的陷落中,我们看到了号称新罗马的拜占庭帝国的衰落。在西方,伴随着文艺复兴和宗教改革的浪潮,神圣罗马帝国走向了崩溃,古希腊罗马的精神则在复苏。在这个过程中,不可忽视的是,将希腊式的罗马和拉丁化的罗马联系起来的,竟然是它们几个世纪以来最重要、最激进的敌人——从阿拉伯到奥斯曼帝国所代表的伊斯兰文明;而在攻下君士坦丁堡后,征服者苏丹也称自己新的帝国为第三罗马。所以,他野心勃勃,最后倒在了征服罗马的道路上。不仅如此,在拜占庭帝国灭亡后,莫斯科的大主教马上宣布,他们将继承东正教会的衣钵,同时也继承罗马的遗产[1]。因此,在这政权更替与文明兴衰的过程中,罗马被神化为不死的灵魂;与此同时,罗马也被解释成了不同的样式。

即便近代到来之后,这一模式仍然通过不同的形式在演绎。1774年,在奥斯曼帝国同沙俄签署的《小卡亚纳扎条约》中,作为沙俄对奥斯曼帝国境内东正教徒保教权的对等条件,苏丹获得了对奥斯曼帝国境外穆斯林的管辖权;而这一建议的提出者,则是法国的天主教士。同时,正是在沙俄的鼓动下,斯拉夫的民族主义掀起,从而挑战了晚期奥斯曼帝国的统治。希腊民族主义表现得最为突出。他们所追求的不仅仅是希腊的独立,更期盼恢复希腊文明和拜占庭帝国的辉煌。因此,在1830年获得独立后,他们又借一战后的帝国主义势力,于1919年挑衅式地登陆士麦那。这激起了土耳其民族主义的强烈反击,并导致了希腊和土耳其之间长期的矛盾[2]。在21世纪初期,土耳其努力申请加入欧盟,希腊人则百般阻

---

[1] Robert Lee Wolff, "The Three Romes: The Migration of an Ideology and the Making of an Autocrat," *Daedalus*, Vol. 88, No. 2 (1959), pp. 291–311.
[2] 关于土耳其与希腊民族主义的冲突,参见汤因比:《文明的接触:希腊与土耳其的西方问题》,张文涛译,上海:上海人民出版社,2019年。

挠；而在欧洲人的潜意识中，他们依旧是攻占了基督教世界之都的敌人。

按现代术语来说，1453年也可以被解释为"文明的冲突"。对于历史学家来说，无论是"冲突"还是"交往"，都必须将其置于历史的语境中来考量。最起码，对于"文明冲突论"的提出者伯纳德·刘易斯来说是如此的。很多的时候，我们似乎过于盯住"冲突"的论调，而相对忽视了文明的进程。不过，就1453年来说，我们还需要注意的是文明内部的冲突。拜占庭帝国和奥斯曼帝国在很大程度上都首先是毁于自身的堕落，其次才是外部的威胁，这似乎是帝国的宿命。对于神圣罗马帝国来说，教权和王权的冲突始终是一对根本矛盾。另外，不同文明之间的相似性则或许也是被我们忽视的。在论及基督教与伊斯兰文明的冲突时，刘易斯就强调，冲突是因为它们之间的相似性，而非差异性。在1453年左右，三大文明都号称是罗马的继承者。这就是我们在历史变迁的过程中发现的永恒性[1]。

---

[1] 参见刘义：《超越文明冲突论：伯纳德·刘易斯的中东史观》，《世界宗教文化》2016年第6期。

从鲁米利亚到安纳托利亚：
土耳其的现代化历程

  1683 年，奥斯曼军队再次折戟于维也纳城下。之后，奥斯曼帝国首次以战败者的身份与其基督教宿敌签署了《卡洛维茨条约》(Treaty of Carlowitz)，这"标志着一个时代的结束和另一个时代的开始"[1]。1774 年，奥斯曼帝国与沙俄签署《小卡亚纳扎条约》。奥斯曼帝国不仅允许沙俄介入帝国境内的东正教徒事务，还不得不放弃自身对克里米亚的权力。1798 年，拿破仑率军占领埃及。一年之后，赶走法国军队的竟然是英国皇家海军。1807 年，故事以另一个版本重演。当英国海军通过达达尼尔海峡并威胁伊斯坦布尔时，这一次迫使英军撤退的变成了法国人。这给奥斯曼帝国以非常深刻而沉痛的教训——"欧洲列强不仅可以自由来去，而且只有另一个欧洲列强才能将他们赶走"[2]。在列强的争夺下，奥斯曼帝国变成了欧洲的所谓"东方问题"。为了维持"欧洲均势"，其必须防止沙俄恣意侵

---

[1] Bernard Lewis, *The Emergence of Modern Turkey*, 3rd edition, New York: Oxford University Press, 2002, p. 36. 另参见 John Stoye, *The Siege of Vienna: The Last Great Trial between Cross and Crescent*, New York: Pegasus, 2008.

[2] Bernard Lewis, *What Went Wrong? The Clash between Islam and Modernity in the Middle East*, New York: Oxford University Press, 2002, p. 31.

吞奥斯曼的领土[1]。不仅如此，在法国大革命的感召下，塞尔维亚人于1804年率先举起了民族起义的旗帜，希腊人则最早于1830年获得独立。这些事件持续发酵并最终引爆了巴尔干的火药桶。

内忧外患决定了奥斯曼帝国摇摇欲坠的命运。他们一方面要抵御欧洲列强的势力，另一方面又不得不向后者学习。奥斯曼帝国从基督教欧洲的宿敌变成了欧洲势力均衡下的问题。在走向近代的过程中，土耳其需要面对两个方面的问题：一是伊斯兰教与现代性的关系；二是从传统帝制向现代国家的转变[2]。这一命运似乎在1453年就预设了——当奥斯曼帝国取代拜占庭帝国时，基督教欧洲已经开启了从文艺复兴到宗教改革的现代进程。从那时起，伊斯兰文明和基督教文明的关系就不再纯粹是平行层面的冲突，而是增添了历时性的维度。到19世纪，随着工业革命和殖民主义的兴起，这一过程更是发生了急剧的变化。这让蹒跚学步的老牌帝国显得追赶不及，甚至要受到新帝国主义势力的瓜分。奥斯曼帝国唯有经历一场脱胎换骨的变革，才能迎来青年土耳其的新生。

一、改革之路：从坦兹马特到立宪政府

1839年11月3日，苏丹在托普卡帕皇宫外的玫瑰花园颁布了著名的改革法令，从而开启了所谓的坦兹马特时期[3]。这一法令，相当程度上是为了对抗穆罕默德·阿里在埃及引起的挑战；后者的西化改革使奥斯曼帝国在欧洲列强面前有些相形失色。同时，这一改革也是对18世纪郁金香时代以来西化倾向的继续，特别是1789年法国大革命所带来的激烈影响。1853—1856年的克里米亚战争将奥

---

[1] 参见 Alexander Lyon Macfie, *The Eastern Question 1774-1923*, London and New York: Routledge, 1996; Miroslav Šedivý, *Crisis among the Great Powers: The Concert of Europe and the Eastern Question*, London and New York: I. B. Tauris, 2016.

[2] 参见哈全安：《中东现代化进程中的世俗政治与宗教政治：以埃及、伊朗和土耳其为例》，北京：中国社会科学出版社，2017年。

[3] Erik J. Zürcher, *Turkey: A Modern History*, London and New York: I. B. Tauris, 2012, pp. 50-51.

斯曼帝国拖入了所谓的"欧洲均势"，促使着帝国的欧化趋势[1]。改革的一个重要影响领域是教育。在坦兹马特法令之前，奥斯曼政府先后成立了医学院（1827）和军事学院（1834）；1859 年则建立了旨在培养民事官员的机构。另一个影响深远的领域则是新闻媒体。纳米克·凯末尔是其中的佼佼者，他为土耳其人引入了"自由"和"祖国"的概念。

1876 年 8 月 31 日，时年 33 岁的阿卜杜勒·哈米德二世继位，开始其长达 30 年的统治。12 月 23 日，他颁布了帝国宪法，并于次年 3 月 19 日召开议会选举后的首次内阁会议。这也意味着自 1839 年坦兹马特法令颁布以来由政府主导的现代化努力达到顶峰。然而，1877—1878 年沙俄与奥斯曼帝国之间再次因克里米亚爆发战争。根据 1878 年的《柏林条约》，奥斯曼帝国失去了巴尔干半岛和安纳托利亚东部地区五分之二的领土及五分之一的人口，包括高加索地区的三个行省——卡尔斯、阿尔达汉和巴统。很大意义上，由于议会在战争期间没有给予苏丹期待的实际帮助，哈米德二世趁机解散议会。奥斯曼帝国历史上的第一届立宪政府就此夭折。面对斯拉夫主义的冲击，又受法国天主教士的启发，哈米德二世祭起祖宗大法。他称自己是代表全世界穆斯林的至高无上的哈里发，并将奥斯曼帝国与列强之间的冲突描述为一场"圣战"[2]。哈米德二世对传统的更新利用与其在耶德兹皇宫的秘密亲信网络，共同点缀了晚期奥斯曼帝国专制统治的特征。

奥斯曼帝国的统治正在日益走向崩溃，要求宪政改革的呼声则播下了种子。受法国大革命的影响，青年土耳其党加入了世界革命的浪潮。1889 年，伊斯坦布尔军事医学院的学生发起了一个名为"奥斯曼统一协会"的组织，旨在要求苏丹恢复宪法。与此同时，艾哈迈德·里扎赴巴黎参加了法国大革命 100 周年的庆典，后来成为巴黎支部的负责人。正是在里扎的建议下，该组织改名为"统一与进步委员会"（Committee of Union and Progress）。1896 年的一次反政府行动失败后，大部分成员被流放到的黎波里。巴黎支部则持续在活动。1906 年，萨洛尼卡

---

[1] Erik J. Zürcher, *Turkey: A Modern History*, pp. 53-54. 更详细的内容，参见费吉斯：《克里米亚战争：被遗忘的帝国博弈》，吕品、朱珠译，南京：南京大学出版社，2018 年。

[2] Jacob M. Landau, *The Politics of Pan-Islam: Ideology and Organization*, Oxford: Clarendon Press, 1990, pp. 10-11.

的军官成立了一个名为"奥斯曼自由协会"的组织，后并入统一与进步委员会。至此，统一与进步委员会的三股力量会合；特别是在知识分子之外，军人的实力至关重要[1]。

1908年7月，马其顿地区举起了起义的大旗。萨洛尼卡的第三军团是主要力量。7月23日，哈米德二世收到了统一与进步委员会的最后通牒，要求其恢复宪法，否则军队将开往伊斯坦布尔。据说是伊斯兰教长的最后意见才让苏丹打定了主意——他认为"宪政和伊斯兰圣法一致"[2]。第二天清晨，苏丹宣布恢复宪政。在11月底到12月初举行的议会选举中，统一与进步委员会取得了压倒性的胜利。12月17日，苏丹召开了第一次议会会议。艾哈迈德·里扎当选为议长，但并没有实权。宪政很快又遇到了挑战。1909年4月12日和13日晚，伊斯坦布尔的第一军团发动兵变，神学院的学生和乌里玛随后加入游行队伍。他们要求恢复伊斯兰教法，重新改组内阁。苏丹同意了反叛者的要求。马其顿的青年土耳其党很快组织了一支行动军，从萨洛尼卡开赴伊斯坦布尔。4月27日，奥斯曼上下议院再次召开会议，投票废黜哈米德二世。

鉴于之前反革命势力的阴影，青年土耳其党也很快走到了革命的反面。1912年，他们为排除异己，策动"大棒选举"。1913年，经过"高门政变"（Sublime Porte coup），统一与进步委员会的三位成员——恩维尔、塔拉特和杰玛尔——最终控制了中央政府的权力。后来，他们更是成立"特殊组织"，去承担干脏活的任务。考虑到当时复杂而紧迫的国际局势，对于这批"青年人"来说或许也情有可原。1911年9月，意大利向利比亚沿海城市发动全面进攻。恩维尔帕夏率领青年土耳其党的军官奋勇作战。在受阻的情况下，意大利转而煽动奥斯曼在巴尔干地区的属国。1912年10月，黑山、塞尔维亚、希腊和保加利亚先后向奥斯曼帝国宣战，是为第一次巴尔干战争。在1913年的《伦敦条约》中，奥斯曼帝国失去了除伊斯坦布尔之外的几乎所有欧洲领土。1913年6月，保加利亚夜袭塞尔维亚和希腊军队在马其顿的据点，从而引发了第二次巴尔干战争。恩维尔帕夏趁机收复了色雷斯东部的大部分领土，被称为"埃迪尔内的解放者"。

---

[1] 关于青年土耳其党的历史，参见 Feroz Ahmad, *Young Turks: The Committee of Union and Progress in Turkish Politics, 1908–1914*, London: Hurst, 2009.

[2] 巴克斯顿：《土耳其革命：1908—1909》，李娜译，北京：华文出版社，2020年，第46页。

奥斯曼帝国的改革曾经被充满了希望，结果却有些半途而废。评论者说："如果奥斯曼帝国的改革是真诚的，那么近东问题将得以解决。"[1] 奥斯曼的改革还被认为是避免"世界大战"的方案。无论如何，"在人类为争取自由、表达自我进行的不懈奋斗中，青年土耳其党取得的成就是对专制政权一次有力、及时、直接的打击"[2]。最终，战争无可避免，并由此改变了青年土耳其党的命运。荷兰著名土耳其专家小许理和在评论青年土耳其党人时指出，他们历经宪政革命、一战及独立战争，人员既有更替也有连续性。他们有着共同的背景，大多来自城市的知识家庭，又在世俗的、欧化的学校接受教育。"作为杰出的一代，他们将命运掌握在自己手里，同时影响了他人的命运"[3]。青年土耳其党在战争的浪潮中艰难地成长，并将通过接力棒的形式完成革命的理想。

二、战争之路：从巴尔干到中东

1914年6月28日，奥地利皇储费迪南大公在萨拉热窝遇刺身亡。一个月后，奥匈帝国向塞尔维亚宣战，英、法、俄、德因着交错复杂的利益关系而涉入。一场巴尔干的地区冲突即将演变成一场世界大战。战争刚爆发，英国就宣布征用了为奥斯曼帝国营造的两艘战舰"苏丹奥斯曼"号和"雷沙德"号。与此同时，就在奥斯曼帝国封锁海峡后，德国的两艘战舰"戈本"号和"布雷斯劳"号则因为特殊的机缘纳入了奥斯曼帝国麾下，后改名为"苏丹亚伍兹·塞利姆一世"号与"米蒂里"号。随着这两艘战舰在黑海向俄国舰队发起袭击，奥斯曼帝国由此卷入了战争。11月2日，英、法、俄相继召回其驻伊斯坦布尔大使后，向奥斯曼帝国宣战。11月14日，苏丹公开向全世界穆斯林发起"圣战"号召。德国认为这是奥斯曼帝国的一大重要影响力。由于英法的殖民地都有着广大的穆斯林人口，

---

[1] 巴克斯顿：《土耳其革命：1908—1909》，第216页。
[2] 巴克斯顿：《土耳其革命：1908—1909》，第218页。
[3] Erik J. Zürcher, *The Young Turk Legacy and National Building: From the Ottoman Empire to Atatürk's Turkey*, London and New York: I. B. Tauris, 2010, p. 123.

他们的起义无疑是在协约国的背后反戈一击[1]。

"协约国认为土耳其是同盟国的薄弱环节,也是战争中最易击败的敌手"[2]。1914年11月1日,英国驻红海舰队炮轰了亚喀巴湾的一处堡垒。两天后,停泊在达达尼尔海峡外的英法舰船对海峡的外围设施进行了轰炸。同时,俄国将军博格曼率兵向埃尔祖鲁姆进发,与奥斯曼军队交战。11月5日,英国正式向奥斯曼帝国宣战。印度远征军进入阿拉伯水域,巴士拉很快落入英国之手。1914年11月17日,俄国战舰炮轰黑海城市特拉布宗,连续发动了六次攻击。1914年12月,英国"多利斯"号巡洋舰闯入亚历山大勒塔,从海上炮击巴格达铁路。奥斯曼帝国停留在达达尼尔海峡的"马苏迪"号战舰也被英国击毁。11月中旬,战争大臣恩维尔和海军大臣杰玛尔会晤。21日,杰玛尔帕夏出发前往叙利亚,欲拯救埃及。12月6日,恩维尔帕夏则赶往特拉布宗,指挥军队向高加索边境进攻。在萨勒卡默什,恩维尔折戟沉沙,灰头土脸地返回伊斯坦布尔。杰玛尔也在苏伊士运河的袭击中受挫,所幸保住了奥斯曼的大批军队。

1915年1月2日,英国战争委员会在伦敦聚首,拟攻打达达尼尔海峡并最终占领伊斯坦布尔。2月19日,海上行动开始。协约国舰队的首要任务是摧毁达达尼尔海峡的外围要塞及其武装。3月18日,英法舰队驶入海峡,结果三艘战舰被击沉,三艘严重损害,这成为奥斯曼帝国参战以来取得的第一场胜利。3月底,恩维尔将达达尼尔海峡的各个师整编为第五军团,由德国军事顾问利曼·桑德斯担任指挥官。5月,英国自由党与保守党组成联合政府,成立达达尼尔委员会以监管战事。海军大臣温斯顿·丘吉尔由于之前的战役失利而被免职。从1915年4月25日登陆到1916年1月9日最后撤离,加利波里半岛的地面战持续259天。协约国投入近50万兵力,其中英军41万人;奥斯曼军队规模最大的时候也有31

---

[1] 关于奥斯曼帝国在一战中的泛伊斯兰宣传,参见 Jacob M. Landau, *The Politics of Pan-Islam*, pp. 94-121. 另参见 Andrew Hyde, *Jihad: The Ottomans and the Allies, 1914-1922*, Stroud, GL: Amberley Publishing, 2017; Erik J. Zürcher (ed.), *Jihad and Islam in World War I: Studies on the Ottoman Jihad on the Centenary of Snouck Hurgronje's "Holy War Made in Germany,"* Leiden: Leiden University Press, 2016.

[2] 罗根:《奥斯曼帝国的衰亡:一战中东,1914—1920》,王阳阳译,桂林:广西师范大学出版社,2016年,第95页。

万人。在这场战役中,英国方面伤亡 20 多万人,奥斯曼军队大概伤亡 25~29 万人。有 14 万人死在了战场上,包括 8 万多名土耳其人和 4 万多名英国人。对于英国一方来说,这场战役可谓一败涂地。对于土耳其人来说,这场胜利则弥补了他们在加利波里所蒙受的损失。更重要的,这证明了"土耳其人有能力击败当今最强大的国家,赢得现代战争"[1]。土耳其的国父穆斯塔法·凯末尔正是在这场战争中声名鹊起,为其后来的领导地位奠定了功绩。

1915 年 9 月,驻美索布达米亚的奥斯曼军队重新整编为第六军团,由普鲁士陆军元帅弗雷希尔·戈尔茨担任总司令。努雷丁贝伊担任先头部队的指挥官。从 12 月 5 日开始,努雷丁的部队开始封锁英军汤申德军团所在的库特城,直到 1916 年 4 月 29 日英军才得以脱离困境,这成了其又一次惨败。8 月,英国成立了美索布达米亚调查委员会,调查结果导致时任印度事务大臣张伯伦辞职。与此同时,麦加的谢里夫·侯赛因不但通过其儿子与阿拉伯地下起义组织取得联系,而且还跟英国驻埃及的高级官员麦克马洪爵士秘密通信。1916 年 6 月,谢里夫·侯赛因在圣城麦加打响了阿拉伯起义的第一枪。他单方面宣布自己为"阿拉伯之王"并封自己的儿子们为"埃米尔"[2]。1917 年 3 月,英军占领巴格达。12 月,耶路撒冷向英军投降。圣城麦加和耶路撒冷的陷落,可谓"给奥斯曼'圣战'运动当头一棒"[3]。

1918 年 10 月,随着阿勒颇陷落,英国在中东的战略目标全部实现。9 月,保加利亚第一个宣布战败,切断了德国与土耳其之间的补给线。统一与进步委员会主导的内阁于 10 月 8 日集体辞职。10 月 30 日,英国和奥斯曼的代表在穆德罗斯港签署了停战协议。11 月 13 日,协约国舰队通过达达尼尔海峡,进入伊斯坦布尔。在这之前,战时奥斯曼中央政府的三位领导——大维齐尔塔拉特、战争大臣恩维尔、海军大臣杰玛尔——则登上一艘德国轮船秘密逃离。战争已经结束,但土耳其人仍将面临艰苦卓绝的挑战。

---

[1] 罗根:《奥斯曼帝国的衰亡:一战中东,1914—1920》,第 231 页。另参见 Robin Prior, *Gallipoli: The End of the Myth*, London and New Haven: Yale University Press, 2009.

[2] 关于阿拉伯起义和西方国家在其中的影响,参见安德森:《阿拉伯的劳伦斯:战争、谎言、帝国愚行与现代中东的形成》,陆大鹏译,北京:社会科学文献出版社,2014 年。

[3] 罗根:《奥斯曼帝国的衰亡:一战中东,1914—1920》,第 365 页。

关于奥斯曼帝国加入一战的原因，最好的解释是："这是他们为通过对德国加以利用，并对抗那些更为危险的、对奥斯曼领土怀有企图之心的列强——俄国、英国和法国（大致是这样的排序）——以延缓帝国衰退和分裂做出的最后一丝努力。"[1] 然而，无论战胜与否，奥斯曼帝国似乎都难以避免同欧洲列强与虎谋皮的命运。"考虑到 1914 年面临的安全问题，实际上并不存在一个能够使其无限期维持某种原状的现实方案，他们只有糟糕与更糟糕的选择"[2]。协约国在中东的大部分行动都是"出于对'圣战'的惧怕"[3]，尽管后来这种惧怕被证明是多余的。苏丹发起的"圣战"号召并没有引起全世界穆斯林的共同回应；相反，协约国对阿拉伯起义的暗中运作，却为奥斯曼帝国的最终崩溃补了致命的一刀。

第一次世界大战对塑造现代中东有着重大的影响。除了土耳其获得独立，英国和法国在国际联盟的授权下瓜分了奥斯曼帝国在中东的其他领地。法国托管叙利亚和黎巴嫩，英国则托管巴勒斯坦（包括外约旦）和伊拉克。在巴勒斯坦，根据国联关于委任统治的协定和丘吉尔的白皮书，外约旦分离出来成为一个独立国家；在约旦西部，犹太人则获得建立国家的允诺。英国还将埃及置于自己的保护之下并划分了沙特、伊拉克和科威特之间的边界。只有库尔德人的自治要求没有得到实现。一战"解决了欧洲的中东问题，却造成了中东自身的中东问题"[4]。根据战后的安排，欧洲列强取代了奥斯曼帝国在中东的统治权。然而，中东依旧处于不同地方势力的争斗之中，列强强行划分的国界加剧了基于民族和宗教的冲突。这甚至引起了一个根本性的质疑——"由欧洲发明而移植来的现代政治体系，为基于民族身份的独立世俗国家而划分，是否可以在中东的异域中生存"[5]。

---

[1] 麦克米金：《奥斯曼帝国的终结：战争、革命以及现代中东的诞生，1908—1923》，姚志宏译，北京：中信出版社，2018 年，第 525—526 页。

[2] 麦克米金：《奥斯曼帝国的终结：战争、革命以及现代中东的诞生，1908—1923》，第 526 页。

[3] 罗根：《奥斯曼帝国的衰亡：一战中东，1914—1920》，第 414 页。

[4] David Fromkin, *A Peace to End All Peace: The Fall of the Ottoman Empire and the Creation of the Modern World*, New York: Henry Holt and Company, 2009, p. 563. 另参见巴尔：《瓜分沙洲：英国、法国与塑造中东的斗争》，徐臻译，北京：社会科学文献出版社，2018 年。

[5] David Fromkin, *A Peace to End All Peace*, pp. 563–564.

三、革命之路：从帝国到共和

1919 年 5 月 15 日，希腊军队在伊兹密尔（士麦那）登陆。与此同时，凯末尔乘船前往黑海城市萨姆松。他本来是奉命去遣散那里的奥斯曼军队，但他却走上了领导他们进行独立战争的道路[1]。6 月，凯末尔和几位军官在阿玛西亚召开会议，他们提出："我们的祖国统一和民族独立处于严重的危险之中，但伊斯坦布尔政府当局却不履行其职责。只有国民自己采取果断而坚定的行动，才能维持国家的独立。"[2] 这一军官组织代表了民族独立运动的最高指挥部。鉴于其资历和军阶，凯末尔自然赢得了领导地位。7 月和 9 月，进一步的会议在埃尔祖鲁姆和锡瓦斯召开。全国性的组织——安纳托利亚和鲁米利亚保卫权利协会（League for the Defense of Rights of Anatolia and Rumelia）成立。1920 年 1 月，《国民公约》宣布："奥斯曼帝国所有的领土，无论在停战协定规定的边界内外，都构成一个不可分割的整体"；"土耳其的国家和经济必须完全独立。"[3] 1920 年 4 月 23 日，土耳其大国民议会召开，凯末尔当选为主席。

1921 年 1 月和 3 月，伊斯迈特帕夏两次在伊诺努战胜希腊军队。这块福地的名字后来成为他的姓氏。凯末尔称赞说："你不仅打败了敌人，而且扫除了国家的霉运。"[4] 从 8 月 23 日到 9 月 13 日，土耳其和希腊军队在萨卡利亚鏖战 22 个昼夜，希腊军队败退。为纪念这次胜利，大国民议会授予凯末尔"加齐"（Gazi）称号和元帅头衔。然而，希腊人依旧幻想"向安卡拉进军"！1922 年 3 月，在协约国的倡议下，土耳其和希腊议定了三个月的停战计划。8 月，凯末尔下令对希腊军队发起总攻。凯末尔的军队势不可挡，希腊军队总司令及其参谋本部全部被俘。9 月 9 日，土耳其军队解放了伊兹密尔。第二天，布尔萨也获得解放。凯末

---

[1] 关于凯末尔与土耳其革命，参见 Salahi R. Sonyel, *Atatürk: The Founder of Modern Turkey*, Ankara: Turkish Historical Society Printing House, 1989.
[2] 阿克辛：《土耳其的崛起（1789 年至今）》，吴奇俊、刘春燕译，刘义校，北京：社会科学文献出版社，2017 年，第 144 页。
[3] 阿克辛：《土耳其的崛起（1789 年至今）》，第 162 页。
[4] 阿克辛：《土耳其的崛起（1789 年至今）》，第 183 页。

尔声称："我们国家的解放运动始于这个民族的民选政府代表并无条件地掌握自己的未来，源自有民族意识的军队取得积极的、绝对的胜利。"[1] 10月3日，伊斯迈特帕厦代表土耳其与协约国达成了停战协定，希腊军队撤出东色雷斯。随后，经过议会投票，奥斯曼帝国的苏丹制被废除。

当土耳其大国民议会召开之际，奥斯曼政府代表却与协约国媾和。1919年12月，英国和法国在伦敦密谋，企图占领伊斯坦布尔。为了逼迫奥斯曼政府就范，英国还在1920年3月对伊斯坦布尔发动袭击。1920年8月，奥斯曼帝国的代表在巴黎和会上签署了丧权辱国的《色佛尔条约》。这包括：把东色雷斯割让给希腊；承认亚美尼亚独立；建立库尔德斯坦；海峡归国际共管；恢复之前的不平等条约。这激起了土耳其民族主义的激烈反抗。《色佛尔条约》成了土耳其人民心中的巨大创伤。1922年11月，取得独立战争胜利的土耳其派伊斯迈特帕厦作为外交部长参加洛桑会议，重新议定战后的权利方案。根据《洛桑条约》，土耳其保留了东色雷斯，列强之前在奥斯曼帝国的各种贸易特权全部取消。土耳其独立战争的胜利成果得到了确认。1923年10月29日，土耳其共和国正式成立。民族英雄凯末尔以全票当选为共和国的第一任总统，安卡拉取代伊斯坦布尔成为共和国的首都。

1924年3月，大国民议会通过投票决定，废除哈里发制度。1926年，新的民法典通过，伊斯兰教法被废除。1928年，宪法中关于伊斯兰教作为土耳其国教的条款被删除。相反，1931年和1937年，世俗主义作为六项原则之一先后被写入共和人民党的党章与土耳其宪法。1927年，凯末尔在共和人民党第二次代表大会上发表了著名的《大演讲》，总结了土耳其革命的历程。接着，他将展开一系列的社会改革，旨在推进土耳其的现代化进程。1925年，凯末尔以身示范推出了"帽子法案"。1928年，他又发起字母改革并在全国各地普及教学。1931年和1932年，土耳其历史协会和土耳其语言协会先后成立，为共和国的意识形态提供了学术基础。1935年，土耳其开始推行姓氏法，大国民议会授予凯末尔一个极具象征意义的国姓——"阿塔图克"（Atatürk，土耳其之父）。1938年11月10日，凯末尔·阿塔图克在伊斯坦布尔的多玛巴赫切皇宫去世。之后，在共和人民党的扩大会议上，

---

[1] 阿克辛：《土耳其的崛起（1789年至今）》，第195页。值得注意的是，英语世界的著作多是从希腊的角度来看待这一问题。例如：Giles Milton, *Paradise Lost: Smyrna 1922*, New York: Basic Books, 2008.

阿塔图克被追认为"永远的领袖"[1]。第二年,哈塔伊作为《国民公约》中的最后一块领土要求并入土耳其。这也是阿塔图克去世前的最后一桩事业。

著名历史学家汤因比在分析希腊与土耳其在一战结束时的关系时,指出:"希腊在安纳托利亚战役的失败,远不只是具有地方性和暂时性意义的事件。它标志着延续 200 年之久的潮流发生了显著变化。"[2] 安纳托利亚对于希腊和土耳其都有着重要的意义。这里首先被古希腊文化所同化,从希腊—罗马时期一直持续到中世纪。突厥人的兴起改变了这一地方的文化格局,并在 1453 年奥斯曼军队攻陷君士坦丁堡后得以确立。协约国在这一问题上的态度,很大程度上反映了一种文化的偏见。"基督教与伊斯兰教、欧洲与亚洲、文明与野蛮是三种错误的对照"[3]。一方面,这一偏见宠坏了希腊人;另一方面,则深深刺激了土耳其人的民族感情。希腊和土耳其的民族主义都希望通过复兴伟大的文明传统来唤醒民众。不同的是,"希腊民族主义发展为一种独立运动,试图脱离一艘即将沉沦的船;迟到的土耳其民族主义则可以被解读为拯救船只的不幸努力之结果"[4]。作为洛桑会议的原则之一,40 万名穆斯林从希腊被强行移民到土耳其;同时,至少 120 万名希腊人被从土耳其赶到希腊[5]。两个民族之间的战争留下了永远的创伤。

小结

从鲁米利亚到安纳托利亚,构成了书写土耳其近代史的一种路径。鲁米利亚

---

[1] 实际上,阿塔图克这种至高无上的领袖地位也引起了其作为独裁者的批评。例如:H. C. Armstrong, *Grey Wolf, Mustafa Kemal; An Intimate Study of a Dictator*, London: A. Barker Ltd, 1932. 不过,阿塔图克的声誉问题在土耳其通过立法得以保护,从而一定程度上杜绝了后来的相关讨论。

[2] 汤因比:《文明的接触:希腊与土耳其的西方问题》,张文涛译,上海:上海人民出版社,2019 年,第 157 页。

[3] 汤因比:《文明的接触:希腊与土耳其的西方问题》,第 241 页。

[4] Umut Özkırımlı and Spyros A. Sofos, *Tormented by History: Nationalism in Greece and Turkey*, London: Hurst & Company, 2008, pp. 38-39.

[5] 参见 Bruce Clark, *Twice a Stanger: How Mass Expulsion Forged Modern Greece and Turkey*, London: Granta Books, 2006. Renée Hirschon (ed.), *Crossing the Aegean: An Appraisal of the 1923 Compulsory Population Exchange between Greece and Turkey*, New York and Oxford: Berghahn Books, 2003.

是土耳其现代化的精神之源。在那里，青年土耳其党开始了革命的征程。同时，鲁米利亚也是他们革命的目的。然而，从鲁米利亚抵达伊斯坦布尔之后，统一与进步委员会的领导迅速迷失于战争与权力的旋涡。安纳托利亚成为土耳其民族主义的精神之源。在很大程度上，革命者逃离伊斯坦布尔实属无奈，一如共和国放弃鲁米利亚的大片领土。然而，安纳托利亚形成了土耳其民族团结的基础并扎根于广大民众的土壤。在很长的时间里，这都成了现代土耳其人不得不面对的一对矛盾——他们是东方的民族，但追求的是西方的文明。民族主义与现代主义构成了土耳其革命的两条基本原则[1]。

土耳其的近代变革实际上是从鲁米利亚发起的。这源于拜占庭帝国的遗产。然而，即便在奥斯曼帝国时期，大部分土耳其人也称自己是罗马的继承者。青年土耳其党人是欧洲的仰慕者，也成长于土耳其较欧化的环境。对凯末尔·阿塔图克来说，"土耳其本质上的欧洲性是不变的；这不是从地理而是从文化上来讲的"[2]。为此，他决意消除一切阻碍土耳其欧化的因素，包括伊斯兰教。"阿塔图克不希望给现代性的挑战提供伊斯兰教的回应，而是要转化伊斯兰教以完全拥抱现代性"[3]。阿塔图克的激进改革为土耳其的现代化确定了指向，却也留下了一个持续的悖论——伊斯兰教与世俗主义。20世纪后半期，土耳其每隔十年就爆发一次政变，理由都是为了维护世俗主义[4]。

很长时间里，安纳托利亚都是伊斯坦布尔的粮仓。民族危亡之际，青年土耳其党人的革命精神与腐朽的奥斯曼政府形成了鲜明的对比。对于共和国的建立者来说，伊斯坦布尔作为帝国之都已经腐化到底了，革命理想需要一个新的精神之都。因此，为了新生共和国的安全，也为了革命精神的纯粹，他们选择了安卡拉。经过一战的洗礼，土耳其实现了从老牌帝国到民族国家的转变。"通过想象

---

[1] Peyami Safa, *Reflections on the Turkish Revolution*, trans. by Yuluǧ Tekin Kurat, Ankara: Atatürk Research Center, 1999, pp. 55–59.
[2] M. Şükrü Hanioğlu, *Atatürk: An Intellectual Biography*, Princeton and Oxford: Princeton University Press, 2011, p. 201.
[3] M. Şükrü Hanioğlu, *Atatürk: An Intellectual Biography*, p. 231
[4] 参见 Jacob M. Landau (ed.), *Atatürk and the Modernization of Turkey*, Boulder: Westview Press & Leiden: Brill, 1984; Suna Kili, "Kemalism in Contemporary Turkey," *International Political Science Review*, Vol. 1, No. 3 (1980), pp. 381–404.

一个新的国家和祖国，土耳其民族主义超越了试图拯救奥斯曼帝国的窘境——伊斯兰主义、奥斯曼主义、泛突厥主义"[1]。共和国成立后，阿塔图克的"国内和平、世界和平"（peace at home, peace abroad）理念，使革命的成果得以在复杂的国际环境中巩固确立。

---

[1] Behlül Özkan, *From the Abode of Islam to the Turkish Vatan: The Making of a National Homeland in Turkey*, New Haven and London: Yale University Press, 2012, p. 101.

从新土耳其到新奥斯曼主义：
埃尔多安的苏丹梦

土耳其一直以横跨欧亚大陆的国家著称，这首先体现了一种独特的地缘政治和文化。其次，在从帝国到共和的近代变革中，土耳其的现代化、民主化和亲西方立场也使其迥异于其他的中东国家，成为一个例外。在当前社会，土耳其则面临伊斯兰和世俗主义的深刻矛盾，被称作一个分裂的国家[1]。自2002年执政以来，正义与发展党体现了多方面的成功，包括经济发展、民主改革、加入欧盟等。这引起了关于"新土耳其"（New Turkey）的再讨论，以区别于共和国以来的凯末尔主义政权模式[2]。然而，在经历了2007年的总统选举和2011年的议会选举后，埃尔多安和他的正义与发展党逐步形成了一种选举霸权。2010—2011年，土耳

---

[1] Vojtech Mastny and R. Craig Nation, *Turkey Between East and West: New Challenges for a Rising Regional Power*, Boulder, CO: Westview Press, 1997; Sina Akşin, *Turkey: From Empire to Revolutionary Republic, the Emergence of the Turkish Nation from 1789 to Present*, trans. by Dexter H. Mursaloğlu, London: Hurst & Company, 2007; Zeyno Baran, *Torn Country: Turkey between Secularism and Islamism*, Stanford: Hoover Institution Press, 2010.

[2] M. Hakan Yavuz (ed.), *The Emergence of a New Turkey: Democracy and the AK Parti*, Salt Lake City, UT: The University of Utah Press, 2006; Graham E. Fuller, *The New Turkish Republic: Turkey as a Pivotal State in the Muslim World*, Washington, DC: United States Institute of Peace, 2007.

其模式在"阿拉伯之春"的风波中达到一种高潮。接下来,以伽齐公园示威为标志的事件,则不断地挑战着埃尔多安的威权政治。当埃尔多安成为土耳其共和国历史上第一位全民选举的总统后,民粹主义的政治走向了顶峰。叙利亚战争引起的难民危机和暴力恐怖成为土耳其的重要安全威胁。在一种近乎内外交困的格局下,土耳其政治何去何从成了关乎中东和世界政治的重要命题。

一、"新土耳其"的命题

2014年8月,在历经从伊斯坦布尔市长到土耳其总理的漫长政治生涯后,雷杰普·塔伊普·埃尔多安成功当选为土耳其共和国历史上第一位全民选举的总统。这被称作是"国民意志"(national will)的胜利。埃尔多安的成功,被解释为土耳其政治从议会制向总统制过渡的重要步骤。长期以来,土耳其总统的弱势地位被划分为消极型和维持现状型,图尔古特·厄扎尔代表的是改革型,而埃尔多安则被认为是建设型的。埃尔多安在政坛上的持续性统治,更是被解读为一种异象,也即"新土耳其"——后凯末尔主义的、后西方的、后威斯特伐利亚的。这意指:"通过创造一种新的实体政治(body politics)和新的政治单位以转化自身及所处的地区,土耳其也希望改变以西方文明为中心的全球政治,以及相应的由其制定的国际秩序。"[1] 新土耳其意味着一种新的国家、地区及全球秩序。

随后,曾担任外交部长的艾哈迈德·达武特奥卢接替埃尔多安成为土耳其的新总理。达武特奥卢首先是正义与发展党时期外交政策的制定者,韵律外交、多维度外交、邻国零问题、制度行为体、国际合作、积极外交等是关键词[2]。然而,外交正是土耳其政治的一个延伸反映。达武特奥卢被称作是埃尔多安建设"新土耳其"的最佳拍档。他的思想能力、适应技巧、努力工作的态度被给予了很高的

---

[1] Nebi Miş and Ali Aslan, "Erdoğan's Politics and His Presidential Mission," Ankara: SETA/Foundation for Political, Economic and Social Research, 2014, p. 26.

[2] Ahmet Davutoğlu, "Principles of Turkish Foreign Policy and Regional Political Structuring," Ankara: SAM/Center for Strategic Research, 2012.

评价；最关键的是，他愿意做埃尔多安强人政治的副手[1]。就在埃尔多安当选总统的那个月，达武特奥卢给"新土耳其"的内涵以系统的解释。这被归结为三个重要概念：强势民主、活力经济和积极外交。达武特奥卢认为，土耳其自近代以来经历了三次伟大的复兴——坦兹马特改革、土耳其共和国的建立以及向民主制和多党制的转变。冷战后的背景则为土耳其的第四次伟大复兴提供了机遇。他说："在过去的十年里，土耳其通过在国内政策中实施的基本原则已经深化了民主，通过积极的经济巩固了实力，并为积极的外交政策提供了持续性的机制，这将促使其完成复兴的进程，成为全球体系转化的一个积极代表。"[2]

比较有意思的是，穆斯塔法·凯末尔·阿塔图克建立的土耳其共和国即被称为是"新土耳其"，以区别于奥斯曼帝国时期的伊斯兰统治[3]。因此，这一"新"实际上是对一种"旧"的回归和超越，也即伊斯兰传统和民主政治的结合。然而，有论者很快对这一"新土耳其"的异象予以质疑。一个关键的问题是："新土耳其是否比旧的更民主？""旧土耳其"（the old Turkey）被贴上了通货膨胀、公债、低效率、腐败等标签。在内政方面，军人势力给民事官员以沉重的压力；在外交方面，土耳其作为穆斯林民主的代表在中东几乎没有软实力的影响。但是，"新土耳其"并没有给这一机制以太多新的变化。相反，旧的由军人主导的土耳其威权政治只是被以多数专制和埃尔多安的霸权为基础的"新"形式所取代[4]。与此同时，达武特奥卢的品格也颇具争议，而他能否与一位强势的总统很好地合作更是关键的问题[5]。

2016年5月，在经过艰难的议会选举胜利以及跟欧盟关于难民和自由签证的交换协议后，达武特奥卢完成了自己短促的使命，辞去了总理和正义与发展党主席的职务。这背后的原因，毋庸置疑是其跟总统埃尔多安的矛盾分歧[6]。作为

---

[1] "Erdoğan and Davutoğlu: the Right Formula for New Turkey," *Daily Sabah*, August 23, 2014.

[2] Ahmet Davutoğlu, "The Restoration of Turkey: Strong Democracy, Dynamic Economy, and Active Diplomacy," Ankara: SAM/Center for Strategic Research, 2014, pp. 7-8.

[3] Patrick Kinross, *Ataturk: The Rebirth of a Nation*, London: Weidenfeld & Nicolson, 2012.

[4] Ömer Taşpinar, "New Turkey and Its Paradox (1)," *Today's Zaman*, April 13, 2014; Ömer Taşpinar, "New Turkey and Its Paradox (2)," *Today's Zaman*, April 20, 2014.

[5] Ömer Taşpinar, "Ambivalence about Davutoğlu," *Today's Zaman*, August 24, 2014.

[6] "Davutoğlu Stepping Down as Turkish PM, AKP to Hold Snap Congress," *Hürriyet Daily News*, May 5, 2016.

"新土耳其"的重要奠基者和诠释者,达武特奥卢和阿卜杜拉·居尔的离职,使埃尔多安成为唯一的领袖。这种权力的集中化,也成了"新土耳其"的一个内在矛盾。

二、伊斯兰民主

2002年,伊斯兰教背景的正义与发展党赢得土耳其的议会选举,从而开启了之后十几年的持续执政。这被称为是伊斯兰与民主相结合的典范。著名学者哈坎·雅乌兹评论说:"正义与发展党的身份决定了它所想忘记的(伊斯兰主义)和所想公开成为的(保守民主制)。"[1] 两者有结合也有冲突。他从三个相互联系的方面解释了土耳其的保守民主制:家庭观念(父权式的)、以奥斯曼历史为基础的爱国主义(热爱穆斯林—土耳其国家)和虔敬(道德的来源)。"保守民主制基于一种关于土耳其民族作为理想模型的特殊理解,没有文化和阶级的分别,同国家相一致"[2]。社会保守主义和经济自由主义是正义与发展党的两大主要特征。

正义与发展党的成功首先归因于经济的发展。这继承了厄扎尔在20世纪90年代的新自由主义经济政策。然而,同厄扎尔的放任主义导致的通货膨胀不同,正义与发展党采取了严格的金融政策。经济增长和社会保障得以双轮驱动。在正义与发展党执政后的十年间,土耳其的GDP的年平均增长率保持在6.5%,是仅次于中国的世界第二高经济增长率;人均GDP则从3 492美元增长到10 504美元。即便在2008年的金融危机后,土耳其的经济仍保持了持续性的增长。同时,土耳其对外来资金的依赖也大大降低。一个突出的例子是跟国际货币基金组织的关系。土耳其曾经是债务最严重的国家之一。自2002年始,土耳其支付了235亿美金的债务;到2013年,土耳其不仅还清了所有债务,而且开始向国际货币基金组织投入资金。2013年,土耳其已经成为世界第十七大经济体;到2023年,

---

[1] M. Hakan Yavuz, *Secularism and Muslim Democracy in Turkey*, Cambridge: Cambridge University Press, 2009, p. 3.

[2] M. Hakan Yavuz, *Secularism and Muslim Democracy in Turkey*, p. 100.

土耳其百年国庆时,有望成为世界前十大经济体[1]。2015 年,二十国峰会在土耳其召开,这也彰显了土耳其经济的国际影响。经济的持续稳定增长是正义与发展党执政合法性最重要的基础。

加入欧盟是正义与发展党执政时期的另一个重大目标。自 1999 年获得欧盟候选成员国身份后,2005 年,土耳其正式启动了加入欧盟的谈判。这反过来推动了土耳其民主政治的改革进程。尽管土耳其的伊斯兰身份被认为是加入欧盟的最大障碍,但入盟谈判确实促使了一种以自由主义和公共参与为特征的新政治文化在土耳其的兴起[2]。宪法的修改是一个突出的例子。2004 年,土耳其议会通过了九个宪法修正案,包括确立性别平等的宪法保障、取消所有关于罚款的条款、取消军队总司令任命高等教育委员会成员的权利、取消国家安全法庭(State Security Court)等。其中最重要的一个成果是,在涉及基本人权和自由方面,国际公约凌驾于国内法律之上[3]。2009 年,正义与发展党领导的政府开启了关于"库尔德开放"(Kurdish Opening)的讨论,后改为民主开放(Democratic Opening),之后又变为国家统一和友爱工程(the National Unity and Fraternity Project)。这被看作是土耳其民主改革的另一个具体例子[4]。

伊斯兰与民主的结合,在土耳其,这反映为政治伊斯兰的双重转型——以纳吉迈廷·埃尔巴坎为代表的"民族观念"运动和以法图拉·居伦为代表的服务网络。特别是两者在"文明对话"主题上的合作,使人们在全球话语中看到了伊斯兰政治的不同形象[5]。然而,一开始,"温和穆斯林"(Moderate Muslims)与"公

---

[1] Erdal Tanas Karagöl, "The Turkish Economy during the Justice and Development Party Decade," *Insight Turkey*, Vol. 15, No. 4 (2013), pp. 115-129.

[2] 关于土耳其加入欧盟的问题,参见 Mirela Bogdani, *Turkey and the Dilemma of EU Accession: When Religion Meets Politics*, London and New York: I. B. Tauris, 2011; Ioannis N. Grigoriadis, *Trials of Europeanization: Turkish Political Culture and the European Union*, New York: Palgrave Macmillan, 2009.

[3] Vahap Coşkun, "Constitutional Amendments under the Justice and Development Rule," *Insight Turkey*, Vol. 15, No. 4 (2013), pp. 95-113.

[4] Yılmaz Ensaroğlu, "Turkey's Kurdish Question and the Peace Process," *Insight Turkey*, Vol. 15, No. 2 (2013), pp. 7-17.

[5] Ahmet T. Kuru, "Changing Perspectives on Islamism and Secularism in Turkey: The Gülen Movement and the AK Party," Louis J. Cantori, Marcia K. Hermansen and David B. Capes (eds.) *Muslim World in Transition: Contributions of the Gülen Movement*, London: Leeds Metropolitan University Press, 2007, pp. 140-151.

民伊斯兰"（Civil Islam）的主题，就带有美国外交战略的含义。这淡化了其中所蕴含的积极价值，并增添了因国际势力介入而导致的风险[1]。果不其然，当土耳其和美国在中东的利益发生冲突后，居伦因为身处美国而被指控是"中央情报局的代理人"，其同正义与发展党之间的对抗也日益剧烈。

三、选举霸权

土耳其政治发展的悖论是，随着正义与发展党确立自己的统治，民主制却日益变得工具主义和多数主义。这形成了一种"选举霸权"（electoral hegemony）。2007年是一个重要的转折点。有学者指出："由于这一选举霸权，正义与发展党控制了议会、政府和总统，从而使权力在很大程度上垄断于政党领袖手中，并导致已经千疮百孔的检察和制衡体系破产。"[2] 正义与发展党不仅没有严肃对待这一问题，反而进一步促使问题的激化。它在第二任期的执政反映了三个方面的重要变化：一是从经济增长和善治向强势安全导向的政治话语的转变；二是从服务和改革导向的治理模式向群体利益和敌我对立的政治模式的转变；三是从包容性和接纳性的语言向反动的民族主义和集体主义话语的转变。正义与发展党的统治日益趋同于之前的凯末尔主义政府，甚至被戏称为"宗教—凯末尔主义"（religious-Kemalist）。

土耳其政治威权化的一个主要表现是，无论在政党还是政府层面，权力都日益集中于埃尔多安个人手中。曾经是正义与发展党的两大创始人之一并历任土耳其总理（2002—2003）、外交部长（2003—2007）、总统（2007—2014）的阿卜杜拉·居尔，从跟埃尔多安并驾齐驱到貌合神离，直至最后退出政坛，即是一个典型的例子。

居尔被称为是"新土耳其"的重要缔造者，尤其是其在理念和原则层面的贡献。他和埃尔多安一样兴起于埃尔巴坎领导的福利党时代。在后福利党时期，

---

[1] 刘义：《美国外交战略中的公民伊斯兰理论与实践》，《阿拉伯世界研究》2013年第4期。
[2] E. Fuat Keyman and Sebnem Gumuscu, *Democracy, Identity, and Foreign Policy in Turkey: Hegemony through Transformation*, New York: Palgrave Macmillan, 2014, p. 50.

他成为改革派的重要一员。特别是，他在安卡拉领导的政治研究中心（Political Research Center）奠定了正义与发展党的基本理念，并跟埃尔多安在伊斯坦布尔的光辉业绩形成了呼应。相对于埃尔多安在广大民众中的克里斯玛魅力，居尔更了解国际政治生活和经济，更坚守规则，行为也更加谨慎。他被称作是正义与发展党的设计者。两人的区别一开始只被认为是性格的不同。然而，"在他的总统任期内，居尔的政治风格、经验、知识以及对土耳其的国际愿景，日益明显区别于埃尔多安"[1]。他们两个有不同的社会背景，任命并聆听不同的顾问集团，在促进土耳其的国际地位方面有着不同的意见，对民主和社会公义也有着不同的看法。在2013年的伽齐公园示威和腐败案处理方面，居尔和埃尔多安的矛盾日益凸显。最终，2014年在埃尔多安成功当选总统后，居尔选择退出政坛。

与此形成鲜明对照的是，埃尔多安的权力日益集中化。在2014年的总统选举前，埃尔多安的追随者特别撰写了一本歌颂他的小册子，主题为："勇敢的心：新土耳其之父"（The Brave Heart: the Father of New Turkey）。正义与发展党执政时期的各项业绩，如经济发展、政治民主、国际化、社会改革等，都被归结为埃尔多安的个人成就。为了表达对埃尔多安的敬仰之情，该作者还专门写了一首颂词：

> 他是诚实的，他是勇敢的，他是骄傲的，他是荣耀的，他是充满情感的，他是激情的，他是富于机智的，他是一贯的，他是自信的，他是宽容的，他是正派的，他是谦虚的，他始终相信，他从不向非正义低头，他是辛苦劳作者的激励者，他是穷人的父亲，重中之重是他热爱那些因造物主而受造的……雷杰普·塔伊普·埃尔多安。[2]

埃尔多安的这种克里斯玛魅力成就于土耳其在世纪之交形成的一种"本土政治"

---

[1] Gerald MacLean, *Abdullah Gül and the Making of the New Turkey*, London: Oneworld Publications, 2014, p. 288.

[2] Ömer Gökhan Ulum, *Recep Tayyip Erdoğan — The Brave Heart: the Father of New Turkey*, Frederick, MD: America Star Books, 2014, p. 3.

（vernacular politics）。它是"一种社区和价值中心的政治进程，尽管扎根于地方，却能将来自不同背景的人们团结在国家政治中"[1]。这跟土耳其传统的世俗政治精英的策略形成了极大的反差。这里当然有伊斯兰主义的背景，却更依赖于地方文化和个人间的关系，并同时借用意识形态和政治组织的功效。

埃尔多安的权力集中化，也导致了围绕其个人统治而形成的政治分裂。赞同和反对埃尔多安的人分化为社会的两大阵营，并延伸到社会的其他方面。2014年，在埃尔多安竞选总统时，美国皮尤公司的一项调查显示：44%的人满意目前土耳其的方向，51%的人不满意；一半的人认为目前土耳其经济很好，46%的人认为情形比较糟糕；48%的人认为埃尔多安对土耳其有好的影响，同样百分比的人则认为其影响比较坏；49%的人声称支持上一年的反政府游行，特别是伽齐公园的示威，55%的人不赞同埃尔多安处理该事情的方式；69%的人认为伊斯兰教在土耳其政治中有着重要的影响，而且其中47%的人认为这一影响是积极的，26%的人则认为其影响较小。土耳其因为埃尔多安而成了一个"分裂的国家"[2]。

四、新奥斯曼主义的外交

正义与发展党时期土耳其的外交政策，特别是在达武特奥卢的影响下，体现了对奥斯曼传统的尊重和利用。在逐渐独立于西方政策的同时，它也相应地表现出在中东等地区的扩张倾向。这被称作是"新奥斯曼主义"（neo-Ottomanism），同时包含了"泛伊斯兰主义"（Pan-Islam）和"泛突厥主义"（Pan-Turkism）的倾向[3]。这一带有扩张倾向的外交政策，既体现了内政的延伸，又形成了对内政的呼应。

这一外交政策以达武特奥卢的"战略纵深"（strategic depth）理论为基础，

---

[1] Jenny B. White, *Islamist Mobilization in Turkey: A Study in Vernacular Politics*, Seattle and London: University of Washington Press, 2002, p. 6.

[2] "Turkey Divided on Erdogan and the Country's Direction," Pew Research Global Attitudes Project, July 30, 2014.

[3] Ehud R. Toledano, "Some Thoughts on the Ottomans and neo-Ottomanism," *Turkish Review*, Vol. 3, No. 1 (2013), pp. 8–13.

"邻国零问题"（Zero Problem with the Neighboring Countries）是一个重要的标签。其基本观点在于：

> 欧亚大陆及其周边地区在全球地缘政治中有着至为重要的地位。土耳其处于这一广大领土的中心，被认为有独一无二的机会来扩张自己的影响，创造战略纵深。如此，它将确立自己作为全球大国的地位，并在创造新的全球机制方面扮演重要角色；这一机制将更符合世界不同的"文明"或文化。同过去的外交政策相背离，这一关于地缘政治的诠释基于一个前提，也即西方势力在巴尔干、中亚和中东的扩张同土耳其的国家利益不符，从而必须被逆转。[1]

达武特奥卢认为，奥斯曼的政治力量源于塔维德（与安拉合一或接受安拉）和坦兹（相信安拉的纯洁）。这是处理伊斯兰世界冲突的主要范式。同时，他将此理论同亨廷顿的"文明冲突"和福山的"历史终结论"相对立，后两者主要服务于西方国家在中东地区的扩张政策。

2002年执政伊始，正义与发展党实际上采取了一种多元的外交政策，结合了战略纵深和现实主义政治的某些因素。在叙利亚、伊朗及海湾国家的问题上，土耳其选择尊重现状，忽略它们在政治和民主制方面的缺陷，而是支持对话和贸易。综合说来，土耳其在此一时期更多扮演一种调停者的角色。从2010年底开始，土耳其在所谓"阿拉伯之春"中开始倾向于革命，而西方国家则鼓吹伊斯兰与民主相结合的"土耳其模式"，以影响中东国家的变革。从2012年底到2013年初，达武特奥卢发表一系列关于中东地缘政治的论述，预言民族主义作为中东政治合法性的基础已经走向终结，伊斯兰背景的势力将扮演重要的角色。叙利亚内战的开始和2013年7月的埃及政变，导致土耳其在中东的影响急剧下降。但土耳其仍旧认为其处于历史中正确的一方，批评西方国家不负责任的态度，从而享受一种"珍贵的孤立"（precious loneliness）[2]。

特别是在中东问题上，土耳其的外交政策也导致其同西方盟友的分裂。美国

---

[1] Aaron Stein, *Turkey's New Foreign Policy: Davutoglu, the AKP and the Pursuit of Regional Order*, London: The Royal United Services Institute, 2014, p. 2.

[2] Aaron Stein, *Turkey's New Foreign Policy*, pp. 9–10.

批评土耳其没有给其中东政策以足够的支持，而是在地区问题上采取独立或另外的政策，而土耳其方面则认为美国对土耳其在该地区的安全利益缺乏"足够的敏感"（sufficient sensitivity）[1]。"邻国零问题"的政策被认为是土耳其中东外交的一个战略转向，也导致土耳其和美国产生利益分歧。即便在"阿拉伯之春"中，相对于西方国家鼓吹"土耳其模式"的责任，土耳其更在乎的是"中东社会如何看待一个在共和国历史上曾经背弃它们的国家的形象"[2]。尽管有这一历史问题，但土耳其在中东社会的积极形象源自其快速的经济增长、社会稳定、果断且有时不妥协的外交、自由和政治改革。在叙利亚问题上，土耳其和美国的分歧几近白热化。"土耳其政府将叙利亚视为进入中东的门户，奥巴马政府则将叙利亚看作其地区政策的关键"[3]。当人道危机演化为安全威胁、甚至社会问题时，土耳其对美国的不信任也日益剧增。

2015年11月，土耳其击落了一架在土叙边境飞行的俄罗斯战机。这随即引发了两国"针锋相对的争论"，以及普京与埃尔多安之间的"口水战"。普京声称，"这是被恐怖主义的帮凶在背后捅了一刀"，而且警告会有"严重后果"。埃尔多安则说，俄罗斯战机侵犯了土耳其的领空权，"每个人都必须尊重土耳其保卫边境的权利"。土耳其的行为几近歇斯底里，其背后的含义则被解读为是向美国施压，希望后者在叙利亚及中东相关问题上有更多的积极介入。当这一"疯狂行动"没能奏效，相反却因俄罗斯的制裁导致土耳其经济利益大大受损时，埃尔多安接着又来了一个180度的大反转。一方面同俄罗斯和解，一方面则指控美国在军事政变中的参与。这种反复无常的行为导致了其在大国势力间的失信。

五、"土耳其模式"的破产

2014年被称为是"土耳其政治最漫长的一年"。这一政治年度不是始于2014

---

[1] Kılıç Kanat, "Turkey and the U.S.: the Longest Two Years of the Relations," Ankara: SETA/Foundation for Political, Economic and Social Research, 2015, p. 8.

[2] Kılıç Kanat, "Turkey and the U.S.: the Longest Two Years of the Relations," pp. 15–16.

[3] Kılıç Kanat, "Turkey and the U.S.: the Longest Two Years of the Relations," p. 16.

年1月1日,而是2013年5月的伽齐公园示威;同样,其结束也要更晚一些,直到2015年6月的议会选举[1]。然而,13年来正义与发展党首次没能形成一党领导的多数政府[2]。尽管其在11月重新当选,但中间政府时期却开启了土耳其政治急剧动荡的模式。土耳其加入美国打击"伊斯兰国"的战争,却将更多的精力放在库尔德工人党方面。双重的恐怖威胁导致土耳其境内一系列的暴恐事件[3]。土耳其越来越像一个中东国家,而不是中东国家向往的表率。这预示着"土耳其模式"的破产。

学者们将此归结为土耳其国内政治的逻辑。有学者指出:"土耳其民主模式不会因为伊斯兰教和世俗主义的冲突而走向终结;相反,真正的冲突是在选举民主和自由主义之间。"埃尔多安有将民主简化为选举的倾向。

有学者则做了更深刻的反省,认为"土耳其模式"虽然完成于正义与发展党治下,却奠基于20世纪80年代的军政府时期,而且,"土耳其模式"的诞生,一开始就是为了对付伊朗革命等引起的国内外变革。具体地说:

> 1968年和1979年的事件在全球层面上引起的动力、希望和恐惧太过丰富和激烈,以致中东当时既有的方式和方法都不足以应付。因而,必须有创造性的方式。1980年土耳其的军政府(Kenan Evren将军主导)以及土耳其保守主义的轻度伊斯兰化版本(厄扎尔领导)开启了新的一页。解除威胁的唯一方式就是反动员。在20世纪80年代,土耳其政府承诺支持次一级的阶层,以针对世俗精英、有组织的工人阶级和少数民族。[4]

工人的反抗、库尔德起义和伊朗革命被认为是三个最重要的目标。这一思维

---

[1] Taha Özhan, "The Longest Year of Turkish Politics: 2014," *Insight Turkey*, Vol. 16. No. 2 (2014), pp. 79-98.

[2] Kılıç Kanat, "Elections in Turkey," Ankara: SETA/Foundation for Political, Economic and Social Research, October 2015.

[3] Osman Orsal, "From ISIS to the Kurds to Erdogan: Why Turkey is in Serious Trouble," *The Atlantic*, October 5, 2015.

[4] Cihan Tuğal, *The Fall of the Turkish Model: How the Arab Uprisings Brought Down Islamic Liberalism*, London: Verso, 2016, p. 25.

有着强烈的冷战政治背景。"土耳其模式"被称作是一种"消极革命"（passive revolution）。

如果我们对土耳其民主的历史做一个简单回顾，就会发现这反映了土耳其政治社会更深层次的矛盾。有学者指出，在土耳其社会，对凯末尔主义政权的反对"并没有引发民主的进程，而是新霸权的重组"[1]。在1938—1950年的伊斯迈特·伊诺努执政时期，使政府体系独立于社会，两者的联系在于专家、职业政客和军方的政治主导。"在这一处境下，不仅官僚和职业政客控制政治权力，而且质疑主导意识形态和群体的一方也在狭隘的话语框架内如此行事"[2]。这就促使无论是执政党还是反对党，都在参照同样的政治模式运作；而无论谁执政，政治体制都不会有结构性的变革。反对派的产生和政党轮替并不能导向民主机制。

对"土耳其模式"的反思，还必须置于大中东的政治环境中来看。如有学者指出，土耳其在"阿拉伯之春"以来的中东政策，体现了自由主义和现实主义、利益和价值在国际政治中的矛盾[3]。"土耳其模式"之失效，反映了土耳其作为一个地区势力的尴尬地位——寻求自主和扩张，却受限于更广泛的全球政治和大国势力。土耳其的政策摇摆，很大程度上是这一矛盾角色的无奈结果。当人们回顾凯末尔·阿塔图克关于"国内和平、世界和平"的政治遗产时，埃尔多安和达武特奥卢的谬误立即昭然若揭。土耳其要实现民族的再次复兴，实在有待更恰当、更理性的政治考量。

小结

2016年7月，一场"未遂的军事政变"将土耳其再次推向了国际政治的风

---

[1] John M. VanderLippe, *The Politics of Turkish Democracy: İsmet İnönü and the Formation of the Multi-Party System, 1938–1950*, Albany, NY: State University of New York Press, 2005, p. 3.
[2] John M. VanderLippe, *The Politics of Turkish Democracy*, p. 3.
[3] Hasan Kösebalaban, "Turkey and the New Middle East: Between Liberalism and Realism," *Perceptions: Journal of International Affairs*, Vol. 16, No. 3 (2011), pp. 93–114; Ziya Öniş, "Turkey and the Arab Spring: Between Ethics and Self-Interest," *Insight Turkey*, Vol. 14, No. 3 (2012), pp. 45–63.

口[1]。这是继 1960 年、1971 年、1980 年以来的第四次暴力"军事政变"。加上 1997 年的"后现代军事政变"（postmodern coup）和 2007 年的"软军事政变"（soft coup），土耳其政治似乎难逃每十年一次的政治危机循环。关于政变的原因，人们有诸多的猜测。然而，毋庸置疑，政变之后的清洗导致埃尔多安的进一步权力集中化。值得注意的是，美国的相关部门早在几个月前就指出了土耳其再次爆发军事政变的可能，埃尔多安的威权政治被认为是一个关键原因[2]。如果说埃尔多安是此次政变的最大赢家，那么土耳其政治则似乎正在走向另一个深渊。这也仿佛一个仪式，宣告了"新土耳其"和"土耳其模式"的破产。土耳其意欲延续曾经的经济神话被搁置，伊斯兰与民主的结合已经证明失败，土耳其在地区和全球政治中的威信也被打上了大大的问号。

---

[1] Murat Yeşiltaş and Necdet Özçelik, "Turkey's Stillborn Junta Coup Attempt: Process, Responses and Prospects," *Analysis*, No. 19, Ankara: SETA/Foundation for Political, Economic and Social Research, July 2016.

[2] Gonul Tol, "Turkey's Next Military Coup: How Empowering the Generals could Backfire," *Foreign Affairs*, May 30, 2016.

分析篇

伊斯兰教与世俗主义：
土耳其的意识形态之争

卡特·芬迪利认为，现代土耳其主要在两股思潮的互动下前进：一是相对激进的世俗主义力量，一是相对保守的伊斯兰力量。激进派兴起于坦兹马特改革时期，确立于青年土耳其革命（1908）和独立战争（1919—1922），继而统治共和国，至今仍是一种类似信仰的重要力量。伊斯兰教的力量则可以通过一些著名宗教领袖的生涯来体现：梅维拉纳·哈利德活跃于1811—1827年间；萨义德·努西在1925—1944年间写了其最重要的著作；法图拉·居伦则在1983年开始扩张其运动[1]。

在承认这一分析框架的有效性的同时，我们必须强调民族国家的核心角色。实际上，当代土耳其所面临的大部分问题，都可以通过从帝国到共和国的历史转变来解释。传统的奥斯曼帝国是以伊斯兰教为统属的多民族社会，现代土耳其共和国则是一个基于单一民族的世俗社会。激进革命是完成这一转变的主要机制。这既包括对帝国主义侵略的抵抗，又包括对传统社会的改

---

[1] Carter Vaugh Findley, *Turkey, Islam, Nationalism, and Modernity: A History*, New Haven and London: Yale University Press, 2010, pp. 18-22.

造[1]。民族主义和世俗主义是阿塔图克遗产的两大主要原则。因此，要分析当代的土耳其社会，伊斯兰主义、民族主义及世俗主义构成了三种主要的力量，这中间又有自由派/改革派和保守派的区别。

以当今的几大政党为例：共和人民党是凯末尔民族主义的代表。在20世纪60—70年代，它等同于反帝国主义和民族独立；从20世纪90年代以来，其主要特征是世俗主义。共和人民党的意识形态主要包括：对公民身份的理解、世俗主义以及"国内和平、世界和平"的外交政策。民族行动党是保守民族主义的代表。在20世纪70—80年代，它反对共产主义，并将土耳其—伊斯兰的综合主义内在化。民族行动党认同的是土耳其文化，而非种族。它将全球化进程、库尔德工人党和欧盟视为对土耳其的三大威胁。正义与发展党则坚持全球化的重要性，提倡国际主义，加入欧盟和世界市场是其一个重要策略。正义与发展党也支持传统的伊斯兰价值[2]。

全球化以各种形式和样子展示并强化了土耳其的混杂性。它是欧洲的，也是亚洲的；是世俗的，也是虔诚的；一个西化的穆斯林社会；一个民主化的专制政府；一个发展中国家，却同世界最发达的国家紧密相连，并希望加入后者的联盟；一个曾经的帝国，同其之前统属的国家和地区日益靠近；一个美国领导的军事和政治联盟的成员，却逐渐与其利益相悖[3]。土耳其最好被看作是一个跨越分歧的桥梁，但却不是包容或反映这些分歧的容器[4]。土耳其的地理、历史和文化起源及其野心，都使其对边界外的世界充满怀疑；其内部叙述提供了反对压力的基础。土耳其就像一个回音厅，但它从来没有很强的欲望调配设施，从而使声音刺

---

[1] Justin McCarthy, *The Ottoman Turks: An Introductory History to 1923*, London and New York: Longman, 1997; Sina Akşin, *Turkey: From Empire to Revolutionary Republic, the Emergence of the Turkish Nation from 1789 to Present*, trans. by Dexter H. Mursaloğlu, London: Hurst & Company, 2007; Erik J. Zürcher, *Turkey: A Modern History*, London and New York: I. B. Tauris, 2012 [2005; 2007; 2009; 2010].

[2] Çağla Gül Yesevi, "Turkish Political Parties and Turkish Nationalism," *International Journal of Social Sciences and Humanity Studies*, Vol. 4, No. 1 (2012), pp. 95-106. 关于土耳其政党的综合研究，参见Barry Rubin and Metin Heper (eds.), *Political Parties in Turkey*, London and Portland, OR: Frank Class, 2002.

[3] Bill Park, *Modern Turkey: People, State and Foreign Policy in a Globalized World*, London and New York: Routledge, 2012, p. 208.

[4] Bill Park, *Modern Turkey: People, State and Foreign Policy in a Globalized World*, p. 209.

入内里[1]。

一、民族主义与世俗主义

在独立革命之前，土耳其的思想家齐亚·格卡尔普概括流行于土耳其的三种主要意识形态：土耳其化、伊斯兰化和现代化。现代化是一个主要潮流，很大程度上又等同于西方化。实际上，这三者之间又有一定程度的重合，出现了如土耳其—伊斯兰主义、土耳其—西方主义、伊斯兰—西方主义和土耳其—伊斯兰—西方主义[2]。简单地说，土耳其主义者认为，生活在中亚、高加索及安纳托利亚的土耳其人享有共同的语言、种族、生活习惯和宗教；奥斯曼帝国是所有文明中最强大的，并在其中扮演了至关重要的角色[3]。伊斯兰主义者则强调宗教是社会的核心。然而，除却一些极端的宗教激进主义者，现代派的穆斯林则认为，伊斯兰教需要在新的环境下重新诠释。在他们看来，阻碍社会进步的不是伊斯兰教本身，而是诠释之门的关闭；西方的民主、自由、平等原则都可以在伊斯兰教中找到[4]。土耳其主义者和西方主义者在民族、经济方面有共同的认识；土耳其主义者和伊斯兰主义者则都赞同伊斯兰教的国际主义；伊斯兰主义者和西方主义者认同奥斯曼语言。尽管各有差异，但三者都反对完全模仿西方的现代化[5]。

根据思想史的考察，凯末尔的思想深受其在皇家军事学院时的德国教师科马尔·戈尔茨的影响，后者的《武装国家》一书强调军人在建立国家中的重要作用。在接受这一观点的同时，凯末尔还以德国为模板，希望建立一个独立的民族国家。这影响了其后来关于民族主义的思想[6]。凯末尔也受当时的科学主义思潮的

---

[1] Bill Park, *Modern Turkey: People, State and Foreign Policy in a Globalized World*, p. 210.
[2] Peyami Safa, *Reflections on the Turkish Revolution*, trans. by Yuluğ Tekin Kurat, Ankara: Atatürk Research Center, 1999, pp. 9–10.
[3] Peyami Safa, *Reflections on the Turkish Revolution*, p. 27.
[4] Peyami Safa, *Reflections on the Turkish Revolution*, p. 35.
[5] Peyami Safa, *Reflections on the Turkish Revolution*, pp. 39–40.
[6] M. Şükrü Hanioğlu, *Atatürk: An Intellectual History*, Princeton and Oxford: Princeton University Press, 2011, pp. 33–37.

影响。一个重要的代表是德国生理学家路德维格·布彻纳，其《力量与物质》一书是当时青年土耳其党的流行读物。在这种思潮的影响下，凯末尔认为："宗教是大众的科学，而科学是精英的宗教。"后来他更是提出：没有宗教，只有民族性；土耳其民族就是其宗教[1]。在社会达尔文主义的促使下，凯末尔思想的这两个方面——民族主义和科学主义，实际上联系了起来。这构成后来凯末尔主义的两大原则。

历史考察的重要性在于，将阿塔图克置于具体的社会文化处境中。这不是要否认其伟大的成就，而是要坚持伟大人物的历史性；而且这与世界史上的类似转变有着一定的可比性，其中，青年土耳其党对凯末尔的思想有着极其重要的影响。后来凯末尔主义的民族主义、平民主义、共和主义、革命主义、世俗主义和国家主义六大原则，都被认为同奥斯曼帝国晚期的思潮有着千丝万缕的联系[2]。这也在一定程度上说明，阿塔图克主义的兴起反映了一种历史的潮流，而非个人的创造。另外，凯末尔的统治也影响了整个近代土耳其的政治文化，从而有了一种更持久的生命力[3]。

在土耳其近代化的过程中，曾出现过奥斯曼主义、泛伊斯兰主义、泛突厥主义的思潮。土耳其主义的兴起，是土耳其民族主义的反映。在坦兹马特改革中，"祖国"的概念在精英阶层开始流行，表明了一种新的国家观念的出现。同时，奥斯曼帝国还对传统的米勒特进行改革，这成为后来"民族"概念的基础[4]。"土耳其主义是一种文化—族裔民族主义，极端表现是泛突厥主义和图兰主义"[5]。在独立革命的初期，民族主义者的目标并不那么明确，很多人觉得是为苏丹和哈里发而战。凯末尔也因时制宜，对此并没有作特别强调。在革命大局渐定的情

---

[1] M. Şükrü Hanioğlu, *Atatürk: An Intellectual History*, p. 49, 56, 63.

[2] Paul Dumont, "The Origins of Kemalist Ideology," Jacob M. Landau (ed.), *Atatürk and the Modernization of Turkey*, Boulder: Westview Press & Leiden: Brill, 1984, pp. 25–44; Erik J. Zürcher, *The Young Turk Legacy and Nation Building: From the Ottoman Empire to Atatürk's Turkey*, London and New York: I. B. Tauris, 2010.

[3] Frank Tachau, "The Political Culture of Kemalist Turkey," Jacob M. Landau (ed.), *Atatürk and the Modernization of Turkey*, Boulder: Westview Press & Leiden: Brill, 1984, pp. 57–76.

[4] 昝涛：《现代国家与民族建构：20世纪前期土耳其民族主义研究》，北京：生活·读书·新知三联书店，2011年，第119—124页。

[5] 昝涛：《现代国家与民族建构：20世纪前期土耳其民族主义研究》，第165页。

况下，又特别考虑到对苏联的影响，凯末尔最终放弃了泛突厥主义。革命成功后，凯末尔的民族主义则日益明确，并通过具体的政治方案来推进[1]。凯末尔界定的土耳其民族的特征，包括：共同语言、共同起源、共同地域、共同历史和文化[2]。他曾经与其养女伊楠合写过一本民族教育读本，其中关于民族的一节即是由他完成的。后来，他又授权伊楠在"突厥之家第六次代表大会"上做关于土耳其历史的重要发言。1930年，土耳其历史委员会成立，即今日土耳其历史协会的前身。这是凯末尔政府从政治层面推动民族主义史观的一个重要表现。其第一个成果即作为教科书的《土耳其史纲要》出版；后来又出版了写给高中学生的四卷本《历史》。土耳其人皈依伊斯兰教之前的历史被强调，土耳其语成为联系中亚、高加索等地居民的一个纽带；后来成立的土耳其语言学会是这一目的的主要推手[3]。凯末尔民族主义的目标是实现土耳其的现代化，建立一个同欧洲国家一样的现代文明[4]。

尼亚孜·贝尔克斯指出，世俗主义的基本冲突并不必然在宗教与世界之间；而是在强调宗教主导地位的传统和改革力量之间[5]。在1928年的宪法中，伊斯兰教作为土耳其国教的条款被删除；然而，直到9年后的1937年宪法中，世俗主义的条款才被写入。土耳其的世俗主义包括两个方面：一是所谓的宗教启蒙；二是道德的重新整合[6]。伊斯兰教的理性化是凯末尔的一个重要目标。在废除哈里发后，凯末尔并不是要取消伊斯兰教。相反，政府在1924年成立了一个宗教事务委员会，负责宗教的行政管理；设立了一个宗教基金管理委员会，负责财务的问题；伊斯坦布尔大学建立了一个神学院，负责伊斯兰教的教育和研究。其最大胆的尝试则是将《古兰经》翻译成土耳其语，并用土耳其语做礼拜。凯末尔希望推动伊斯兰教的土耳其化。后来，通过宪法和法律，凯末尔给伊斯兰教以诸多限制，包括：不准在特殊教派的基础上建立协会；政党不可以寻求某一特殊宗教群体的支持；不得违背世俗主义的基本原则。在民族主义的目标下，土耳其共和国

---

[1] Reza Azarian, "Nationalism in Turkey: Response to a Historical Necessity," *International Journal of Humanities and Social Science*, Vol. 1, No. 12 (2011), pp. 72–82.

[2] 昝涛：《现代国家与民族建构：20世纪前期土耳其民族主义研究》，第253—254页。

[3] 昝涛：《现代国家与民族建构：20世纪前期土耳其民族主义研究》，第260—333页。

[4] Peyami Safa, *Reflections on the Turkish Revolution*, pp. 55–59.

[5] Niyazi Berkes, *The Development of Secularism in Turkey*, New York: Routledge, 1998, p. 6.

[6] Niyazi Berkes, *The Development of Secularism in Turkey*, pp. 482–483.

试图淡化伊斯兰教的影响，认为在土耳其的历史上还受萨满教、佛教、犹太教、基督教、摩尼教等宗教的影响；而且，土耳其的民族精神是基于一种非正统的伊斯兰教。凯末尔的世俗主义导致共产主义者批评其容忍宗教，伊斯兰主义者批评其迫害宗教，西方自由主义者则批评其将宗教置于政府的框架内 [1]。

不可否认的是，世俗主义已经成为土耳其政治的一个关键词，也是土耳其区别于其他伊斯兰国家的一个重要特征 [2]。在阿塔图克去世后，共和人民党和军队成了世俗主义的守护者；20 世纪后半期的三次军事政变都是以保护世俗主义为名的。世俗主义又同民族主义的目标密切联系在一起 [3]。更重要的是，世俗主义也影响到了一般的民众，成了土耳其公共社会和日常生活中的重要特征 [4]。从这个意义上讲，世俗主义和民族主义体现了现代土耳其的意识形态和社会文化。

二、政治伊斯兰的兴起

伊斯兰主义在土耳其的兴起首先得益于 20 世纪 50 年代多党制的确立。80 年代，军方倡导"土耳其—伊斯兰教综合体"（Turkish-Islamic synthesis）。厄扎尔的自由主义经济政策则促使了"安纳托利亚之虎"（Anatolia tiger）的兴起，成为伊斯兰主义的重要社会经济基础。民族秩序党是第一个伊斯兰政党，埃尔巴坎为领袖。他们兴起于旨在回归传统价值和制度的"民族观念"运动，认为凯末尔用西方模式取代伊斯兰—奥斯曼传统是一个历史错误，也是所有社会问题的根源。为此，他们希望建立一个"民族秩序"，终结西方化的进程。在他们看来，土耳其的身份和未来与伊斯兰世界，而不是与西方相连的。在该党被取缔之后，民族拯

---

[1] Niyazi Berkes, *The Development of Secularism in Turkey*, p. 502.

[2] Zeyno Baran, *Torn Country: Turkey between Secularism and Islamism*, Stanford: Hoover Institution Press, 2010; Ahmet T. Kuru and Alfred Stepan (eds.), *Democracy, Islam, and Secularism in Turkey*, New York: Columbia University Press, 2012.

[3] Sinan Ciddi, *Kemalism in Turkish Politics: The Republican People's Party, Secularism and Nationalism*, London and New York: Routledge, 2010.

[4] Yael Navaro-Yashin, *Faces of the State: Secularism and Public Life in Turkey*, Princeton and Oxford: Princeton University Press, 2002; Esra Özyürek, *Nostalgia for the Modern: State Secularism and Everyday Politics in Turkey*, Durham and London: Duke University Press, 2006.

救党成立，其目标是"伟大土耳其的复兴"。他们希望恢复穆斯林的生活方式。1983年，福利党继承了前两个被取缔的政党，经济政策上的"正义秩序"（just order）和外交上的亲伊斯兰世界是其特点。90年代，政治伊斯兰取得巨大发展。在1994年的地方选举中，福利党赢得19%的选票，包括安卡拉和伊斯坦布尔；在1995年的大选中，福利党赢得了21.6%的选票，埃尔巴坎在联合政府中任总理。这在土耳其共和国的历史上还是第一次。1997年的"2·28"事件后，埃尔巴坎下台。这引起了伊斯兰主义者的内部分裂，并反映在新成立的美德党的纲领中。后来，传统主义者建立了新的幸福党；改革主义者则在埃尔多安和居尔的领导下成立了正义与发展党[1]。

在2002年的大选中，正义与发展党赢得议会34%的席位；2007年和2011年，又先后赢得47%和49.8%的选票，由此成为土耳其的第一大党。在埃尔多安和居尔的联合执政下，正义与发展党政府也取得了卓越的成就。在经济方面，土耳其的GDP保持着近7%的年均增长率[2]，同时，正义与发展党积极进行政治方面的改革。2007年，通过厄尔根尼康案，军方的势力削弱。通过一系列的宪法修正案，正义与发展党希望尽力削除1980年军事政变的影响，并致力于制定一部新的宪法[3]。2005年，土耳其正式开启加入欧盟的谈判，这是其亲西方和国际主义政策的一个重要表现。正义与发展党被看作是土耳其伊斯兰政治发展的一个转折点，从而在国际社会赢得积极的赞赏。它的统治被描述为一种"保守民主制"（conservative democracy），也即它赞同民主，同时坚持伊斯兰传统的文化和价值。其政策是以"服务"而不是意识形态为特点的；正义与发展党是一个以实用主义为特征的政党。另外，正义与发展党并不反对世俗主义，只是有着不同的理解——避免政府干涉宗教事务并保护宗教的权利[4]。然而，正义与发展党也有诸

---

[1] Angel Rabasa and F. Stephen Larrabee, *The Rise of Political Islam in Turkey*, Santa Monica: RAND, 2008, pp. 35-47.

[2] Erdal Tanas Karagöl, "The Turkish Economy during the Justice and Development Party Decade," *Insight Turkey*, Vol. 15, No. 4 (2013), pp. 115-129.

[3] Vahap Coşkun, "Constitutional Amendments under the Justice and Development Party Rule," *Insight Turkey*, Vol. 15, No. 4 (2013), pp. 95-113.

[4] M. Hakan Yavuz, *Secularism and Muslim Democracy in Turkey*, Cambridge: Cambridge University Press, 2009, pp. 79-117.

多的内部矛盾,其出现是以"清洁"为名的;到2013年,腐败问题也成为其脱不开的罪名,并直接与总理埃尔多安相关。埃尔多安日益威权主义的倾向,也引起了土耳其社会的广泛不满。居伦运动,则成了主要的控告者。

法图拉·居伦1941年出生于安纳托利亚的东部省份埃尔祖鲁姆的一个乡村。他从小受家庭文化和苏菲主义的影响,广泛阅读了赛义德·努西的著作。他曾作为伊玛目在清真寺服务,也曾在学校教授《古兰经》。20世纪六七十年代,他先是在中学和大学组织夏令营,后又发起"阳光之家"(light house)运动。到八九十年代,他的学生宿舍、预科学校培训等项目,成为介入社会的一个重要手段;后来则延伸为国际性的学校建设项目。1975—1976年,居伦访问安纳托利亚的诸城市,宣讲《古兰经》与科学、达尔文主义、"黄金一代"、社会公义等主题,深受听众的欢迎。特别是由于厄扎尔的自由主义经济政策,培养了他所谓的"黄金一代"。80年代土耳其主义—伊斯兰教综合体的思潮,也为其发展提供了支持。居伦采取支持现任政府的立场,认为它是组织社会秩序的核心力量。然而,在70年代和80年代的军事政变中,他都因为宗教观点而入狱。1992年和1997年,他先后两次访问美国;1999年后则选择在美国费城附近的一个村庄定居。到现在为止,居伦运动已经形成一个包括教育、银行、医院、媒体等领域的广泛网络。居伦被称为这一运动的领袖,但这一运动并没有一个严密的组织体系。居伦也被称作是一个现实主义者,他并不一定积极支持现代性,却认可其必要性。他支持民主,认为是实现合理秩序的重要机制。他也支持科学,赞同不同信仰间的对话。移居美国后,他特别赞成公民社会的发展对土耳其社会的影响。居伦发起的运动被称作是类似基督新教改革的"宗教启蒙"。这一启蒙区别于阿塔图克的革命,却跟国际社会的潮流更吻合。在正义与发展党的统治下,两者曾经在削除军人势力方面有过密切的合作[1]。

居伦运动曾经跟正义与发展党是很好的合作伙伴,这特别体现于对抗军人势力的过程中。他们一个是执政党,一个拥有广泛的社会网络;一个以政府为主,

---

[1] 关于这一运动,参见 M. Hakan Yavuz, *Toward an Islamic Enlightenment: The Gülen Movement*, New York: Oxford University Press, 2013. 居伦的论述,参见 Nevval Sevindi, *Contemporary Islamic Conversations: M. Fethullah Gülen on Turkey, Islam and the West*, tans. by Abdullah T. Antepli, Albany, NY: State University of New York Press, 2008.

一个则有着国际性的影响；一个集中于政策，一个则注重社会文化。这似乎是很好的搭档，共同构成了土耳其社会的穆斯林精英势力。然而，在削弱军人势力后，这对盟友内部的矛盾也逐步呈现。当埃尔多安政府准备关掉以居伦运动为主要势力的考试培训学校时，后者采取了强烈的反攻态势。从伽齐公园的游行到腐败案的调查，居伦运动都被认为是一个主要的鼓动者。这反映了伊斯兰势力的内部矛盾[1]。

伊斯兰主义的力量也体现于知识界和思想界。穆斯林知识分子（Muslim intellectuals）兴起于20世纪70年代，从80年代开始有着深远的影响。他们大多在现代学校中接受教育并利用现代技术的便利性，同时又批评这些西方因素的影响。他们大部分是报纸专栏作家、政府官员或大学教授，有着固定的薪水。知识分子只是他们的身份之一。他们是以穆斯林的身份，从伊斯兰教的视角思考和分析问题的人。他们讨论道德和社会问题，以伊斯兰教的传统为依归。从20世纪80年代至90年代，他们的思想基本上是一贯的，可以说是在重复某些特定的观点。他们的语气大多是批评和讽刺性的。他们反对现状，认为必须改革，但却提不出任何具体的方案。他们认为，只有个体通过遵循伊斯兰教的律法来实现自我发展，改变才能最终实现。苏菲主义在他们的思想和作品中占有重要的地位。一般说来，他们将西方等同于现代性，认为其是所有罪恶的根源；批判西方，恢复最初的伊斯兰教，是他们的一个主导声音。对他们来说，伊斯兰教不只是一种宗教信仰，而且是一种生活方式，一种解决所有问题的方法。他们既不接受伊斯兰教的现代化，也不接受现代性的伊斯兰教化。他们并不是原创性的思想家或哲学家，而是能够影响大众的公共知识分子。一些突出的代表如：阿里·布拉奇、伊斯迈特·厄兹尔、拉希姆·厄兹德诺仁、伊尔汗·库吐鲁尔、艾尔辛·古尔多安、阿卜杜拉赫曼·迪利帕克等[2]。

妇女也是一股重要的伊斯兰力量，特别是在埃尔巴坎的福利党兴起过程中，妇女是非常重要的支持者。这也引起了关于穆斯林女性主义的讨论。她们既区别

---

[1] Kadir Ustun and Erol Cebeci, "AK Party-Gulen Split: Political Fallout from Corruption Probe," Washington, DC: SETA, 2014.

[2] Sena Karasipahi, *Muslims in Modern Turkey: Kemalism, Modernism and the Revolt of the Islamic Intellectuals*, London and New York: I. B. Tauris, 2014, pp. 52-67.

于传统的穆斯林女性，又不满于世俗女性主义。同时，她们与这两个群体在思想上又都有着部分的重叠。在"阿拉伯之春"的浪潮中，穆斯林女性积极努力，希望分取革命的成果，改善女性的地位。然而，她们很快就失望了。在当代土耳其，穆斯林妇女的一个重要改变是在公共场合戴头巾。这先在大学里成为一种默认的事实，接着又在诸多公务部门得到认可。2013年10月，四位戴着头巾的女议员公开进入议会，是一个突出的象征行为[1]。

三、民族主义与内部分裂

土耳其现代民族主义的一个后果即内部分裂。在第一次世界大战期间奥斯曼帝国强行让亚美尼亚人迁移，且导致了严重的死伤，这到如今都是土耳其在国际社会上的一个尴尬问题。土耳其和希腊则因为塞浦路斯的问题争论不休，并成为影响前者加入欧盟的一个重要因素。最严重的莫过于库尔德人的问题，特别是库尔德工人党的恐怖行为，成为困扰土耳其内政外交的一个重要难题。因此，这也变成了考察土耳其民族主义问题的一个典型案例[2]。

库尔德民族主义的兴起归因于土耳其从多文化、多民族的帝国向单一的民族国家的转变。传统的库尔德社会以部落来组织，并因为地理原因分散而居；库尔德人内部伊斯兰教派的争斗加剧了其内部分裂。然而，奥斯曼帝国晚期中央集权

---

[1] 关于穆斯林妇女在土耳其的政治参与，一项经典的研究，参见 Yeşim Arat, *Rethinking Islam and Liberal Democracy: Islamist Women in Turkish Politics*, Albany, NY: State University of New York Press, 2005. 关于当代土耳其妇女的问题，参见 Sedef Küçük, "Being a Woman in Turkey and in the Middle East," *Turkish Policy Quarterly*, Vo. 11, No. 4 (2012), pp. 23–30; Selma Acuner, "Gender and Development in Turkey," *Turkish Policy Quarterly*, Vo. 11, No. 4 (2012), pp. 71–78; Umut Azak, "Beyond the Headscarf: Secularism and Freedom of Religion in Turkey," *Turkish Policy Quarterly*, Vo. 11, No. 4 (2012), pp. 91–99. 关于这一事件的报道，参见 Sebnem Asru and Dan Bilefsky, "Turkey Lifts Longtime Ban on Head Scarves in State Offices," *New York Times*, October 8, 2013; "Turkey's Female MPs Wear Headscarves in Parliaments for the First Time," *The Guardian*, October 31, 2013.

[2] 参见 Taner Akçam, *From Empire to Republic: Turkish Nationalism and the Armenian Genocide*, London and New York: Zed Books, 2004; James Ker-Lindsay, *The Cyprus Problem: What Everyone Needs to Know*, Oxford and New York: Oxford University Press, 2011; Christopher Houston, *Kurdistan: Crafting of National Selves*, Oxford and New York: Berg, 2008.

化的努力，在打破部落组织的同时，强化了伊斯兰教的共同身份。土耳其共和国废除苏丹和哈里发的做法，是对这种基于伊斯兰教的统一身份的巨大冲击；20世纪二三十年代的三次库尔德人起义，是对这一政策的回应。然而，土耳其共和国由此确定了对库尔德人的话语。1920年《色佛尔条约》关于地区自治的承诺，给库尔德民族主义以希望，但却成为土耳其共和国的心病。而且，由于库尔德地区的经济落后，土耳其共和国在追逐现代文明社会的同时，也将库尔德视为落后的象征。在20世纪60年代，社会主义成了库尔德人争取利益的一个重要意识形态，这特别体现在阿列维派身上。1980年的军事政变则促使库尔德身份的进一步强化和政治化[1]。

从20世纪80年代后期起，厄贾兰领导的库尔德工人党成为在土耳其实行恐怖主义的主要代表。厄贾兰出生在安纳托利亚东南部的乌尔法省，家境贫寒。在伊斯坦布尔，他曾参加"东部革命文化之家"（Revolutionary Eastern Cultural Hearth），一个倡导库尔德民族主义的激进组织。在安卡拉大学期间，他又因为散布非法材料而被逮捕。后来，他又接触库尔德民主党，是伊拉克的巴扎尼运动在土耳其的一个分支，厄贾兰逐步团结一些追随者。到1978年，库尔德工人党正式成立。从一开始，暴力就是它的一个重要特征。1979年，厄贾兰进入叙利亚。后来，他定居在大马士革，其战斗部队驻扎在黎巴嫩的贝卡谷地。由于遇到库尔德平民的反对，厄贾兰开始强行征兵并对当地的村民进行武装袭击。在国际上，厄贾兰则控诉土耳其政府借助苏联的武器支持，并在欧洲的库尔德移民中获取财力支持。两伊战争后，随着伊拉克北部成为库尔德人的自治区，厄贾兰也在那里获得了地盘。自1998年始，土耳其政府逼迫叙利亚驱逐厄贾兰；1999年，厄贾兰在内罗毕的机场被捕。他先被判处死刑，后改为终身监禁。从1978年到2002年，库尔德工人党的恐怖行为导致35 000多人死亡。2002年，欧盟最终将库尔德工人党列入恐怖组织名单[2]。

1991年，厄扎尔总统首次提出要解决库尔德问题。在1993年访问迪亚巴克尔

---

[1] Hakan Yavuz, "Five Stages of the Construction of Kurdish Nationalism in Turkey," *Nationalism and Ethnic Politics*, Vol. 7, No. 3 (2001), pp. 1-24.

[2] Andrew Mango, *Turkey and the War on Terror: For Forty Years We Fought Alone*, London and New York: Routledge, 2005, pp. 31-57.

时，总理德米雷尔和副总理伊诺努宣布认可库尔德的现实。作为回应，厄贾兰宣布了第一次停火。1996—1997 年，总理埃尔巴坎也表达了解决这一问题的愿望。2005 年，总理埃尔多安在安卡拉同一些知识分子会面以及随后访问迪亚巴克尔时，公开提出库尔德问题，并希望通过民主、公民权和福利的方式来解决。2009 年，正义与发展党领导的政府开启了关于"库尔德开放"（Kurdish Opening）的讨论，后改为"民主开放"（Democratic Opening）；之后，又变为"国家统一和友爱工程"（the National Unity and Fraternity Project）。真正推进这一问题的是所谓"奥斯陆进程"（the Oslo Process），也即国家情报局和厄贾兰之间的直接对话。2013 年，两位议员艾哈迈德·图尔克和艾拉·阿卡特会见了厄贾兰，这一被称为伊姆拉勒的会议开启了当前的和平进程。之后，厄贾兰发表了历史性的声明，希望结束战斗。厄贾兰强调伊斯兰和共同的历史经验作为团结的基础，但这引起了左派知识分子的怀疑[1]。

惯常的分析总是强调公民民族主义和种族民族主义的矛盾，以及国家和社会之间的对抗关系。然而，从理论的角度讲，库尔德民族主义的兴起体现了一种有意的边界制造和强化过程，特别是从 20 世纪 50 年代的多党制确立以来，主要政党跟库尔德精英的联盟促使后者力量的兴起和民族意识的觉醒。同时，在以多元主义和流动性为特征的民主体制下，不同的势力也跃跃欲试，从而形成不同的力量。当我们关注库尔德工人党的恐怖行为时，同样不可忽视的是库尔德人内部的分裂。这既体现在世俗派和穆斯林之间，也体现在不同的伊斯兰教派之间。最后还要关注库尔德民族主义的国际因素和影响[2]。

四、新奥斯曼主义与外交政策

达武特奥卢指出，土耳其的外交立场反映了"其在国际事务中的历史深度、

---

[1] Yılmaz Ensaroğlu, "Turkey's Kurdish Question and the Peace Process," *Insight Turkey*, Vol. 15, No. 2 (2013), pp. 7–17.

[2] Güneş Murat Tezcür, "Kurdish Nationalism and Identity in Turkey: A Conceptual Reinterpretation," *European Journal of Turkish Studies*, No. 10 (2009); Johanna Nykänen, "Identity, Narrative and Frames: Assessing Turkey's Kurdish Initiatives," *Insight Turkey*, Vol. 15, No. 2 (2013), pp. 85–101.

地理位置和丰富遗产"。如果土耳其不能很好地理解历史的潮流，将自身置于世界的恰当位置，就会为迅即变化的事件所淹没，并付出沉重的代价。因此，土耳其外交政策的制定，基于"对长时段的历史趋势的可靠而理性的判断，以及在世界历史的大框架中自身定位的理解"[1]。

在东欧剧变后，为了弥补苏联在中亚国家的权力真空，西方国家提出了所谓的"土耳其模式"。这一方面是基于土耳其是一个世俗、民主的国家，拥有自由主义的市场经济，且与西方保持着密切的关系；另一方面则是因为土耳其同中亚国家共同的种族（中亚大部分国家都被认为是突厥族的）、语言（突厥语是中亚大部分国家的民族语言）和宗教（中亚国家大多信仰伊斯兰教，特别是逊尼派的传统）联系。这在很大程度上特别是针对伊朗的可能企图而言的。然而，事实证明，伊朗没有足够的精力在这一地区扩张势力，俄罗斯也没有放弃这一地区的打算，再加上土耳其自身面临的一些问题，西方国家逐渐放弃了对"土耳其模式"的倡导和支持[2]。

"重新发现中东"被称为是土耳其外交的一个重要转向。一方面，海湾战争后，土耳其开始警惕美国对其境内军事基地的使用，日益兴起的库尔德人问题也成为土耳其和美国发生分歧的原因所在，这在2003年的伊拉克战争中表现得非常明显；另一方面，土耳其则积极发展同伊朗和叙利亚的关系，库尔德是联系三方的一个共同安全问题。2004年，埃尔多安在访问德黑兰期间同伊朗签署了一个安全协定，将库尔德工人党列为恐怖组织。2007年，双方又签署了能源协议，允许土耳其石油公司开采伊朗的原油和天然气，以及通过伊朗的管道将天然气从土库曼斯坦输送到土耳其。1998年，在土耳其的威胁下，叙利亚最终将厄贾兰驱逐出大马士革。2005年，叙利亚总统访问土耳其，土耳其总统赛泽尔也在当年春天访问了叙利亚。2006年，沙特国王也访问土耳其，被称为是过去40年来的第一次[3]。

---

[1] Ahmet Davutoğlu, "Principles of Turkish Foreign Policy and Regional Political Structuring," *Vision Papers*, No. 3, Ankara: SAM/Center for Strategic Research, April 2012. 关于其外交思想更详细的论述，参见 Ahmet Davutoğlu, *Stratejik Derinlik: Türkiye'nin Uluslararası Konumu*, İstanbul: Küre Yayınları, 2001.

[2] İdris Bal, "The Turkish Model and the Turkic Republics," *Perceptions: Journal of International Affairs*, Vol. 3, No. 3 (1998), pp. 105–129.

[3] F. Stephen Larrabee, "Turkey Rediscovers the Middle East," *Foreign Affairs*, Vol. 86, No. 4 (2007), pp. 103–114.

在2011年的"阿拉伯之春"后,"土耳其模式"再次成为中东地区的一个热门话题;尽管土耳其更愿意接受"土耳其灵感"(Turkish Aspiration)这一较温和的词语。然而,土耳其在这一事件中的积极表现引起了全世界的关注。在北非之行中,埃尔多安宣布:"突尼斯将证明给全世界,伊斯兰和民主可以共存。穆斯林占绝大多数人口的土耳其已经实现了这一目标。"在埃及,埃尔多安受到了英雄式的欢迎。他将土耳其描绘为民主、世俗和法治的社会,认为一个世俗政权应同所有宗教群体保持距离,无论是伊斯兰教、基督教、犹太教或其他。土耳其也被认为,将在埃及动荡之后扮演中东国家的领袖角色。然而,当土耳其对穆尔西政权下台公开表示不满时,其在埃及的受欢迎程度也急剧下降。土耳其参与北约对利比亚的行动,以及同叙利亚阿萨德政权的敌对,被认为是其"邻国零问题"外交失败的典型表现[1]。

巴尔干和高加索地区则被称作是这一外交政策成功的范例。自正义与发展党执政以来,特别是在达武特奥卢的外交政策下,土耳其积极参与和介入这一地区。对此,土耳其既有地缘政治的考虑,也有经济和社会、文化的因素。一个重要原则是地区自主性和包容性,其目标则是确立土耳其在该地区的领导性作用。黑海经济合作组织、东南欧合作进程、地区合作委员会、东南欧合作倡议、和平执行委员会、东南欧联盟等是重要的媒介。土耳其合作与协调机构等也主动出击,发挥其在地区政治中的影响。在担任东南欧合作进程轮值主席国期间,土耳其积极推动了塞尔维亚和波斯尼亚的和解进程,并在波斯尼亚、黑山、克罗地亚以及科索沃的冲突解决中扮演了重要的作用。土耳其的纳布楚项目(Nabucco Project)、跨安纳托利亚管道等,也推动了地区的能源合作与发展[2]。

---

[1] Kieran Uchehara, "Erdoğan's Mideast and African Tour: Putting Turkey on the Map," *Turkish Review*, Vol. 1, No. 6 (2011), pp. 68-71; Ziya Öniş, "Turkey and the Arab Spring: Between Ethics and Self-Interest," *Insight Turkey*, Vol. 14, No. 3 (2012), pp. 45-63; Nathalie Tocci et al, *Turkey and the Arab Spring: Implications for Turkish Foreign Policy from a Transatlantic Perspective*, Washington, DC: The German Marshall Fund of the United States, 2011; Graham E. Fuller, *Turkey and the Arab Spring: Leadership in the Middle East*, Bozorg Press, 2014.

[2] Mehmet Uğur Ekinci, *Turkey's "Zero Problems" Era in the Balkans*, Ankara: SETA/Foundation for Political, Economic and Social Research, 2013.

埃尔多安和达武特奥卢倡导的新外交政策被称为是"新奥斯曼主义"(neo-Ottomanism)。对外界来说,第一反应是将其解读为一种扩张主义,也即试图恢复奥斯曼帝国曾经的势力范围;从内部来说,则更多地被解读为对历史和世界局势的综合考虑。客观地讲,这可被看作是冷战后土耳其外交整体调整的结果;对奥斯曼历史文化传统的强调,则体现了对形成于战争背景下的共和国外交的超越[1]。

小结

西方学术界喜欢讨论伊斯兰教与民主制的关系问题,"土耳其模式"的成功很大程度上被归因于此。有学者认为,伊斯兰复兴和第三波民主浪潮是当代两股重要的力量,它们的同步发展将促进一个光明的未来。还有学者认为,伊斯兰世界的民主化需要一种本土化的世俗主义[2]。然而,当西方国家越来越强调民主和人权等理念时,我们不能忽视的是新兴国家的经济发展和社会改革的严酷事实。民族国家作为现代性的一个重要产物,是调节这两方面的一个核心机制。然而,全球化的趋势和后现代的思潮正在冲击着民族国家的力量,这包括国内的抗议和国际的干预、真实和虚拟空间的跨国流动、消费主义对客观性的消除等。在这些力量的作用下,民族国家甚至会迷失自己的方向,这成为对新兴发展力量的一个重要挑战。

就土耳其来讲,伊斯兰教和世俗主义被当作两股主要的对抗力量。然而,如有学者所指出的,土耳其的紧张对立可能不只是一般意义上的世俗主义与宗教的对抗,而是关于亵渎神圣的争斗。世俗主义者和虔敬派在诸多问题上产生分歧,

---

[1] Ehud R. Toledano, "Some Thoughts on the Ottomans and neo-Ottomanism," *Turkish Review*, Vol. 3, No. 1 (2013), pp. 8-13; Ali Erken, "Re-imaging the Ottoman Past in Turkish Politics: Past and Present," *Insight Turkey*, Vol. 15, No. 3 (2013), pp. 171-188. 关于土耳其外交的历史考察,参见 William Hale, *Turkish Foreign Policy since 1774*, London and New York: Routledge, 2013 [2000; 2003].

[2] John L. Esposito and John O. Voll, *Islam and Democracy*, New York: Oxford University Press, 1996; Nader Hashemi, *Islam, Secularism, and Liberal Democracy: Toward a Democratic Theory of Muslim Societies*, Oxford and New York: Oxford University Press, 2009.

包括：什么是神圣的，什么是内在于传统的、不可侵犯的，以及什么是外在于传统神圣化的身份界限的。"宗教在土耳其已经世俗化，世俗领域则被神圣化，从而导致关于何为神圣以及相应的亵渎指控的争论"[1]。值得注意的是，它们同民族国家的共同联系。同世俗的民族主义相对的是，也出现了所谓的穆斯林民族主义（Muslim nationalism）——这意指一位虔诚的土耳其穆斯林，其主体和未来为奥斯曼帝国的传统所塑造，并同土耳其共和国的政治框架相重叠，但却与凯末尔主义的国家计划相分离[2]。穆斯林民族主义基于文化土耳其主义，而不是以血缘为基础的民族性，从而想象国家拥有奥斯曼帝国比较弹性的国界，而不是历史的共和国边界[3]。

更有趣的是，尽管宗教在当前的土耳其社会中日益重要，但对土耳其西方倾向的威胁不是伊斯兰教化，而是日益增长的民族主义以及对美国和欧洲的沮丧。对土耳其西方倾向的主要威胁不是来自伊斯兰主义的政治家，而是同西方有着长期密切关系的世俗主义机构。曾经倾向于东方的伊斯兰主义者现在对保持同美国和欧洲的亲密关系更感兴趣，曾经是西方倾向的凯末尔主义精英则在质疑土耳其同西方保持密切关系的价值[4]。因此，我们发现，一方面伊斯兰教成了土耳其加入欧盟的主要障碍，另一方面入盟的进程也在改变着土耳其的政治文化。比较吊诡的是，支持这个过程的恰恰是脱胎换骨的政治伊斯兰[5]。

---

[1] Jenny White, *Muslim Nationalism and the New Turks*, Princeton and Oxford: Princeton University Press, 2013, p. 5.
[2] Jenny White, *Muslim Nationalism and the New Turks*, p. 9.
[3] Jenny White, *Muslim Nationalism and the New Turks*, p. 19.
[4] Philip H. Gordon and Omer Taspinar, *Winning Turkey: How America, Europe, and Turkey can Revive a Fading Partnership*, Washington, DC: Brookings Institution Press, 2008, pp. 3-4. 进一步的讨论，参见 Madeleine K. Albright, Stephen J. Hardley, and Steven A. Cook, *U.S.-Turkey Relations: A New Partnership*, New York: Council on Foreign Relations, 2012.
[5] Mirela Bogdani, *Turkey and the Dilemma of EU Accession: When Religion Meets Politics*, London and New York: I. B. Tauris, 2011; Ioannis N. Grigoriadis, *Trials of Europeanization: Turkish Political Culture and the European Union*, New York: Palgrave MacMillan, 2009.

政党选举与暴力恐怖：
土耳其的民族主义问题

关于土耳其的民族主义，其特别涉及泛突厥主义和泛伊斯兰主义的"双泛"问题[1]。为此，这也远超出了学术讨论的范畴，而变为一个政治议题。实际上，所谓的"双泛"并不是完全一体的问题。从历史的角度看，这两个方面有着不同的渊源，在现实政治中也多有冲突。以色列著名学者雅各布·兰杜在这方面做了非常深入细致的研究[2]。泛突厥主义更多与沙俄时期境内的鞑靼人追求民族权利的斗争有关，在后冷战时期则成了针对中亚地缘政治的一个议题。泛伊斯兰主义则可以追溯到近代沙俄和奥斯曼帝国分别对东正教徒和穆斯林的保教权问题，这个概念本身则来自法国的天主教传教士。自近代以来，这两个概念也多有交叉和混合，以服务于当时的政治议题。然而，作为一个学术话题，则有待进一步的区分及分析。

关注土耳其的民族主义还有另一个重要的视角，也即近代民族国家的塑造

---

[1] 陈延琪、潘志平：《泛突厥主义文化透视》，乌鲁木齐：新疆人民出版社，2000年。

[2] Jacob M. Landau, *Pan-Turkism: From Irredentism to Cooperation*, London: Hurst & Company, 1995 [1981]; Jacob M. Landau, *The Politics of Pan-Islam: Ideology and Organization*, Oxford: Clarendon Press, 1990.

和社会转型。这跟中国也有一定的可比性。由于两者都曾是具有广泛影响力的帝国，在近代都经历了西方列强的冲击，一度被列为"西亚病夫"和"东亚病夫"做比较。土耳其争取民族独立的斗争也一度成为南京国民政府学习的榜样[1]。在这方面，昝涛的《现代国家与民族建构：20世纪前期土耳其民族主义研究》做了深入的探讨[2]。该书以土耳其的现代化为核心线索，追溯了土耳其从帝国到民族国家的转变、近代不同意识形态之间的矛盾、凯末尔时期对民族主义的塑造、土耳其史观等问题。特别是对土耳其历史学会和土耳其语言学会等组织的分析，让我们对近代土耳其民族主义的形成有了一个更具体的了解，从而超越了一般的政治话语问题。

当前，中国学者关注土耳其民族主义的一个焦点则体现在库尔德问题上。相关的著作如：唐志超《中东库尔德民族问题透视》、汪波《中东库尔德问题研究》、李秉忠《土耳其民族国家建设和库尔德问题的演进》[3]。实际上，对当前土耳其民族主义的深入探索不但是了解当下土耳其政治与社会的关键因素，也是透视土耳其历史文化的重要维度[4]。本部分即希望在以上研究的基础上围绕政党选举和政治暴力两个问题作更进一步的探讨。

一、土耳其民族主义：理论分析

本尼迪克特·安德森认为，民族"是一种想象的政治共同体——并且，它是被想象为本质上有限的，同时也享有主权的共同体"[5]。著名历史学家霍布斯鲍

---

[1] 陈鹏：《近代中国人对土耳其的认知》，中国人民大学博士学位论文，2014年。
[2] 昝涛：《现代国家与民族建构：20世纪前期土耳其民族主义研究》，北京：生活·读书·新知三联书店，2011年。
[3] 唐志超：《中东库尔德民族问题透视》，北京：社会科学文献出版社，2013年；汪波：《中东库尔德问题研究》，北京：时事出版社，2014年；李秉忠：《土耳其民族国家建设和库尔德问题的演进》，北京：社会科学文献出版社，2017年。
[4] 刘义：《伊斯兰教、民族国家及世俗主义——土耳其的意识形态与政治文化》，《世界宗教文化》2015年第1期。
[5] 安德森：《想象的共同体：民族主义的起源与散布》，吴叡人译，上海：上海人民出版社，2005年，第6—7页。

姆也指出，民族"乃是通过民族主义想象得来的产物"，而且，"民族主义早于民族的建立。并不是民族创造了国家和民族主义，而是国家和民族主义创造了民族"[1]。盖尔纳总结说，"民族主义首先是一条政治原则"，它还可以体现为一种情绪或运动。民族主义是"一种关于政治合法性的理论"[2]。这都说明了民族主义与国家建构之间的密切关系。

从帝国到共和是土耳其近代以来最重要的历史转折，也成为解释当前相关问题的一个关键。土耳其的官方民族主义立场经常认为，土耳其人民处于被敌人包围的"危险"地理环境中，他们必须做好生活在一种持续的危机状态的准备。维护土耳其统一的唯一途径即将"瓦坦"（vatan，祖国）视为土耳其民族最宝贵的财产，并预备为她而牺牲。

> 作为土耳其民族和国家现实的一种永久的自然象征，瓦坦获得了超历史和本体论的地位。然而，这远不是中立和真实的，瓦坦是一种历史建构的空间框架，为了控制国家权力结构以及掌控和代表瓦坦的霸权，不同的政治势力争斗不休。政治话语霸权有一种巨大的权威，可以界定瓦坦的物理和想象边界，从而决定内外的区别。相应地，这一权威允许政治话语霸权决定，谁可以处在瓦坦之内，并在一个他者化的过程中将瓦坦的其他象征驱逐出去。[3]

"瓦坦"不再只是具体的地理概念，而是成了一种象征性的政治符号，并由此形成了一种有效的话语和霸权。特别是在关键的历史时期，这成了动员民众的重要资源和口号。

有学者概述土耳其民族主义的五个相关因素：一是"中间位置"与被包围的精神状态；二是过去的超越地位丧失引发的相关问题；三是不稳定和后发民族主义；四是军事—官僚精英与民族价值；五是对统一的期待和伟大领袖的渴望。其

---

[1] 霍布斯鲍姆：《民族与民族主义》，李金梅译，上海：上海人民出版社，2006年，第8—9页。
[2] 盖尔纳：《民族与民族主义》，韩红译，北京：中央编译出版社，2002年，第1—2页。
[3] Behlül Özkan, *From the Abode of Islam to the Turkish Vatan: The Making of a National Homeland in Turkey*, New Haven and London: Yale University Press, 2012, p. 9.

中，过去的强大和当前的衰落之间的落差，促使一种对伟大过去和势力的过于执着。

> 土耳其的民族身份因为长期的军事失败及相应的权力丧失而打上了烙印。这一过程产生于较长的时间进程，且有一种集中的效应，培养了一种充满受伤的荣誉和自我怀疑的民族身份。一种怀旧的民族理想兴起，将荣耀过去的愿景当作一个未来目标。反过来，这一条件促使特别有害的思想和行为趋势的兴起。当不断的战败使这一理想难以实现，对最野蛮的方法的诉求就变得无可避免。[1]

如果说瓦坦体现了土耳其民族主义的空间维度，那么荣耀过去和惨淡现实的对照则反映了土耳其民族主义的时间维度。在一种历史的脉络中，地缘政治的特征被强化为一种潜意识；历史的对照则促使这一潜意识的爆发。

这种矛盾特别体现在针对少数族裔的问题上，上述作者正是就亚美尼亚大屠杀的问题来反省土耳其民族主义的[2]。除此之外，同希腊民族主义的比较也有助于更好地理解土耳其民族主义的这一特征。两者都处于现代性所造成的历史转折时期，其不同点则在于，"希腊民族主义发展为一种独立运动，试图脱离一艘即将沉沦的船；迟到的土耳其民族主义则可以被解读为拯救船只的不幸努力之结果"[3]。双方都曾希望通过伟大的文明传统来唤醒民众，且都表现出排斥少数族裔的特征。土耳其和希腊的人口交换就是一个突出的例子[4]。从历史的维度看，正是由于希腊军队登陆伊兹密尔，才激起了土耳其人争取民族独立的革命战争；而在

---

[1] Taner Akçam, *From Empire to Republic: Turkish Nationalism & the Armenian Genocide*, London and New York: Zed Books, 2004, p. 56.

[2] Michael M. Gunter, *Armenian History and the Question of Genocide*, New York: Palgrave MacMillan, 2011; Mustafa Serdar Palabiyik, *Understanding the Turkish-Armenian Controversy over 1915*, Istanbul: Beta, 2015.

[3] Umut Özkırımlı and Spyros A. Sofos, *Tormented by History: Nationalism in Greece and Turkey*, London: Hurst & Company, 2008, pp. 38–39.

[4] Bruce Clark, *Twice a Stanger: How Mass Expulsion Forged Modern Greece and Turkey*, London: Granta Books, 2006.

当代，塞浦路斯则成为双方民族主义矛盾的一个集中体现[1]。

目前，土耳其民族主义发展的一个重要影响在于国家身份（state identity）的变化。"经过土耳其经济的重建以及作为其后果之一的伊斯兰运动的巩固，土耳其的民族身份（national identity）在逐渐且确定地转化，土耳其—伊斯兰认同成为官方身份的新表达，并得到军队的支持甚至宣传"[2]。作为这一转化过程的关键人物，埃尔多安将自己定义为"苏丹阿卜杜勒·哈米德二世的现代化身"[3]，后者是奥斯曼帝国晚期泛伊斯兰主义意识形态的政治领袖。正义与发展党被称为是一种历史"使命"的体现："作为一个政治运动，正义与发展党代表了政治伊斯兰。"[4] 然而，如之前所说的，民族主义已经不再是指一种单一的思潮或政治，而是土耳其政治文化的一个核心特征。因此，无论是正义与发展党还是其他的政党，一种男性主义主导的政治都注定了其民族主义的因素[5]。换句话说，民族主义已经成为当前土耳其政治的最大公约数，只是不同派别的表达形式不同。

二、民族行动党：选举政治

民族行动党的历史可以追溯到 1948 年以费乌兹·查克马科元帅为首的共和农民民族党。这是土耳其历史上的第二个政党。20 世纪 50 年代，在奥斯曼·波吕克巴什的领导下，该党发展为一个以农民和中产阶级为基础的民粹主义的保守民族主义政党。该党坚持统合主义（corporatist）的意识形态，希望恢复凯末尔主义的立场。他们坚持在严格国家控制下的统一民族国家[6]。

在 1960 年的政变中，上校阿尔帕斯兰·托尔克什发挥了重要作用，随后成

---

[1] Nick van der Bijl Bem, *The Cyprus Emergency: The Divided Island, 1955–1974*, Barnsley, South Yorkshire: Pen & Sword, 2010.

[2] Toni Alaranta, *National and State Identity in Turkey: The Transformation of the Republic's Status in the International System*, Lanham, MD: Rowman & Littlefield, 2015, p. 47.

[3] Toni Alaranta, *National and State Identity in Turkey*, p. 49.

[4] Toni Alaranta, *National and State Identity in Turkey*, p. 98.

[5] Rasim Özgür Dönmez, "Nationalism in Turkey under Justice and Development.

[6] Jacob Landau, "The Nationalist Action Party in Turkey," *Journal of Contemporary History*, Vol. 17 (1982), pp. 587–606.

为国家统一委员会主席的顾问。一时间他与埃及的纳赛尔相提并论。然而，在两大将军的策动下，托尔克什和"十四人"激进分子被驱逐。1965年3月，他和部分激进成员加入了共和农民民族党，并在当年8月的大会中当选为主席。在1967年的大会中，托尔克什提出"九点亮光"作为该党的行动纲领，并要求党员称其为党魁。这包括：民族主义、理想主义、道德主义、集体主义、实证主义、农村主义、自由和人格塑造、现代化和民粹主义、工业主义。其核心原则即"社群民族主义"（communitarian nationalism）[1]。与此同时，"理想主义之家"作为该党的青年组织在大学生中兴起。由于其伊斯兰主义的因素，导致五名国家统一委员会的成员脱离该党。1969年，该党改名为民族行动党，正式标志着其转型的完成。

1969—1974年间，民族行动党是土耳其政治的一个边缘力量，只收获了3%的选票。1975年，它参加了右翼的正义党与民族拯救党组成的民族阵线政府。1977年，民族行动党的选票翻倍，但它整体上仍是一个针对单一问题的政党。1980年政变后，民族行动党同其他政党一样受到打击，这导致他们对政府的怀疑。引用其中一位党员的话说："我们在监狱，但我们的意识形态却在执政。"[2] 这也促使其进一步倾向伊斯兰教。在1991年的选举中，它与伊斯兰主义的福利党联合，以期超越10%的选票的门槛。它在议会中获得了19个席位，但遗憾的是托尔克什本人没有当选。在1994年的地方选举中，它的选票增长到了8%。1995年，它在议会中的席位又增长了0.6个百分点。但这次，民族行动党由于选举的门槛没能进入议会。

民族行动党的一个意识形态基础被认为是理想主义。当然，这在民族行动党的运动中有着特别的意义。准确地说，理想主义意味着"服务国家的理想和热情"。服务国家被认为是该党最基本的目标和利益。它甚至认为，党的利益和国家利益之间没有分别。因此，民族行动党的激进分子反对一切国家敌人，无论是

---

[1] Alev Çınar and Burak Arıkan, "The Nationalist Action Party: Representing the State, the Nation or the Nationalist?," Barry Rubin and Metin Heper (eds.), *Political Parties in Turkey*, London: Frank Cass, 2002, pp. 25-40.

[2] M. Hakan Yavuz, "The Politics of Fear: The Rise of the Nationalist Action Party (MHP)," *Middle East Journal*, Vol. 56, No. 2 (2002), pp. 200-201.

20世纪70年代的马克思主义和共产主义,还是90年代的库尔德运动[1]。土耳其—伊斯兰综合体是民族行动党的另一个意识形态标签,它可以追溯到"知识分子之家"的首任主席易卜拉欣·卡费兹奥卢,该组织是土耳其右派的思想基础。根据卡费兹奥卢的解释,伊斯兰教只是土耳其历史的一部分,是土耳其人拯救了伊斯兰教,对伊斯兰教做出了必要的改革。因此,不是土耳其人适应伊斯兰教,而是伊斯兰教为土耳其的民族文化做出了调适。这被认为是只有土耳其人才拥有的独特的伊斯兰教。另外,卡费兹奥卢不只是结合了土耳其民族主义和伊斯兰教,还添加了西方化的因素。这是其为什么可以吸引年轻人的重要原因[2]。民族行动党的另一个重要机会是20世纪90年代苏联解体后在中亚突厥语国家的努力,形成所谓的泛突厥主义问题[3]。

1997年,托尔克什去世。仅仅一月后,民族行动党召开大会。有八名候选人竞选主席,包括托尔克什的儿子图鲁·托尔克什。最终,戴乌列特·巴赫切利当选。图鲁·托尔克什气急败坏,竟然带领武装分子冲进大会,这给该党造成了很不好的公众形象。巴赫切利的当选,也意味着一个新时代的开始。该党将重心集中在安纳托利亚中部的乡村保守民众,并获得了极大的成功。巴赫切利还通过党校和研究与发展中心确立了核心成员的主导性。从1995年到1999年,民族行动党的选票翻倍。在其历史上,民族行动党首次作为第二大政党加入了同民主左派党和祖国党的联合政府,在议会中占有129个席位[4]。巴赫切利表现出跟托尔克什不同的特征。他强调:"国家第一,政党次之,个人最后";"主要的目的是为土耳其人,由土耳其人做主。"当"理想主义之家"和政治伊斯兰过于激进时,它甚至宣布切断同其联系。到此时为止,民族行动党逐渐由一个极右政党转变为中

---

[1] Alev Çınar and Burak Arıkan, "The Nationalist Action Party: Representing the State, the Nation or the Nationalist?," Barry Rubin and Metin Heper (eds.), *Political Parties in Turkey*, London: Frank Cass, 2002, pp. 25–40.

[2] E. Burak Arikan, "The Programme of the Nationalist Action Party: An Iron Hand in a Velvet Glove?," *Middle Eastern Studies*, Vol. 34, No. 4 (1998), pp. 120–134.

[3] Hugh Poulton, *Top Hat Grey Wolf, and Crescent: Turkish Nationalism and the Turkish Republic*, London: Hurst and Company, 1997.

[4] Bülent Aras and Gökhan Bacık, "The Rise of the Nationalist Action Party and Turkish Politics," *Nationalism and Ethnic Politics*, Vol. 6, No. 4 (2000), pp. 48–64.

间偏右的政党，被纳入土耳其民主政治的范畴[1]。

2002年被认为是民族行动党的又一个转折点。正义与发展党的强势上台，改变了土耳其政党的政治结构。在2002年的选举中，民族行动党的选票再次没有跨过10%的门槛。2007年虽然拿到14%的选票，但面对正义与发展党的猛烈发展态势，它注定只能处于反对党的地位。民族行动党的政治态度和批评正义与发展党密切联系起来。这特别体现在两个问题上：一是土耳其加入欧盟的问题；二是库尔德人的问题。2000年，民族行动党参与的联合政府制定了一个短期和中期的改革方案，以推动土耳其的入盟问题。民族行动党的态度被认为是导致这一联合政府走向死结的关键。然而，它并不是完全反对加入欧盟。巴赫切利说："我们想加入这一联盟，……但欧盟行政机构不了解土耳其的努力和贡献。" 2002年的选举失利后，它则表现出对欧盟更激烈的态度，认为正义与发展党在损失国家主权[2]。在另一个问题上，民族行动党的态度表现得更为激烈。它基本是从国家安全和恐怖主义的角度来看待库尔德问题的，而不认为是民族身份和权利的问题。2009年，在正义与发展党提出"库尔德开放"或"民主开放"的问题后，它公开批判，认为这是为讨好美国等势力而做的妥协，是对国家利益的背叛[3]。

在2011年的选举中，民族行动党再次拿到13%的选票，稳固了其作为第三大政党的地位，它也被认为是夹在世俗凯末尔主义和保守伊斯兰主义之间的第三种力量。这为其赢得了一定的利益，但也带来了很多的矛盾[4]。在2015年的选举中，民族行动党先是获得了16%的选票胜利，但由于在之后的联合政府会谈中表现得不够积极，它被称为是纯粹的反对者。这导致其在11月的选举中只获得11%的选票。可以说，民族行动党曾是2015年选举的胜利者，但接着却变成了

---

[1] Ziya Öniş, "Globalization, Democratization and the Far Right: Turkey's Nationalist Action Party in Critical Perspective," *Democratization*, Vol. 10, No. 1 (2003), pp. 27–52.

[2] Gamze Avcı, "The Nationalist Movement Party's Euroscepticism: Party Ideology Meets Strategy," *South European Society and Politics*, Vol. 16, No. 3 (2011), pp. 435–447.

[3] Ödül Celep, "Turkey's Radical Right and the Kurdish Issue: The MHP's Reaction to the 'Democratic Opening'," *Insight Turkey*, Vol. 12, No. 2 (2010), pp. 125–142.

[4] Gökhan Bacık, "The Nationalist Action Party in the 2011 Elections: The Limits of Oscillating between State and Society," *Insight Turkey*, Vol. 13, No. 4 (2011), pp. 171–187.

最大的失利者[1]。或许因为此，在2018年的选举中，民族行动党选择同正义与发展党进行结盟，并保证了埃尔多安在第一轮成功当选为总统。民族行动党再次加入了土耳其的执政体系[2]。

三、库尔德工人党：暴力政治

库尔德问题是土耳其民族主义在内政方面最突出的案例。大部分的学者会较多关注库尔德工人党所代表的暴力活动，而相对忽视了库尔德运动在常规政治中的努力，特别是在土耳其申请加入欧盟的背景下，后者实际上是一个更具说服力的手段。现实的情况是，库尔德问题在暴力恐怖与民主政治之间摇摆，无法确定一个主导性的方向。

根据瓦迪·贾维德赫的经典研究，库尔德问题是近代以来中东民族主义的一部分。"他们希望从土耳其人、阿拉伯人和波斯人手里夺回他们分裂的祖国，这是一项艰难而危险的任务"。"尽管有不可翻越的高山造成的分离、语言和教派区别所造成的分裂、狭隘的部落忠诚以及国际边界所形成的划分，他们仍旧渴望像其他幸运的民族一样——形成一个民族国家"[3]。

哈坎·雅乌兹将土耳其的库尔德民族主义分为五个阶段：第一阶段为1878—1924年：随着奥斯曼帝国的集权化和欧洲的殖民化进程，地方的伊斯兰教网络被政治化和动员起来。纳克什班迪和卡迪里等苏菲教团成为对抗集权化和形成民族认同的工具。第二阶段为1925—1961年：在凯末尔·阿塔图克的领导下，土耳其共和国的新意识形态忽略了库尔德人作为"民族"的存在，并重构了一套回避库尔德问题

---

[1] Şükrü Balcı and Onur Bekiroğlu, "The MHP's Lost Coalition Opportunity: Political Communication, Discourse and Strategies in the June and November 2015 Elections," *Insight Turkey*, Vol. 17, No. 4 (2015), pp. 209-230.

[2] Kiliç Buğra Kanat, Jackson Hannon, and Meghan Backer, "Turkey's Elections 2018," Ankara: SETA/Foundation for Political, Economic and Social Research, June 2018.

[3] Wadie Jwaideh, *The Kurdish National Movement: Its Origins and Development,* Syracuse, NY: Syracuse University Press, 2006, p. xv. 参见 Kemal Kirişici and Gareth M. Winrow, *The Kurdish Question and Turkey: An Example of a Trans-state Ethnic Conflict*, London and New York: Routledge, 1998; 2003.

的政治话语。库尔德的传统身份被视为落后的、反动的。第三阶段为1962—1983年：库尔德的民族身份在宽泛的左派运动中被世俗化。第四阶段为1983—1998年：库尔德工人党领导的暴力活动成为突出特征。第五阶段为1999年至今：随着土耳其申请加入欧盟的进程，库尔德问题也被欧洲化，成为土耳其民主进程的一部分[1]。

当代库尔德民族主义运动始于20世纪60年代。多党制的实行为社会不同意见的提出提供了渠道，特别是1961年的新宪法保证了有限的言论、出版、集会和结社自由。一个重要的群体是"库尔德有机知识分子"（Kurdish organic intellectuals）的兴起及其对所谓"东方问题"的讨论。在60年代早期，新一代的库尔德积极分子推出了诸多的库尔德政治和文化期刊，例如：《底格里斯—幼发拉底》《声音》《真理之路》《新日子》《新潮》。此外，库尔德的语法书（1965）、库尔德—土耳其语字典（1967）、库尔德语言（1968）等，也相继出版。1968年，库尔德的民族经典 Mem-u-zin 以拉丁字母的库尔德语再版，并附以土耳其语的翻译。译者是穆罕默德·伊敏·波扎尔斯兰。另外，他还写了《东方问题》一书，并翻译了许多有关库尔德的历史。自1967年8月始，以"抵抗安纳托利亚东部和东南部地区的落后"为题的系列会议召开，简称"东方会议"（Eastern meetings）。这些会议集中讨论了库尔德地区（土耳其东部和东南部）同土耳其其他地方（特别是西部）的经济不平等，且认为发展库尔德的语言和文化是推动经济发展的本质需求[2]。

在60年代，库尔德政治家们已经开始通过新土耳其党和土耳其工人党等组织来推进其目标，特别是后者，为库尔德民族主义者提供了有用的政治话语。然而，由于土耳其工人党在民族民主革命和社会主义革命目标上的分裂，到60年代后期，一些库尔德活动家开始从社会主义政党中分裂出来。"革命东部文化之家"的兴起是一个标志。1974年，土耳其库尔德社会党成立[3]。这些活动因为1980年的军事政变而结束。新一波的浪潮始于90年代。1990年，第一个亲库尔

---

[1] Hakan Yavuz, "Five Stages of the Construction of Kurdish Nationalism in Turkey," *Nationalism and Ethnic Politics*, Vol. 7, No. 3 (2001), pp. 1-24.

[2] Cengiz Gunes, *The Kurdish National Movement in Turkey: From Protest to Resistance*, London and New York: Routledge, 2012, pp. 49-64.

[3] Nicole F. Watts, *Activists in Office: Kurdish Politics and Protests in Turkey*, Seattle and London: University of Washington Press, 2010, pp. 37-45.

德的合法政党人民劳动党成立，它与中间偏左的民主人民党有诸多合作[1]。1993年，人民劳动党被取缔后，由民主党继任。1994年，人民民主党成了库尔德政党的新代表，一直持续到 2003 年被取缔。民主人民党和民主社会党成了新的继承者[2]。

2013 年，爱国革命青年运动成立并迅速发展为一支青年武装力量，在土耳其的东南部城市掀起许多冲突。同时，土耳其军方也不相信和平进程；2014 年，它们申请在东南部开展 290 场针对库尔德工人党的行动。为保护和平进程，政府则只批准了 8 次。围绕科巴尼的冲突是一个转折点。随着土耳其在过去 20 年来第一次向东南部的城市派遣军队，爱国青年运动则宣布部分城市自治。2015 年 2 月，土耳其政府和库尔德运动达成"多玛巴赫切协议"，以确定谈判的基本原则。然而，库尔德方面否认政府在和平进程中的积极努力，这导致政府否决了之后的相关计划。在 6 月的大选中，代表库尔德的人民民主党第一次跨过了议会 10% 选票的门槛，成为第四大政党；正义与发展党则没能获得组建单一政府的足够票数。7 月，以打击恐怖主义为名，土耳其政府再次向库尔德工人党开战。和平进程由此中断，库尔德问题重新返回到国家安全模式[3]。

在西方的学术传统中，库尔德工人党的暴力行动，是因为缺乏有效的民主政治通道。然而，事实要更为复杂，这同库尔德工人党和土耳其政府的具体策略有着密切的关系。根据专业的分析，1993 年，当库尔德工人党在政治上处于上风时，他们拒绝放弃游击战争，从而错失了转变为组织性的政治运动的机会。同样，1999 年，当厄贾兰被捕后，土耳其政府依旧采取朋友—敌人的二分法，没能恢复发展主义的意识形态，也忽视了平等公民身份的承诺，这导致库尔德地区的持续冲突和分裂[4]。当前土耳其库尔德问题的一个新维度则体现为正义与发展党所代表的"保守民主制"（conservative democracy）和人民民主党所代表的"激进民主制"（radical democracy）之间的矛盾，后者要求更多的参与和透明性，并体现

---

[1] Nicole F. Watts, *Activists in Office*, pp. 51-52.
[2] Nicole F. Watts, *Activists in Office*, pp. 67-71.
[3] "A Sisyphean Task? Resuming Turkey-PKK Peace Talks," *Crisis Group Europe Briefing*, No. 77, Istanbul/Brussels, December 17, 2015.
[4] Aysegul Aydin and Cem Emrence, *Zones of Rebellion: Kurdish Insurgents and the Turkish State*, Ithaca and London: Cornell University Press, 2015, pp. 133-134.

为多语言和多文化、多层面和多中心的特征[1]。

小结

  土耳其的民族主义被称为一种历史的必然[2]。这特别体现于从帝国到共和的现代转变过程。然而，我们不得不承认，土耳其民族主义的形成有着更深刻的维度。内忧外患促成了民族团结，反过来导致了对内压迫和对外扩张的政策。土耳其民族主义在当代得到了重新诠释，并塑造了其国家认同。这源于新自由主义的经济政策所导致的社会变迁，以及冷战后全球化作为国际关系的话语背景。在内部来讲，库尔德民族主义面临选举民主和暴力恐怖的政治矛盾；就外部来说，土耳其对中亚、中东及高加索地区的兴趣，又可能发展为一种新的扩张主义。从土耳其共和国到当下，奥斯曼帝国的意识形态在正义与发展党的统治时期得以还魂，这体现了一种历史的悖论。

  本部分选取土耳其民族主义的两种不同形态进行个案研究。民族行动党被认为是土耳其民族主义的守护者，甚至被称为是极端的民族主义者。它兴起于军事政变，但逐步演化为土耳其选举政治的一支稳定力量。然而悖论是，作为凯末尔民族主义的守护者，民族行动党曾是政治伊斯兰的极力反对者，但却一再跟保守的伊斯兰势力结盟，这充分体现了现实主义政治的妥协和调适。此外，库尔德势力现在基本被列为暴力政治的代表，它曾经跟土耳其的左派政治结盟，并努力通过各种政党参与议会选举。然而，即便是人民民主党跨过了议会10%选票的门槛，库尔德仍在很大程度上与国家分裂和恐怖主义相联系。因此，民族行动党和库尔德工人党构成了研究土耳其民族主义的两个典型案例。从表面上看，这体现了两者政治策略的不同；然而，如果进一步深入分析，这或许恰好反映了土耳其政治的底色。民族主义是政治区分的一个主要维度，也是一个最大的公约数。

---

[1] Selahattin Demirtaş, "The Middle East, the Kurdish Peace Process in Turkey, and Radical Democracy," *Turkish Policy Quarterly*, Vol. 13, No. 4 (2015), pp. 27–33.

[2] Reza Azarian, "Nationalism in Turkey: Response to a Historical Necessity," *International Journal of Humanities and Social Science*, Vol. 1, No. 12 (2011), pp. 72–82.

从历史和社会科学的角度看，只有对更宏大的历史脉络和社会结构有大致的理解，方能更好地理解局部性的具体问题；反之，则会形成一叶障目的偏见。在"一带一路"倡议的背景下，土耳其横跨欧亚的战略地位有着重要的意义。我们也看到，在过去的几年间，中国和土耳其的关系在朝良好的态势发展。这包括土耳其总统埃尔多安在"一带一路"国际峰会上的亮相，也体现于两国外长关于打击"东突"恐怖主义势力的共识。然而，近期土耳其政治的频繁变化，也不能不引起我们的高度关注。特别是正义与发展党和民族行动党两股中间偏右势力的联合，再次提醒我们对于"双泛"问题的反思。

东方政策与西方民主：
土耳其的社会主义运动

在分析土耳其的社会和政治时，人们一般会比较强调伊斯兰教、世俗主义、民族主义，甚至女性主义的因素[1]。作为政治话语的分析，对左派、社会主义/共产主义问题的研究是相对缺失的部分[2]。这一定程度上是因为该势力在土耳其社会的影响较小。然而从历史的角度看，土耳其左派和社会主义/共产主义运动，介于苏俄的东方政策和欧洲的社会民主之间，是了解国际共产主义运动、冷战史和社会民主党的一个特殊个案。从土耳其本身来讲，左派和社会主义/共产主义运动同样是土耳其走向现代化的一股重要思潮，与凯末尔领导的民族独立革命也有着莫大的干系，而且影响了冷战后期土耳其的社会与政治。作为连接东西方的桥梁，土耳其在左右之间的摇摆和选择，成为考量国际政治的一个具体案例。另

---

[1] 参见刘义：《伊斯兰教、民族国家及世俗主义——土耳其的意识形态与政治文化》，《世界宗教文化》2015年第1期。

[2] 部分中文成果参见刘春元：《土耳其共产党对社会主义的探索》，《当代世界与社会主义》2010年第5期；余维海：《土耳其共产党对当前帝国主义的分析》，《社会主义研究》2013年第6期；朱传忠：《1960—1980年的土耳其左派运动探析》，《阿拉伯世界研究》2018年第1期；余维海、唐志坚：《土耳其爱国党的历史演进、理论主张及实践活动》，《世界社会主义研究》2019年第6期。

外，中国学者关注土耳其的左派和社会主义/共产主义运动，还因为著名诗人纳齐姆·希克梅特的缘故。早在20世纪20年代他不但与中国共产党人萧三在莫斯科相识，还在1952年专门到访中国，后则因中苏之间的分歧而遭到批评。这也是中国和土耳其历史交往中一个有意义的事件。

本部分首先从历史的角度梳理土耳其社会主义/共产主义运动的起源，特别是苏俄东方政策影响下土耳其共产党的发展。其次则是在欧洲社会民主的背景下，考察1961年来土耳其左派政治的复苏。夹杂在中间的则是对著名诗人纳齐姆·希克梅特及其中国情缘的个案分析。这三个部分跨越了整个20世纪的历史，相互之间既有联系又有区别。其中，凯末尔主义和社会主义/共产主义之间藕断丝连的关系是一个焦点，这也从另一个方面说明了研究土耳其左派和社会主义/共产主义运动的重要性。结语部分将结合土耳其历史和国际政治对这一问题做出归纳性的分析和探索性的思考。

一、苏俄东方政策与土耳其共产党

在奥斯曼帝国时期，社会主义思潮首先兴起于非穆斯林的群体，他们早在1908年革命前就开始了社会主义活动[1]。世纪之交，保加利亚的社会民主工人党加入了"第二国际"。随后，亚美尼亚革命联盟采取了马克思主义的方针，并于1907年加入了"第二国际"。1908年革命之后，萨洛尼卡而不是伊斯坦布尔成为社会主义活动的中心。1908年10月，亚伯兰·伯纳罗亚领导的犹太知识分子与萨洛尼卡的保加利亚社会主义者合并，组成了社会主义俱乐部。1909年3月，伯纳罗亚正式宣布萨洛尼卡社会主义工人联盟成立。8月，他以土耳其语、希腊语、保加利亚语和拉迪诺语四种形式出版《工人日报》[2]。与此同时，就在宪法恢复不久，穆罕默德·麦吉德在伊兹密尔开始出版《工人报》。1909年麦吉德被捕后，该报纸转往伊斯坦布尔。1909年5月，社会主义中心在伊斯坦布尔成立。受中心

---

[1] George S. Harris, *The Origins of Communism in Turkey*, Stanford: The Hoover Institution, 1967, p. 16.
[2] H. Sükrü Ilicak, "Jewish Socialism in Ottoman Salonica," *Southeast European and Black Sea Studies*, Vol. 2, No. 3 (2002), pp. 115–146.

的影响，《工人日报》《新潮》周报、《工人》半月刊等相继发行。1910年10月，围绕具有争议的侯赛因·席勒密，奥斯曼社会主义党成立。这是第一个以土耳其人为主的社会主义组织，其成员主要来自记者、学生及其他自由职业者。席勒密也是最早将社会主义等同于伊斯兰教义的倡导者[1]。里菲克·纳夫扎特在巴黎兴起了奥斯曼社会主义党的海外支部，但其思想要更激进。1910年10月，统一与进步委员会上台后，萨洛尼卡和伊斯坦布尔所有以少数族裔为主的社会主义组织被取缔。席勒密等社会主义组织领袖被捕。1912年中，当自由派执政后，奥斯曼社会主义党等组织曾短暂恢复。1913年，恩维尔帕夏及其青年土耳其党领袖执政后，社会主义组织再次被取缔，席勒密等领袖被流放。

1918年10月，在一战后的革命风潮中，伊斯坦布尔的第一个共产主义团体围绕农业学院的教授金斯伯格而成立。他们宣扬俄国的布尔什维克革命，批评同盟国。1919年2月，金斯伯格被捕，该组织解散。1918年12月，社会民主党成立，是第一个有组织的群体。1919年2月，席勒密以土耳其社会主义党的名义恢复了自己的组织，4月，他开始发行《洞察报》作为其机关刊物。1919年5月，一群在德国的土耳其留学生发起成立了土耳其工农党，并发行《解放》杂志。回到伊斯坦布尔后，他们在政府的默许下以土耳其工农社会主义党的名义活动[2]。这部分人更多受法国激进社会主义的影响，而不是俄国的布尔什维克主义。1920年3月，当协约国对伊斯坦布尔实行全面占领后，这些社会主义组织的活动再次暂停。

在土耳其之外，特别是在俄国的土耳其移民中，掀起了另一股共产主义浪潮，其核心人物是穆斯塔法·苏比西。他出生在黑海地区的吉雷松，先后毕业于伊斯坦布尔法律学校和巴黎自由政治科学学校。1913年，因涉嫌政治事件而被流放。1914年，他逃亡到俄国，但再次被转入俄国的监狱。在那里，他加深了对共产主义的认识，逐渐成长为"土耳其的列宁"。出狱后，他加入了莫斯科的"穆斯林局"。1918年4月，苏比西受到斯大林的注意，并获得支持出版《新世界报》。同时，受德国和奥地利同志的影响，他发起"土耳其左派社会主义者"大会，随

---

[1] Haydar Temür, "Kendi Yayınları Çerçevesinde Osmanlı Sosyalist Fırkası Çevresinin Fikirleri," *Atatürk Yolu Dergisi*, Sayı: 60, Bahar 2017, s. 233-276.

[2] George S. Harris, *The Origins of Communism in Turkey*, p. 40.

即成立了土耳其社会主义—共产主义者执行委员会。11月，苏比西被选入苏共穆斯林组织中央局，他提出东方是资本主义的"阿喀琉斯之踵"。1919年，苏比西先是到了克里米亚，后又转往突厥斯坦。1920年，高加索地区的土耳其人在巴库成立了土耳其共产党。苏比西由此来到巴库，改造了土耳其共产党的组织，并夺取了中央委员会的权力。9月，土耳其共产党召开第一次代表大会，发布涉及罢工、选举、农业改革等问题的九点宣言。苏比西在大会上被选为中央委员会的主席[1]。

1920年春，作为东方政策的一个代表，绿军（Green Army）组织成立。它宣称是一个"反资本主义、反帝国主义和反军事主义的组织"，倡导"伊斯兰世界的社会主义联盟"[2]。该组织一开始与凯末尔保持着友好关系，但切尔克斯人艾特姆的加入改变了这一局面。在议会中，一个所谓的"人民团体"代表他们。同时，一个"穆斯林布尔什维克委员会"在埃斯基谢尔成立。1920年8月，绿军发布《朋友报》，后改名为《新世界党人》。它被称为是"伊斯兰布尔什维克报纸"。鉴于共产主义组织与苏俄的秘密联系，凯末尔政府陆续通过《叛国法》和《集会法》以限制其行动。1920年10月，凯末尔甚至动员自己的亲信组成了一个官方的土耳其共产党，成员包括安卡拉政府的军政大员，如费乌兹·查克马科和伊斯梅特·伊诺努。凯末尔还派出陶菲克·鲁斯图·阿拉斯为首的代表团前往莫斯科。他们申请加入共产国际，但遭到拒绝[3]。一些不愿受制于凯末尔政府的社会主义者则组成了土耳其人民共产党，并持续与苏俄保持秘密联系。1921年1月，苏比西等一行15名共产党人在特拉布宗沉船遇害。这成为凯末尔政府和土耳其共产党之间一个极具争议的事件，但并没有得到苏俄的明确支持[4]。4月，土耳其人民共产党的核心成员被捕，后被判处15年的劳改，理由是叛国罪而不是共产

---

[1] Kadir Yıldırım, "Osmanlı Sosyalist Hareketi İçinde Mustafa Suphi: Hayatı ve Fikirleri," *Sosyoloji Dergisi*, 3. Dizi, 28. Sayı, 2014/1, s.101-115.

[2] Bülent Gökay, *Soviet Eastern Policy and Turkey, 1920-1991: Soviet Foreign Policy, Turkey and Communism,* London and New York: Routledge, 2006, p. 20.

[3] Vahram Ter-Matevosyan, "Kemalism and Communism: From Cooperation to Complication," *Turkish Studies*, Vol. 16, No. 4 (2015), pp. 510-526.

[4] Bülent Gökay, "The Turkish Communist Party: The Fate of the Founders," *Middle Eastern Studies*, Vol. 29, No. 2 (1993), pp. 220-235.

主义。

1920年底，塞拉佛姆·马克西摩斯在伊斯坦布尔组织了以希腊人、亚美尼亚人和犹太人为主的国际工会，随后加入了在莫斯科成立的红色国际工会。1921年的劳动节，席勒密的土耳其社会主义党和土耳其工农社会主义党一起加入了该工会组织的大罢工，导致伊斯坦布尔交通瘫痪[1]。鉴于土耳其工农社会主义党很难再合法活动，其激进派的成员谢菲克·许斯努·戴默尔和萨德雷丁·哲拉尔·安特尔重新组织了一个小团体，成为今日土耳其共产党的前身。1921年6月，戴默尔和安特尔发起创立了《光明》杂志，以取代之前的《解放》[2]。1922年3月，安纳托利亚的共产党人发起创立了《新生活》周刊，作为土耳其人民共产党的机关刊物。在第三期上，它刊登了《致大国民议会政府的宣言》，正式宣布其恢复活动[3]。苏俄大使馆给其以大力支持。1922年8月，人民共产党在政府的同意下召集了第一次代表大会。然而，由于批评政府，《新生活》被停刊。10月和11月，政府发起了新一轮对共产主义组织的清理，许多领导人再次被捕。在第四次共产国际大会上，土耳其共产党被要求为了苏俄的更大利益而作出牺牲。

1923年劳动节，《光明》杂志发出了"全世界工人联合起来！"的口号。随后，《光明》的编辑和大批共产党人被捕。戴默尔撰写了一份很长的辩解书，声称《光明》杂志和土耳其工农社会主义党都是合法组织。法庭接受了他的辩解，并释放了被捕者。1924年6月，共产国际的第五次大会批评了《光明》团体，说他们提倡无产阶级和资产阶级的合作。从8月起，《光明》出版了一系列工人副刊。从1925年1月起，《光明》杂志改为《镰刀与斧头》。他们批评1925年的库尔德起义，但却无法逃脱同样被清洗的命运。1925年5月，土耳其政府再次逮捕大批的共产党人。在8月的审判中，戴默尔被判15年，安特尔和席勒密也获得7年的徒刑。这标志着合法的共产主义运动在土耳其的终止[4]。

回顾土耳其社会主义/共产主义运动的第一个阶段，我们发现，它是与土耳

---

[1] George S. Harris, *The Origins of Communism in Turkey*, pp. 97–99.
[2] Bülent Gökay, *Soviet Eastern Policy and Turkey*, p. 44.
[3] George S. Harris, *The Origins of Communism in Turkey*, pp. 109–110.
[4] George S. Harris, *The Origins of Communism in Turkey*, p. 137.

其现代化的革命一起兴起的,而且都发源于萨洛尼卡。这说明社会主义/共产主义运动的兴起,实际上是为应对当时土耳其社会所面临的挑战。1920—1925年间,苏俄的东方政策成为土耳其共产党发展的一个主要背景和支持力量。与此同时,恰逢凯末尔领导的独立革命急需苏联的支持,从而在凯末尔主义和共产主义之间形成了一种模糊的关系。然而,当这一合作完成了民族主义和反帝国主义的使命,共产党的命运似乎也走到了尽头[1]。尽管凯末尔领导下的共和国学习了类似苏联的国家主义经济政策,但独霸权力的凯末尔不会再允许任何其他政党来挑战自己的地位,包括共产党。在二战的紧张氛围、战后土耳其的亲西方转向、冷战的对峙情况下,共产党更是不可能获得任何空间的。

二、诗人纳齐姆·希克梅特及其中国情缘

著名诗人纳齐姆·希克梅特是土耳其社会主义/共产主义运动中的一个特殊人物。由于斯大林女儿的称呼,他被冠以"浪漫共产主义者"的称号,这一称号成为其身份的一个主要象征。学者评论说:

> 纳齐姆·希克梅特的生命是20世纪政治的一个缩影。他是一位为国际团结而奋斗的土耳其爱国者,是一位服务于工人阶级的贵族诗人。威逼利诱都不能使他放弃自己的政治理想而加入凯末尔主义的政府,他为自己的信仰付出了长期的牢狱之代价。……他的诗歌颂斗争的重要性,而不是任何的权威系统;他的写作精确地保存了自身的价值,因为它们挑战了当时的历史决定论,为后代保留了鲜活的共产主义精神。……由此看来,共产主义作为一种对理想未来的信念,践行于当前的诸多现实限制下。这一理想所激发的冒险,与它们在历史情境下的限制及其主人公的脆弱必然格格不入。[2]

---

[1] 参见 Mete Tunçay and Erik J. Zürcher (eds.) *Socialism and Nationalism in the Ottoman Empire and Modern Turkey*, London: I. B. Tauris, 1994.

[2] Saime Göksu and Edward Timms, *Romantic Communist: The Life and Work of Nazim Hikmet*, London: Hurst & Company, 1999, p. x.

在今天的人们看来，希克梅特最杰出的成就当然是因为他是一名诗人。然而，他在土耳其革命的紧要关头选择了社会主义，并到苏联工作和生活，又在冷战时期活跃于世界和平大会等国际舞台。他声称自己是一个爱国者，但却长期被监禁于土耳其的监狱，甚至被剥夺了国籍。从历史的角度讲，希克梅特的政治意义是不可忽视的。

1902年，纳齐姆·希克梅特出生于奥斯曼帝国的萨洛尼卡市，他的父亲是当地政府的官员，他母亲的一方曾是波兰贵族，他的祖父则是一位受梅乌拉纳·鲁米影响的诗人。由于工作的原因，全家不得不辗转到阿勒颇。5岁时，希克梅特来到了伊斯坦布尔。小学毕业后，希克梅特曾像他父亲一样到加拉塔萨雷学校学习法语，后因家庭破产被迫转学。在一战爆发前后，希克梅特写了好几首有关"祖国"的诗，并因此获得学校的奖励。15岁时，他更是因为自己写的一首诗而机缘巧合地加入了海军学院。1919年，他的父母离婚，这直接影响了希克梅特的情绪和健康，并最终导致他从海军学院退学。1921年，他和好朋友瓦努一起乘"新世界"号前往安卡拉，在途中，他们结识了从德国归来的斯巴达主义者，并通过他们了解到马克思和列宁的思想。在安卡拉，他们以"年轻诗人"的身份被介绍给民族革命的领导人凯末尔，但随后被派往小镇博卢教书。

1921年8月，因对苏维埃革命的向往，希克梅特和瓦努决定前往莫斯科。在特拉布宗，他们听说了苏比西等共产党人沉船的消息，后写下了《献给十五君》的诗来赞扬他们。在巴统市，他们学习俄语，并决定加入土耳其共产党。抵达莫斯科后，他们加入了东方劳动者共产主义大学。在那里，希克梅特结识了中国共产党人萧三，还有诗人马雅可夫斯基，并向后者学习先锋派的写作。1924年12月，希克梅特返回伊斯坦布尔，并开始为《光明》写作。他批评资本主义，给土耳其读者介绍辩证唯物主义，并嘲讽浪漫主义和文化帝国主义。1925年，当《光明》编辑和其他共产党人受审时，希克梅特辗转逃离，再次前往莫斯科。在那里，他为东方劳动者共产主义大学做翻译，并撰写诗歌和剧本，思考马克思主义对文艺的影响。1928年，他再次返回土耳其，但在过边境的时候因为使用假身份而被捕。这是他第一次入狱。根据1928年10月的《共和报》报道，希克梅特曾声称："我是一个共产主义信仰者。我不属于任何组织。我只是对马克思主义和共产主义意识形态对文学的表达感兴趣。"[1] 然而，由于涉及土耳其共产党内部的分裂，1930 年，他被驱逐出党。1933 年 3 月，希克梅特再次被捕，但在 1934 年的大赦中得以释放。1934 年，他开始以记者的身份为《晚报》和《黎明报》写专栏。1936 年 12 月，他第三次被捕。1938 年 1 月，希克梅特又一次被捕。在 3 月的审判中，他因为唆使士兵叛乱等理由被判处 15 年监禁。在漫长的监狱生涯中，希克梅特写出了《吾国人景》(Human Landscapes from My Country) 等杰出诗作，从而也成就了其诗人的盛名[2]。

希克梅特的成就首先是文艺的，这特别体现于其新诗的形式。然而，这种新诗并不是凭空产生的，而是成长于土耳其的社会文化背景。甚至监狱生活，都对希克梅特的文艺生涯有着特别的意义。如穆特鲁·柯努克·布拉辛所评论的：

> 他的早年成名与土耳其整体的文化变革相契合，他打破传统的早期作品属于一个民族主义、现代化和民主化相交织的历史节点，所有这些都形诸正式和经典的术语。他的诗和剧本是这一工程的象征。他不只是打破旧的文学习惯，还宣告了一个未来。他站在民族历史的中心，其先锋派技巧具有清晰的历史背景。从诗意的角度看，他新作中的民族主义动力甚至超过其国际主义内容。[3]
>
> ……
>
> 身处一个他从来没有居住过的社会场景，一个迥异于文学世界和其社交圈的环境，他有了其阶层中的人难得的了解其国民的机会。他遇到了形形色色的人——农民、工人、手工业者、小业主。他们有很多故事可讲，有许多哀怨要申。从他的狱友们，他认识到了饥饿、贫穷和不平等，他了解了安纳

---

[1] Saime Göksu and Edward Timms, *Romantic Communist*, p. 81.
[2] 参见 Nazim Hikmet, *Human Landscapes from My Country: An Epic Novel in Verse*, trans. by Randy Blasing and Mutlu Konuk, New York: Persea Books, 2002. Marian Aguiar, "Nazim Hikmet's Modernism of Development," *Journal of Modern Literature*, Vol. 19, No. 2 (2016), pp. 105–121; Azade Seyhan, "Beyond Exile and Sorrow: Nazim Hikmet Writes of Passage," *Journal of Turkish Literature*, 11 (2014), pp. 61–75.
[3] Mutlu Konuk Blasing, *Nazim Hikmet: The Life and Times of Turkey's World Poet*, New York: Persea Books, 2013, p. 79.

托利亚文化中的故事和传奇、习语和方言。[1]

1949年，巴黎成立了一个包括哲学家萨特、画家毕加索等人组成的旨在拯救希克梅特的国际委员会。与此同时，希克梅特在狱中绝食抗议的消息也被传出。1950年5月，一份名为《纳齐姆·希克梅特》的周报开始刊登他的著作，并组织公共抗议。1950年7月，希克梅特终于出狱。1950年9月，在华沙召开的第二届世界和平大会上，希克梅特与毕加索等人一起被授予和平奖，由智利作家聂鲁达代领。与此同时，土耳其政府发现他没有服兵役，并勒令其限期服役。1951年6月，希克梅特秘密逃亡，再次前往莫斯科。在冷战的背景下，土耳其政府宣布其为叛国者，并剥夺其国籍。但通过世界和平大会等论坛，他加入了亚非拉民族大家庭，成为国际共产主义的宣传员[2]。1954—1963年，希克梅特为设在布达佩斯（后转到莱比锡）的土耳其语广播台服务。该电台批评门德列斯政府为美帝国主义和宗教复兴主义的代表，要求土地改革、组织工会、解除党禁。在1962年的一次广播中，希克梅特解释说："共产主义致力于公义的进步、爱国、大众运动。"[3]1963年6月，希克梅特去世。

中国读者关注希克梅特，同样基于这两个方面的因素：他与中国共产党人萧三的友谊，以及1952年他的访华之旅[4]。希克梅特的第一首长诗《乔孔达与萧》（或译"蒙娜丽莎与萧"），即以诗意的方式纪念了其与萧三的革命友谊。1952年访华时，希克梅特也特意写下了几首关于北京的诗歌，以表达其对中国人民的热爱。1952年，当中文版的《希克梅特诗集》首次出版时，专门附了萧三写的后记。他不仅用希克梅特的"还是那颗心，还是那颗头颅"的诗句做标题，还专门引述了另一句——"我的心一半在土耳其，一半在中国"。萧三指出了希克梅特创作的丰富性和多样性，既有"热情的诗篇，也有充满了火光与力的政治论文"。他称赞希克梅特是"民族的诗人，同时也是世界的诗人"[5]。50年后，当新版的《希克梅特诗选》

---

[1] Mutlu Konuk Blasing, *Nazim Hikmet*, p. 122.
[2] Gül Bilge Han, "Nazım Hikmet's Afro-Asian Solidarities," *Safundi*, Vol. 9, No. 3 (2018), pp. 284-305.
[3] Saime Göksu and Edward Timms, *Romantic Communist*, p. 309.
[4] 参见杨学纯：《希克梅特一席谈》，《世界知识》1952年第40期。彭岭、章谊：《还是那颗头颅，还是那颗心——怀念土耳其诗人纳齐姆·希克梅特》，《世界文化》2009年第4期。瞿炜：《土耳其诗人希克梅特与中国》，《文汇读书周报》2015年5月18日。
[5] 萧三：《"还是那颗心，还是那颗头颅"》，收入《希克梅特诗集》，北京：人民文学出版社，1952

再出版时，译者则强调，希克梅特之所以成为世界级的著名诗人，"完全是由于他的作品具有一些能够超越政治的因素"。其作品中"广阔、深沉的社会关怀、人文关怀和人性深度，以及高超的艺术性，共同构成了他的诗歌持久的魅力"[1]。

在冷战的背景下，希克梅特的共产主义角色得以强化，然而，之前他已经被剥夺了共产党员的身份。无论如何，希克梅特是一名特殊的共产党员，这主要是因为他与共产党的组织之间的关系不够密切。希克梅特的社会主义/共产主义特征，主要是思想性的。他学习了马克思主义的文艺理论，又在监狱中得到了社会经验的历练。这在一定程度上符合土耳其社会主义/共产主义运动整体特征。它首先是一场知识分子的运动，旨在启蒙广大的劳动阶层。然而，这个任务始终没有完成，从而导致土耳其社会主义/共产主义运动的脆弱性。希克梅特共产主义身份的再发现和强化，基于冷战背景下与世界左派知识分子的广泛联系。希克梅特的生活和写作连接了土耳其社会主义/共产主义运动的两个时代。

三、欧洲社会民主与土耳其左派运动

1960—1980年构成了考察土耳其左派和社会主义/共产主义运动的一个特殊时段[2]。60年代是土耳其城市化急剧发展的时期，也是发展主义思维的一个主导时期。在马歇尔计划的支持下，特别是美国工会主义者欧文·布朗的影响，土耳其工会联盟于1952年成立。它不仅是为防范国际共产主义的影响，而且也代表了传统的亲政府力量。1967年，革命工会联盟成立，与土耳其工会联盟形成了对抗。它批评土耳其工会联盟不是真正的工会，而希望建立政治的、独立的、社会主义工会。在劳工运动的影响下，之后还相继涌现出了社会民主工会、民族主义工会以及伊斯兰工会。尽管策略不同，且时有冲突，但工会也成为土耳其民主化

年，第212页。
[1] 李以亮：《译序：卓越的土耳其现代诗人希克梅特》，收入希克梅特：《希克梅特诗选》，李以亮译，上海：上海文艺出版社，2018年，第1页。
[2] 参见 Igor Lipovsky, *The Socialist Movement in Turkey, 1960–1980*, Leiden: Brill, 1992.

的一个重要因素[1]。

与此同时，左派知识分子的兴起为这一运动注入了思想资源。这其中最重要的即围绕《方向》杂志的群体。该杂志从1961年12月创办，到1967年6月被查封。代表性的人物包括多安·阿武哲奥卢和尼牙孜·贝尔科斯。他们希望通过凯末尔主义来合法化其话语，但同时对凯末尔主义进行重新诠释，特别是凯末尔的平民主义被等同于社会主义。《方向》将自身定位为社会主义的，但他们强调的是"土耳其社会主义"。社会主义被认为是一种生活方式和发展路径，其目的是实现社会公正，而且，这一社会主义也是民族主义的，因为其反资本主义和反帝国主义的特征。在土耳其这样的国家，发展是民族主义最主要的任务。社会主义与民主也是一致的。发展无疑是《方向》群体最重要的目标，其主要方式则是国家主义的经济。比较特殊的是，他们非常重视军队在发展中的重要作用，认为他们是能领导土耳其国家主义经济发展的核心力量。该杂志的主要目的即影响军队，使他们担负起这一领导职责[2]。

1961年2月，土耳其劳动党成立。不同于之前的社会主义政党，它主要是由工人代表而不是知识分子组成。然而，直到著名律师穆罕默德·阿里·阿以巴尔担任领导，该党才真正活跃起来。据统计，27%的党员为工业工人，9%的党员为农业工人，17%的党员为农民，47%的党员为知识分子、公务员、学生和手工业者。1964年，劳动党召开第一次代表大会，将非资本主义的发展道路作为党的方针。他们的目的不是一个不同于资本主义和社会主义的"第三条道路"，而是从资本主义到社会主义的过渡阶段。在社会经济政策方面，劳动党主张国家主义，包括宏观调控和外资企业的国有化。在农业政策方面，它希望限制土地的占有率，并将多余的土地分给有需要的农民。在1965年的议会选举中，劳动党赢得27万张选票（约占3%），在议会中获得15个席位。选举后，阿以巴尔宣布，劳动党是一个社会主义政党，旨在用社会主义取代资本主

---

[1] Peride Kaleağasi Blind, "A New Actor in Turkish Democratization: Labor Unions," *Turkish Studies*, Vol. 8, No. 2 (2007), pp. 289-311.

[2] Fahrettin Altun, "Discourse of Left-Kemalists in Turkey: Case of the Journal, Yön, 1961-1967," *Middle East Critique*, Vol. 19, No. 2 (2010), pp. 135-156. 关于左派与军方之间的联系，参见 Özgür Mutlu Ulus, *The Army and the Radical Left in Turkey: Military Coups, Socialist Revolution and Kemalism*, London and New York: I. B. Tauris, 2011.

义体系。在1966年的第二次党代会上，阿以巴尔提出民族—民主革命和社会主义革命的不可分割性。前者旨在反对封建主义，后者则是针对帝国主义，特别是美帝国主义的。当然，这并不意味着暴力斗争。他将反对美国的"民族解放"界定为"消极抵抗"，是要在宪法允许的范围内通过和平的方式来实现。1968年，在没有征询党内同志的前提下，阿以巴尔公开批评苏联对捷克斯洛伐克的行动。他强调一个"自由、民主社会主义"的路线，这导致了劳动党的内部分裂，特别是阿以巴尔和伯兰-艾伦之间的分裂。同时，第三派号称无产阶级革命者的势力兴起。在1966年的一次采访中，阿以巴尔说，"土耳其社会主义"具有三大要素：民主的、大众的、独立的。他反对马克思-列宁主义的解释，坚持每个国家都可以有自己的社会主义。在1969年的选举中，劳动党失去了35 000张选票（占总选票数的2.65%，1965年则约为3%）。然而，由于选举法的改变，劳动党只获得两个议席。这也导致阿以巴尔的辞职及一系列的连锁反应[1]。

共和人民党的执政构成了左派运动发展的主要背景，而这反过来也影响了共和人民党自身的左转倾向。正是由共和人民党主导的1961年宪法，成为左派和社会主义/共产主义运动的前提与保障。共和人民党在1960—1970年间的执政，则为社会主义政党的合法活动提供了空间[2]。1966年10月，在共和人民党第十八次党代会上，"中偏左"成为该党的官方政策。与此同时，这一政策的主要倡导者布伦特·埃杰维特当选为秘书长。1972年，埃杰维特被选为党主席。埃杰维特曾著有《中偏左》的专门著作。他解释说，中偏左路线是对凯末尔主义的反对。同时，他们与左派的区别在于对民主的信仰。他说的是西方民主，不过他认为是社会民主[3]。这一政策曾是1965年选举的口号，但这并没有帮共和人民党赢得足够的选票。在1973年的选举中，共和人民党在大部分地区赢得了胜利，特别是在伊斯坦布尔、安卡拉和伊兹密尔这样的大城市，分别获得了49.6%、49.5%和

---

[1] Erkan Doğan, "Parliamentary Experience of the Turkish Labor Party: 1965–1969," *Turkish Studies*, Vol. 11, No. 3 (2010), pp. 313–328.

[2] Murat Belge, "Nationalism, Democracy and the Left in Turkey," *Journal of Intercultural Studies*, Vol. 30, No. 1 (2009), pp. 7–20.

[3] Yunus Emre, *The Emergence of Social Democracy in Turkey: The Left and the Transformation of the Republican People's Party*, London and New York: I. B. Tauris, 2014, pp. 92–99.

45.9%的选票。共和人民党将大城市中的棚户区合法化，并持续得到土耳其工会联盟和革命工会联盟的支持[1]。

1973年，共和人民党上台后，再次允许左派和社会主义运动的活动。这也致使诸多社会主义政党的兴起。1974年6月，土耳其社会主义劳动党成立，艾哈迈德·卡奇马兹任主席。该党将自身界定为一个社会主义政党。它主张所有外国资产的国有化以及政府对外贸的垄断，它还反对土耳其加入北约和欧共体。1975年2月，米赫里·贝利和他的支持者组成了土耳其工人党。他们将自身界定为工人阶级的政治组织，认为只有社会主义才能带给人民真正的幸福。1975年5月，出狱后的伯兰重组了劳动党，大部分的成员为革命工会的领袖。该党宣称，将通过合法的手段为工人阶级夺取权力，并在土耳其建设社会主义。同时，阿以巴尔创建了社会主义党（后改名为社会主义革命党），大部分成员为工人和知识分子。其最终目标是建立社会主义，并号召为改变社会秩序而斗争。1978年1月，多乌·佩林切克建立了土耳其农工党，不过影响不大。1975年，在共和人民党加入社会党国际（Socialist International）后，社会主义政党曾希望与其联合，从而共同针对右翼政党势力。这些社会主义政党之间的分裂，主要是基于两个问题：一是获取权力的方式，二是对社会主义的不同解释。20世纪70年代，一个主要的分歧是进步—民主革命和民主大众革命，关键的问题在于是否承认土耳其小资产阶级的存在。然而，在冷战的背景下，共和人民党极力撇清与社会主义政党的关系。土耳其共产党则希望能同这些社会主义政党合作。在1977年和1979年的选举中，所有社会主义政党的选票加起来也不抵劳动党在20世纪60年代后半期的选票。这部分是因为它们之间的分裂导致了势力的衰弱[2]。同样需要注意的是70年代左派组织的激进化和暴力化，两个代表性的组织是"革命青年"和"土耳其人民解放阵线"。仅在1978年1月到1979年11月间，左派及其民族主义对手之间的冲突就导致2 400人死亡[3]。随后，军方以恢复秩序为名再次发动政变，所有政党被取缔。

---

[1] Sinan Ciddi, *Kemalism in Turkish Politics: The Republican People's Party, Secularism and Nationalism*, London and New York: Routledge, 2010, pp. 51–56.

[2] Igor Lipovsky, "The Legal Socialist Parties of Turkey, 1960–80," *Middle East Studies*, Vol. 27, No. 1 (1991), pp. 94–111.

[3] Ihsan Bal and Sedat Laciner, "The Challenge of Revolutionary Terrorism to Turkish Democracy, 1960–80," *Terrorism and Political Violence*, Vol. 13, No. 4 (2001), pp. 90–115.

1980年政变后，第一个左派政党是成立于1983年的人民党，但由于其同军方之间的联系，所以受到怀疑，在1984年的地方选举中选票数大幅度下滑。伊诺努的儿子埃达尔·伊诺努则领导了社会民主党。1985年，这两个党合并，共同组成了社会民主人民党。1992年，共和人民党恢复。同时，由于社会民主人民党在1994年选举中的失利，两者选择合并[1]。埃杰维特则希望切断与共和人民党的历史联系。他创立了民主左派党，由他的妻子拉珊·埃杰维特担任领导[2]。他认为，这是一个真正的左派政党，由人民说了算。这种民众文化在土耳其是缺失的，因为精英和民众之间缺乏沟通。然而，中偏左的政党持续依赖于凯末尔关于建立"现代土耳其"的经典教条，致力于实现一个"高级文明"。"其不能采纳后现代的立场，不但阻碍了社会民主的意识形态，也妨碍了宗教和民族融合的多元主义和多元化"[3]，这或许可以解释其在选举中的持续失利。

在厄扎尔的新自由主义政策下，左派知识分子受欧洲1968年运动和新左派的影响，开始从民族主义和威权主义向个人自由和公民权利转变，聚焦环境主义、女性主义、同性恋等社会问题。《标志》和《新日子》杂志成为这一新思想的平台，并反映于拉蒂芙·泰金等作家的小说。1991年，穆罕默德·阿尔坦提出"第二共和国"的概念来描述这一新的思潮。然而，那些仍旧坚持之前左派思想的知识分子，如乌尔·穆姆柱则用一些侮辱性的词语来批评他们[4]。这成为土耳其左派运动的一个新趋势。

小结

1919年，共产国际成立，总部设在莫斯科，协调所有国外的共产主义组织。

---

[1] Sencer Ayata and Ayşe-Güneş Ayata, "The Center-Left Parties in Turkey," *Turkish Studies*, Vol. 8, No. 2 (2007), pp. 211–232.

[2] Suat Kınıklıoğlu, "The Democratic Left Party: Kapıkulu Politics *Par Excellence*," in Barry Rubin and Metin Heper (eds.), *Political Parties in Turkey*, London and Portland: Frank Cass, 2002, pp. 4–24.

[3] Sinan Ciddi, *Kemalism in Turkish Politics*, p. 103.

[4] Doğan Gürpinar, "The Trajectory of Left-Liberalism in Turkey and Its Nemesis: The Great Rupture in the Turkish Left," *Insight Turkey*, Vol. 14, No. 1 (2012), pp. 147–168.

在共产国际第二次代表大会上，列宁正式推出了"苏维埃东方政策"。这一方面意味着共产国际从西方向东方的转变，另一方面也包括共产国际策略的改变——为了反对帝国主义，亲苏俄的共产党组织需同民族主义的力量团结合作。这构成了解释土耳其社会主义/共产主义运动最重要的历史背景。"在大部分时期，土耳其共产党是脆弱的，完全依赖于莫斯科的政治和经济支持，从而也为服务于莫斯科的因素所控制。它的特殊存在以苏联的外交政策为先，在涉及国内形势的判断和决策方面，土耳其的领导人没有任何的独立性。"[1] 从苏联方面来说，"一个社会主义的土耳其从来就不是选择"。安全因素是苏联国际行为也是其土耳其外交的主要考虑。他们采取一个"理性的、实用主义的、非意识形态的政策"。其外交工具与其他列强并无太大区别，也是通过经济、技术和军事援助、贸易、外交、宣传、武力等。"苏维埃政策的整体目标是提高苏联在土耳其的影响力，同时削弱西方列强的势力——二战前主要是英国，之后则是美国"[2]。

1960—1980年构成了土耳其左派和社会主义/共产主义运动发展的另一个重要时期，主要背景则是社会民主在欧洲的发展[3]。自实行多党制以来，共和人民党在整个50年代都无法掌控中央权力。1960年政变为其提供了一个关键机会。共和人民党成为制定1961年宪法的重要支持力量，这部宪法为言论、集会、结社等自由提供了保障。同时，60年代也是城市化急剧发展的时期。在1961—1965年的三届政府期间，劳工运动的权利也得到了确认。促使这一问题变成现实的正是后来中偏左立场的倡导者埃杰维特。在这一过程中，几股势力的联合效应促使共和人民党采取中偏左立场：一是共和人民党在之前选举失利的基础上调整方向，希望改变其传统的威权政治的形象；二是以正义党为首的反对力量成为右翼的主要代言人，并将反共产主义作为主要旗帜；三是左派运动的兴起，包括土耳其共产党、以《方向》为中心的左派知识分子群体、劳工运动等。"中偏左被认为是对左派发展的纠正，同时也是反对右翼指控的盾牌"[4]。

---

[1] Bülent Gökay, *Soviet Eastern Policy and Turkey*, p. 117.
[2] Bülent Gökay, *Soviet Eastern Policy and Turkey*, pp. 117-118.
[3] E. Fuat Keyman and Ziya Öniş, "Globalization and Social Democracy in the European Periphery: Paradoxes of the Turkish Experience," *Globalizations*, Vol. 4, No. 2 (2007), pp. 211-228.
[4] Yunus Emre, *The Emergence of Social Democracy in Turkey*, p. 225.

从第三方的角度整体检视土耳其左派和社会主义/共产主义的发展，这会有什么意义呢？首先，左派和社会主义/共产主义是土耳其近代以来的一股重要思潮。这些知识分子大部分都受欧洲的影响，特别是法国和德国。尽管从来都没有变成主导性的力量，而且长期受控制和迫害，但这股思潮却始终存在。这从一个方面说明了其生命力和有效性[1]。其次，左派和社会主义/共产主义对土耳其的意义，或许不主要是思想或政治的，而是社会经济的。这同许多后发展国家具有同期性和类似性。当奥斯曼帝国日益衰落，并逐渐沦为西方列强瓜分的对象，土耳其面对的是一个生死存亡的问题。发展则是解决这个问题的金钥匙。坦兹马特改革是一个标志性的起点，凯末尔主义的革命是核心工程。20世纪60年代同样是发展主义的经典时期。最后，土耳其身处东西方之间的十字路口，既扮演了东西方交流的角色，又体现了摇摆于东西方之间的矛盾特征。土耳其的选择基于自身的历史、政治和文化背景，却又左右于国际势力的影响。在这一点上，土耳其的选择具有普遍性的意义。

---

[1] Kemal H. Karpat, "The Turkish Left," *Journal of Contemporary History*, Vol. 1, No. 2 (1966), pp.169-186.

伊斯兰教与女性主义：
土耳其的性别政治问题

2013年10月31日，四名戴头巾的女议员象征性地走进了议会。大学里的头巾禁令早在2011年就得以解除，只有军队、警察和司法系统仍保持这一禁令。这被称作是对军方势力的胜利，也是对世俗主义的胜利。其背后所反映的，或许是土耳其整体社会改革的一部分，用西方媒体的话说是民主的胜利[1]。然而，2014年11月24日，在伊斯坦布尔一个关于妇女权利和自由的高峰论坛上，总统埃尔多安宣称，男女平等有违自然法则，这在国际社会引起一片哗然。他反对女权主义和女性主义，将堕胎视为"谋杀"，还鼓励妇女至少要生三个孩子。他引用先知穆罕默德的话——"天堂在母亲脚下"[2]。这两幅画面勾勒了当今土耳其性别政治的不同景象，也构成了我们认识当今土耳其性别问题的重要引子。

在伊斯兰社会，女性或性别问题在相当程度上被视为禁区，敏感性也引起了

---

[1] Sebnem Arsu and Dan Bilefsky, "Turkey Lifts Longtime Ban on Head Scarves in State Offices," *New York Times*, October 8, 2013; "Turkey's Female MPs Wear Headscarves in Parliament for the First Time," *The Guardian*, October 31, 2013.

[2] "Turkish President Erdoğan Says Gender Equality 'Against Nature'," *Hürriyet Daily News*, November 24, 2014.

神秘性。然而，现代学术的发展已经逐步突破这一领域。在经典作家的笔下，伊斯兰社会的性不再是神秘和敏感的，而是像其他文明的社会一样正常[1]。对传统的宫廷女性生活的研究就是一个具体的例子。从社会史的角度看，性及其相关问题，如妓院，更多体现为一个政策或话语问题[2]。这都促使我们对这一领域进行更深入的研究。研究土耳其的性别问题有着特殊的意义。这一方面是因为其穆斯林占主体的社会特征，另一方面则是近代以来激进的世俗主义改革。一个核心的主题是"同父权交涉"（bargain with patriarchy）[3]。还有一个说法是所谓"解放但不自由"（emancipated but not liberated）[4]。当伊斯兰背景的正义与发展党上台，却将加入欧盟作为其最重要的政策目标之一，性别等社会政策的调整再度展现出更错综复杂的状况[5]。

在承认伊斯兰教与世俗主义的对立格局下，我特别强调民族国家在土耳其宗教政治建构中的关键地位。在相当的程度上，土耳其共和国延续了奥斯曼帝国时期的父权政治。因此，无论伊斯兰教和世俗主义两者如何交替互动，强大的父权传统是一贯的强势力量。在埃尔多安和正义与发展党的治下，这体现为"新土耳其"（New Turkey）的异象，具体实践中则表达为所谓的"土耳其模式"（Turkish Model）[6]。尽管埃尔多安在多个层面试图挑战凯末尔·阿塔图克，然而，他更多改

---

[1] Abdelwahab Bouhdiba, *Sexuality in Islam*, trans. by Alan Sheridan, London: Saqi, 2012 [2004].

[2] Dror Ze'evi, *Producing Desire: Changing Sexual Discourse in the Ottoman Middle East, 1500–1900*, Berkeley: University of California Press, 2006; Mark David Wyers，*"Wicked" Istanbul: The Regulation of Prostitution in the Early Turkish Republic*, Istanbul: Libra, 2012.

[3] Deniz Kandiyoti, "Bargaining with Patriarchy," *Gender and Society*, 2: 3 (1988), pp. 274–290.

[4] Yeşim Arat, "From Emancipation to Liberation: The Changing Role of Women in Turkey's Public Realm," *Journal of International Affairs*, 54: 1 (2000), pp. 107–123.

[5] Saniye Dedeoglu and Adem Y. Elveren (eds.), *Gender and Society in Turkey: The Impact of Neoliberal Policies, Political Islam and EU Accession*, London and New York: I. B. Tauris, 2012. 参见 Sedef Küçük, "Being a Woman in Turkey and in the Middle East," *Turkish Policy Quarterly*, 11: 4 (2012), pp. 23–30; Selma Acuner, "Gender and Development in Turkey," *Turkish Policy Quarterly*, 11: 4 (2012), pp. 71–78; Umut Azak, "Beyond the Headscarf: Secularism and Freedom of Religion in Turkey," *Turkish Policy Quarterly*, 11: 4 (2012), pp. 91–99; Fatma Benli, "Women and Modernity: Turkey's Conundrums," *Turkish Policy Quarterly*, 11: 4 (2012), pp. 101–107; Tuğba Bozçağa, "Women and the Welfare State Regime in Turkey," *Turkish Policy Quarterly*, 11: 4 (2012), pp. 177–188.

[6] 刘义：《伊斯兰教、民族国家及世俗主义——土耳其的意识形态与政治文化》，《世界宗教文化》2015年第1期；刘义：《埃尔多安"新土耳其"论与"土耳其模式"的危机》，《阿拉伯世界研究》2017年第1期。

变的是土耳其共和国的属性，而不是奥斯曼—土耳其的社会文化传统。特别在性别问题上，其内部的一致性是需要特别注意的[1]。这也为我们解释当今土耳其性别政策的矛盾提供了线索。

一、土耳其女性主义的三波浪潮

参照西方女性主义的发展阶段，近代以来土耳其的妇女运动也历经了三波浪潮：一是 20 世纪 20 年代土耳其共和国成立后争取男女平等和妇女选举权的运动。二是 20 世纪 80 年代反对家庭暴力、性作为男性统治力的工具、媒体对女性的错误印象、处女测试等，"个人的即政治的"（personal is political）成为口号。三是 20 世纪 90 年代认同政治的兴起，这包括伊斯兰女性主义、库尔德女性主义以及同性恋—双性—变性运动[2]。

凯末尔主义的改革计划同近代土耳其妇女运动的权利相契合，这包括女性和男性在公共领域的平等地位。1926 年参照瑞士制定的民法，妇女在离婚、继承和抚养孩子等方面获得了跟男性平等的地位。当时著名的妇女领袖纳兹赫·穆希廷甚至提出要成立一个专门政党，以争取女性选举和被选举的权利。在这一背景下，土耳其妇女协会成立。1930 年和 1934 年，妇女相继获得了在地方选举和全国选举中的选举权。这成为土耳其共和国的一个神话，也即女性享有和男性完全平等的地位。然而，这一胜利的结果是悖论性的。土耳其妇女协会被认为已经完成任务，从而在 1935 年解散。这标志着土耳其第一波女性主义浪潮的结束[3]。

---

[1] Gunes N. Zeytinoglu and Richard F. Bonnabeau, "From Atatürk to Erdoğan: Women in Modern Turkey," in Saba Safdar and Natasza Kosakowska-Berezecka (eds.), *Psychology of Gender through the Lens of Culture: Theories and Applications*, Cham, Switzerland: Springer International Publishing, 2015, pp. 93–112.

[2] Cagla Diner and Şule Toktaş, "Waves of Feminism in Turkey: Kemalist, Islamist and Kurdish Women's Movements in an Era of Globalization," *Journal of Balkan and Near Eastern Studies*, 12: 1 (2010), pp. 41–57. 参见 Nükhet Sirman, "Feminism in Turkey: A Short History," *New Perspectives on Turkey*, 3: 1 (1989), pp. 1–34.

[3] Zehra F. Arat, "Kemalism and Turkish Women," *Women and Politics*, 14: 4 (1994), pp. 57–80.

在 1980 年政变前，土耳其妇女的政治地位屈从于左派和右派的分裂与斗争。1987 年，伊斯坦布尔出现了一支由 3 000 人组成的女性游行队伍，后发展为妇女集体反对暴力的运动。这是土耳其妇女第一次为争取自身权利走上街头，成为第二波女性主义的一个标志性事件。在三大城市伊兹密尔、安卡拉和伊斯坦布尔，妇女们发起了紫针运动，以反对在公共交通工具中对女性身体的性骚扰。妇女们组织活动，反对土耳其社会中诸多男女不平等的现象。这包括：妻子必须得到丈夫的允许方能工作；女性在婚后必须采用夫姓；男人作为家长及决定孩子教育和住宅等权利。1990 年，伊斯坦布尔成立了一个专门搜集关于女性和女性作者著作的图书馆。在 1980—1990 年间，有 44 种女性杂志发行。伊斯坦布尔大学、马尔马拉大学、安卡拉大学、中东科技大学、九月九日大学等开设了女性研究的课程。1990 年，"紫色屋顶"成立，开通了 24 小时的热线为受虐待的妇女寻求安身之地，提供医疗和法律服务。1995 年成立了专门的收容所[1]。

20 世纪 90 年代，随着库尔德工人党与政府冲突的发展，库尔德的女性主义也随之兴起。一个例子是"星期六妈妈"组织连续 200 周在伊斯坦布尔市中心和景区的静坐示威，以引起社会对监禁消失人口的注意。库尔德女性主义的另一个典型例子是妇女中心，它是土耳其最大的女性主义组织之一，活跃在东部和东南部的 23 个城市。其建立者大多是受战乱影响的库尔德聚居区妇女。她们起先关注家庭暴力问题，后延伸到改善影响妇女和儿童权益的社会文化环境。独立的库尔德妇女运动反对两个方面的问题：一是库尔德社会的父权主义；二是土耳其女性主义对库尔德问题的忽视[2]。

在当今土耳其，女性主义所面临的一个关键问题在于伊斯兰教与女性主义的调和。这不仅涉及是否戴头巾这样的敏感问题，而且也跟土耳其社会更深刻的矛盾相关，也即伊斯兰教与世俗主义。此外，伊斯兰传统对婚姻和家庭的重视，也形成了关于性别问题的不同诠释，如性别平等（gender equality）与性别正义

---

[1] Ömer Çaha, *Women and Civil Society in Turkey: Women's Movements in a Muslim Society*, Farnham, UK: Ashgate, 2013.

[2] Ömer Çaha, "The Kurdish Women's Movement: A Third-Wave Feminism within the Turkish Context," *Turkish Studies*, 12: 3 (2011), pp. 435-449.

（gender justice）[1]。实际上，伊斯兰教与女性主义调和与否，反映了双方不同的诠释框架。当认为伊斯兰教与女性主义不可调和时，世俗女性主义一般以性别平等为理由，认为伊斯兰主义的意识形态在涉及女性权利方面是错误的；伊斯兰主义者则强调道德的优越感，特别是涉及性自由等问题。当认为伊斯兰教和女性主义可以调和时，世俗女性主义者强调实践而不是意识形态，认为伊斯兰教需要进行重新诠释；反之，伊斯兰主义者则以婚姻和家庭的神圣性为由，希望对女性主义进行重新诠释[2]。

然而，更重要的是，随着女性主义组织的发展，它们在社会层面也面临诸多新的挑战。这一方面是指从权利运动（rights movement）向倡议组织（advocacy）的发展[3]，另一方面则是指新自由主义和保守主义相结合所导致的新形式的父权政治。如有学者指出的：

> 新自由主义—保守主义的重组进程最终导致了新的父权模式。简言之，对替代性的女性主义公众的呼声，同时面临对性别敏感的法律修正，以及基于政治想象试图否定女性主义的保守行动。女性行动主义还要面临新自由主义试图将公共化解到私人和亲密领域的进程，这为身份政治和项目行动主义所直接或间接支持。这里，我们应该注意到一个悖论，1980年后的女性行动主义先是将私人和亲密关系带入公共领域，接着通过身份政治来树立自身的影响。另外，20世纪90年代女性运动的制度化，跟金融机会扩展到女性运动中同步并为后者所支持，这要求将"女性问题"转化为项目。[4]

---

[1] Gül Aldikaçti Marshall, "Ideology, Progress, and Dialogue: A Comparison of Feminist and Islamist Women's Approaches to the Issues of Head Covering and Work in Turkey," *Gender and Society*, 19: 1 (2005), pp. 104-120; Hulya Simga and Gulru Z. Goker, "Wither Feminist Alliance? Secular Feminists and Islamist Women in Turkey," *Asian Journal of Women's Studies*, 23: 3 (2017), pp. 273-293.

[2] Gül Aldikaçti Marshall, "A Question of Compatibility: Feminism and Islam in Turkey," *Critique: Critical Middle Eastern Studies*, 17: 3 (2008), pp. 223-238.

[3] Simel Esim and Dilek Cindoglu, "Women's Organizations in 1990s Turkey: Predicaments and Prospects," *Middle Eastern Studies*, 35: 1 (1999), pp. 178-188; Simten Coşar and Funda Gençoğlu Onbaşi, "Women's Movement in Turkey at Crossroads: From Women's Rights Advocacy to Feminism," *South European Society and Politics*, 13: 3 (2008), pp. 325-344.

[4] Simten Coşar and İnci Özkan-Kerestecioğlu, "Feminist Politics in Contemporary Turkey: Neoliberal Attacks, Feminist Claims to the Public," *Journal of Women, Politics & Policy*, 38: 2 (2017), pp. 151-174.

因此，在土耳其的语境中，女性主义所面临的问题绝不仅仅是伊斯兰教和世俗主义的二元对立问题，而是涉及伊斯兰的文化传统以及新的社会政策对这种传统的再诠释。女性主义在土耳其一如在其他社会，是一个社会—政治问题。

二、头巾禁令及其争议

在土耳其的女性问题中，头巾无疑是一个最具象征性的符号。这反映了其作为穆斯林主体社会的特性，又跟近代以来的世俗主义改革密切相关[1]。然而，值得注意的是，女性的头巾成为一个公共政治问题，实际上是一个近期现象。

土耳其的头巾禁令是1980年军事政变的产物。政变的发动者凯南·埃夫伦在政变后担任了总统。他成立了国家安全委员会作为土耳其政治的监管机构，高等教育委员会是军政府在大学领域的体现。1981年，埃夫伦通过国家安全委员会颁布了头巾禁令，禁止高等教育机构的员工和学生戴头巾。1982年，他还通过联邦雇员法颁布了禁止公务员戴头巾的禁令。尽管有政府禁令，具体的执行却交给各个大学的校长、院长及教师。这引起了各种逃避禁令的手段，比如转学、转系、休学、戴假发或帽子、函授课程等。安纳多卢大学的函授课程成为一个流行选择[2]。

1984年，在选举产生的总理图尔古特·厄扎尔的要求下，高等教育委员会通过一个条款，以废除头巾禁令。根据这一条款：传统的伊斯兰头巾在大学是绝对禁止的，但一种现代形式的头巾则是可以接受的。然而，这并没有明确区分这两种形式的头巾，所以造成了混乱。也有一些大学完全不顾这一新的法令，而是

---

[1] Nora Fisher Onar and Hande Paker, "Towards Cosmopolitan Citizenship? Women's Rights in Divided Turkey," *Theory and Society*, 41: 4 (2012), pp. 375 –394; Dilek Cindoglu and Gizem Zencirci, "The Headscarf in Turkey in the Public and State Spheres," *Middle East Studies*, 44: 5 (2008), pp. 791–806; Soon-Yong Pak, "Politicizing Imagery and Representation of Muslim Womanhood: Reflections on the Islamic Headscarf Controversy in Turkey," *Asian Journal of Women's Studies*, 12: 4 (2006), pp. 32–60; Amélie Barras, "A Rights-based Discourse to Contest the Boundaries of State Secularism? The Case of the Headscarf Bans in France and Turkey," *Democratization*, 16: 6 (2009), pp. 1237–1260.

[2] Merve Kavakci, *Headscarf Politics in Turkey: A Postcolonial Reading*, New York: Palgrave Macmillan, 2010, p. 51.

严格坚持禁令。1987 年，根据埃夫伦总统的声明，高等教育委员会否定了其在 1984 年颁布的条款，现代形式的头巾也被禁止。1988 年，厄扎尔代表的祖国党在议会中再次发起反对禁令的倡议，但遭到社会民主人民党为代表的势力的激烈反对。总统埃夫伦也否决了这一提议。后来，尽管埃夫伦总统同意了这一提议，但仍遭到最高法院的否决。相应地，1989 年，高等教育委员会不得不重申禁令。1990 年，祖国党和真理党共同努力，再次发起了对头巾禁令的挑战，并获得最高法院同意。然而，最高法院在 1993 年对这一条款做出新的解释，头巾禁令得以持续[1]。

土耳其头巾禁令的高潮是 1999 年的"卡瓦科奇事件"（Kavakci affair）。当时，伊斯兰背景的美德党议员梅乌·卡瓦科奇试图戴着头巾宣誓，结果直接被驱逐出议会。美德党当年共有三名女议员当选，卡瓦科奇是唯一佩戴头巾的。民族行动党也有一位女议员佩戴头巾，但在宣誓时选择取下头巾，并受到大会的鼓掌欢迎。卡瓦科奇是当时 500 多名议员中最年轻的，是一位软件工程师。她曾因为戴头巾而不得不从安卡拉大学医学院退学，转而在美国接受了高等教育。在当天的宣誓仪式中，民主左派党高喊其"出去"。总理布伦特·埃杰维特指着她说："将这个女人放回她的位置。"总统纳吉德特·塞泽尔在全国电视上说其是"奸细"。美德党并没有为卡瓦科奇争取权利，而是丢给其个人来处理。一名世俗派的女议员纳兹莉·伊勒扎克因为其辩护同样被禁止参与政治。卡瓦科奇被剥夺公民权并面临一系列的指控，包括煽动仇恨、歧视人民、侮辱国家、试图推翻政权等。2001 年，她将其案例上诉到欧洲人权法院，并在 2007 年获得部分性胜利[2]。

20 世纪 80 年代以来的头巾禁令，首先是一个高等教育领域的问题，其影响是悖论性的。法特玛·内瓦拉·赛琪在《土耳其大学中的宗教与国家：头巾禁令》(Religion and the State in Turkish Universities: The Headscarf Ban) 一书中指出：

> 一方面，头巾禁令作为一项政策，挑战、歧视并将戴头巾的女学生置于

---

[1] Merve Kavakci, *Headscarf Politics in Turkey*, pp. 53-59.
[2] Merve Kavakci, *Headscarf Politics in Turkey*, pp. 71-79.

一个不利的地位，她们作为女生已经处于弱势。这似乎将她们在校园内类别化、污名化和政治化了。它可能导致伊斯兰主义者相对于世俗主义者的仇恨和痛苦，并加剧世俗主义和伊斯兰主义之间的极化，这对土耳其社会有着深远的影响。然而，另一方面，禁令好像挑起了宗教在一个世俗国家的地位问题，将戴头巾的妇女置于一个中心位置，并为她们提供了一个讲述自身故事，提出关于她们自身、伊斯兰主义、宗教及世俗主义的政治和非政治声明的平台。从这一角度看，这一政策赋权于戴头巾的妇女；通过处理这一政策的方式，这变成了妇女明确避免成为牺牲者的一个工具。[1]

不可否认的是，这一禁令确实在相当程度上造成了对戴头巾妇女的伤害，包括紧张、压抑、沮丧、愤怒等心理问题。反过来讲，头巾禁令反映了土耳其高等教育中的不平等，并因此损失了很多有才能的女性。

通过反对头巾禁令，土耳其的穆斯林女性培养了一种新的、不同于世俗主义的公共形象。一方面不得不面对禁令，一方面又要表达自身的反抗。这种双重态度促成了带有伊斯兰特色的女性时尚和公共文化。当戴有色彩斑斓的头巾的妇女走上街头时，她们既反抗世俗主义的威权政府，也对抗伊斯兰社会的男权传统。她们的选择是有意识的。对于她们来说，头巾不仅仅是一种伊斯兰教的传统文化符号，更表达了她们在全球化背景下公共领域中的一种态度。许多时候，表达反抗甚至超越了伊斯兰的传统符号[2]。然而，无论如何，头巾禁令始终是现代土耳其社会的一个重要问题。其影响的不仅仅是大学生，或卡瓦科奇这样的个体议员。2007年，由于正义与发展党的两位领袖人物埃尔多安和阿卜杜拉·居尔的妻子戴头巾，世俗主义的共和人民党反对他们竞选总统。正义与发展党政府不得不采取提前选举的策略。这一事件反映了头巾禁令的持续性和严重性，却也意味着一个新阶段的开始和解决问题的可能性[3]。

---

[1] Fatma Nevra Seggie, *Religion and the State in Turkish Universities: The Headscarf Ban*, New York: Palgrave Macmillan, 2011, p. 167.

[2] Sema Genel and Kerem Karaosmanoğlu, "A New Islamic Individualism in Turkey: Headscarved Women in the City," *Turkish Studies*, 7: 3 (2006), pp. 473-488.

[3] Meral Ugur Cinar, "Construction of Gender and National Identity in Turkey: Images of the First Lady in the Turkish Media (2002-7)," *Middle Eastern Studies*, 50: 3 (2014), pp. 482-492.

三、伊斯兰女性与政党政治

问题的另一面是戴头巾的女性在土耳其政治中的参与程度，这是跟土耳其伊斯兰政治的发展密切相关的[1]。特别是20世纪八九十年代，福利党的兴起为伊斯兰女性的政治参与提供了良好的机会[2]。

1989年，在时任伊斯坦布尔分会主席埃尔多安的倡议下，伊斯兰背景的福利党开始筹建妇女委员会。埃尔多安亲自培训了第一届委员会的成员。妇女委员会是党的公共关系部的七个委员会之一，其他如青少年委员会、专业协会委员会、工人委员会、公务员委员会、退休人员委员会、残疾人委员会等，都平行地依附于同级的党机关。实际上，妇女委员会在党内有着特殊的地位，平行于中央党机关的其他部门。在首都安卡拉，设有妇女委员会的总部，分支机构从省延伸到地区、县、街道甚至投票站。在伊斯坦布尔和安卡拉这样的大城市，委员会有25个成员和25个辅助成员，包括主席和副主席，她们负责25个不同的工作小组。她们共同组成了行政委员会，其中9人则形成执行委员会，负责日常工作并监督行政委员会的执行情况。到1996年底，福利党在全国79个省都设置了妇女委员会。在伊斯坦布尔这样的大城市，其主席声称支部设到了公寓一级的层面[3]。

妇女委员会的工作主要围绕党的组织、宣传、公共关系等展开。在党的组织方面，以伊斯坦布尔为例，根据妇女委员会1997年的报告，福利党在伊斯坦布尔的所有区以及37个县中的24个县都建立了组织。在1995—1997年间，妇女成员从158 287人上升到了377 888人，占伊斯坦布尔所有党员的三分之一。宣传组主要是给其成员介绍本党的意识形态、目标和原则，宣传本党的世界观以及

---

[1] Hasan Ersel, "Politico-Economic Developments in Turkey and the Transformation of Political Islam (1950–2010)," *Middle East Development Journal*, 5: 1 (2013), 135007: 1–25.

[2] Ziya Onis, "The Political Economy of Islamic Resurgence in Turkey: the Rise of the Welfare Party in Perspective," *Third World Quarterly*, 18: 4 (1997), pp. 743–766; Muzaffer Ercan Yilmaz, "The Rise of Political Islam in Turkey: the Case of the Welfare Party," *Turkish Studies*, 13: 3 (2012), pp. 363–378.

[3] Yeşim Arat, *Rethinking Islam and Liberal Democracy: Islamist Women in Turkish Politics*, Albany, NY: State University of New York Press, 2005, pp. 40–45.

关于国际、国内和本地问题的解决方案。"全站式"（full stop）访问是其细致工作的一个具体表现。公共关系组主要为培养和发展与不同社会群体的关系，主要的活动包括访问医院、参加婚礼及追悼会、举办社会活动等。妇女委员会的工作及时地要汇报给上一级委员会。省级委员会根据业绩来对下一级委员会进行排名，以鼓励一种竞争的精神[1]。

妇女委员会的工作经常得以在《民族日报》上刊登，这对她们是一个激励。她们将其视为一个宽容的组织，以区别于世俗主义者的排他性。她们将自己的经典形象描绘为"母亲/斗士"（mother/fighter）。她们认为，她们跟她们的丈夫拥有共同的目的，但并不认为男女完全平等，而是相互补充。为了建构这种"母亲/斗士"的形象，她们将土耳其历史上的伟大女性作为榜样[2]。妇女委员会擅长基层动员工作。她们通过亲戚和朋友来接触不同的人，并以亲情和友情建立她们之间的关系。在伊斯坦布尔，新来到城市的移民是她们的主要接触目标。妇女委员会倾听她们的诉求，表达关心和帮助，并通过她们的选票在省和国家层面上反映她们的声音。土耳其的宗教和文化节日也是她们发挥作用的重要场合[3]。

正义与发展党继承并发展了这一妇女工作，其核心人物当然仍是埃尔多安。这在很大程度上成为其他党派学习的模范。同之前的福利党和美德党不同，妇女加入正义与发展党的工作是出于自身的原因；前两者主要还是为了选举支持她们丈夫、兄弟或父亲的工作。在正义与发展党的女性成员中，曾经为福利党和美德党工作过的约有30%。特别需要强调的是，这些妇女参加政党，很大程度上都是因为埃尔多安个人。她们曾见识了他在担任伊斯坦布尔市长期间的工作。很多妇女都表达了对埃尔多安的爱慕，特别是他解决问题的能力和商业头脑，认为只有他能解决土耳其的经济问题。许多人以为，埃尔多安是"她们中间的一员"，从而区别于其他政治精英高高在上的态度。他的诚实、忠诚、领袖魅力等，都是她们支持他的重要原因。正义与发展党的党章也将妇女问题作为优先处理的重大问题之一。当然，也有男性成员反对女性的积极参与，只是由于埃尔多安的积极鼓

---

[1] Yeşim Arat, *Rethinking Islam and Liberal Democracy*, pp. 70–71.
[2] Yeşim Arat, *Rethinking Islam and Liberal Democracy*, pp. 73–75.
[3] Yeşim Arat, *Rethinking Islam and Liberal Democracy*, pp. 79–83.

励，他们才不情愿地跟妇女一起工作[1]。

确实，埃尔多安早在1994年竞选伊斯坦布尔市长时就得益于妇女的支持。他当时的竞选经理西贝尔·伊拉斯兰就是一位戴头巾的妇女，还是伊斯兰主义报纸的专栏作家。当时就有人说，"她是将埃尔多安推到市长位置的福利党妇女"。在2003年的竞选中，正义与发展党的妇女重新使用了当时的方法，敲开邻居妇女的门索取选票。正义与发展党的妇女部于2003年2月正式成立。她们很快就在土耳其的81个省、923个地区和55%的小城市建立了机构。妇女部最重要的活动之一是对穷人、老人和残疾人的救济，这在斋月期间尤为突出。这一妇女组织有一个中央集权化的机构。主席是塞尔玛·卡瓦芙，先由埃尔多安任命，再经选举确认。她是一位不戴头巾的老师，但她的姐姐不但戴头巾，而且是正义与发展党的奠基成员之一。在卡瓦芙的领导下，有12名副主席。在组织层面，正义与发展党强调"以家为基础的政治"（home-based politics）；在制度层面，它则反对将家庭取向作为政治的基础[2]。

著名人类学家珍妮·怀特将土耳其的伊斯兰政治动员称为是一种"本土政治"（vernacular politics）。这是一种"以价值为中心的政治进程，扎根于地方文化、人际关系和社区网络"。她指出，宗教的确在土耳其的政治中扮演一种关键的作用。然而，"宗教是作为地方文化在社会和政治结构中发挥作用的，而不是作为一种哲学上细致周密的意识形态或政治议程"[3]。正是伊斯兰主义的妇女将这种政治模式发挥到了极致。她们是通过一种基于私人关系的社区网络来推动政治性的动员的。在这方面，女性的角色得到了充分的发挥，这也成为政治伊斯兰区别于凯末尔主义的政治精英的一个重要特征。在相当程度上，伊斯兰政党中的妇女组织代表了一种不同于土耳其共和国主导模式的新政治。

---

[1] Zana Çıtak and Özlem Tür, "Women between Tradition and Change: The Justice and Development Party Experience in Turkey," *Middle Eastern Studies*, 44: 3 (2008), pp. 455–469.

[2] Ayşe Gunes Ayata and Fatma Tütüncü, "Party Politics of the AKP (2002–2007) and the Presidency of Women at the Intersection of the Westernist, Islamist and Feminist Discourses in Turkey," *British Journal of Middle Eastern Studies*, 35: 3 (2008), pp. 363–384.

[3] Jenny B. White, *Islamist Mobilization in Turkey: A Study in Vernacular Politics*, Seattle: University of Washington Press, 2002, pp. 27–28.

四、入盟问题与性别政策

土耳其性别政策调整的一个主要动力在于加入欧盟的进程。自1999年赫尔辛基峰会之后，土耳其的女性主义组织就积极跟欧洲议会和欧盟委员会建立联系，希望通过哥本哈根标准和欧盟对性别平等的要求来给土耳其政府施加压力。这里的一个关键人物是土耳其—荷兰籍的代表伊敏·波兹库尔特，她是欧洲议会平等机会委员会的成员。她访问了土耳其的妇女组织，并在2005年欧盟开启与土耳其的谈判之前提交了专门的报告。她认可通过立法提高妇女公民权的改革，同时回应了女性主义组织消除刑法中相关漏洞的要求，涉及荣誉杀害、处女检查等。针对妇女的暴力被认为是一个核心问题。她认为，仅仅有立法改革是不够的，它们还必须付诸实践。波兹库尔特还呼吁女性在政治中的代表性，建议设立名额制度。她将女性的权利视为人权，并要求欧盟在与土耳其的谈判中将此列入议程[1]。

2005年，欧盟委员会通过其在土耳其的代表，在"非政府组织设施经费"（NGO Grant Facility 2005）的名义下设置了两个子项目，提供了390万欧元的资助：一是"打击针对妇女的暴力"项目，支持建立新的妇女组织以提高关于暴力和提供帮助的意识；二是"提高和保护妇女权利"项目，支持妇女组织关心妇女的工作参与和政治代表问题。2007年，欧盟委员会再拨发500万欧元的款项，设立"妇女和妇女组织在土耳其欠发达地区的赋权"项目，支持妇女组织的组织和技术能力建设，特别是在农村地区的妇女组织。部分经费也被用来提高国家和地方层面服务妇女的官员对妇女权利和性别平等的意识。土耳其的女性主义组织还着力加强与欧洲妇女游说团（European Women Lobby）的联系，后者是欧洲最大的妇女组织。2004年，土耳其的妇女组织在安卡拉召开会议，成立欧洲妇女游说团的国家协调委员会，包括了70多个妇女组织。欧盟的支持也引起了所谓"项

---

[1] Gül Aldıkaçtı Marshall, *Shaping Gender Policy in Turkey: Grassroots Women Activists, the European Union, and the Turkish State*, Albany, NY: State University of New York Press, 2013, pp. 127–128.

目女性主义"（project feminism）的争议[1]。

在正义与发展党治下，有三个方面的问题彰显了欧盟和土耳其性别政策之间的关系：一是在2004年的刑法修订过程中，正义与发展党政府拟加入通奸罪的条款。在1926—1996年的刑法中，通奸一直是刑事罪；1996和1998年，男性和女性先后被免除这一犯罪。正义与发展党的举动引起了女性主义组织的激烈反抗，这就发生在当年欧盟的评判报告之前。最后，正义与发展党不得不撤销这一提议。新的刑法包括妇女组织提出的30多个修正案。特别值得一提的是，针对妇女的犯罪应从个人层面来界定，而不是从家庭或社会秩序的角度。这在土耳其有着典范性的意义。此外，正义与发展党还签署了《消除对妇女一切形式歧视公约》的执行条约[2]。二是自2002年起，女性候选人支持和教育协会发起了一场运动，宣称"没有女性就没有民主"，要求将女性在选举中的比例提升到30%。2004年5月，世俗的共和人民党在议会中支持女性组织的提议，但遭到正义与发展党的反对。然而，这一情况还是有一定的改善。例如：共和人民党首次在大城市的市长候选人中任命了女性；埃尔多安也提出，在城市委员会的选举中，四分之一的候选人是女性[3]。三是2012年，在土耳其召开的联合国人口与发展会议上，埃尔多安将堕胎称为一种谋杀。土耳其宗教事务委员会主任穆罕默德·葛尔密兹给其以宗教的支持，称此为一种罪。这引起了女性组织的激烈反抗，声称"我的身体我做主"。欧洲妇女游说团土耳其分部召开了紧急会议。堕胎自1983年起在土耳其已经合法化了。有5万多人和900多个组织参与了网络抗议。欧盟委员会公开地批评了土耳其的这一举动，这最终导致政府不得不放弃限制堕胎的方案[4]。另外，2005年，新的市政法规定，5万人以上的市必须设立一个保护妇女免受暴力的收容所。这也是保护妇女权益的表现，尽管政府和妇女组织之间存在诸多的

---

[1] Gül Aldıkaçtı Marshall, *Shaping Gender Policy in Turkey*, pp. 129-132.
[2] Melinda Negrón-Gonzales, "The Feminist Movement during the AKP Era in Turkey: Challenges and Opportunities," *Middle Eastern Studies*, 52: 2 (2016), pp. 198-214.
[3] Gül Aldıkaçtı Marshall, "Gender Quotas and the Press in Turkey: Public Debate in the Age of AKP Government," *South European Society and Politics*, 15: 4 (2010), pp. 573-591.
[4] Cevahir Özgüler and Betül Yarar, "Neoliberal Body Politics: Feminist Resistance and the Abortion Law in Turkey," in Wendy Harcourt (ed.), *Bodies in Resistance: Gender and Sexual Politics in the Age of Neoliberalism*, London: Palgrave, 2017, pp. 133-161.

争论[1]。

然而，随着政权的日益稳固以及土耳其在入盟问题上的挫折，埃尔多安和正义与发展党政府日益强调家庭作为社会的核心组织，并将诸多的社会问题归结于对家庭组织的破坏。政府还通过一些立法，鼓励妇女回归家庭，多生孩子。早在2010年，埃尔多安就曾指出，他不相信男女平等，女性主要的职责是家务和做母亲，这是她们在生理和宗教上的特性。1991年，根据《消除对妇女一切形式歧视公约》成立的女性地位和问题委员会，在2011年被家庭和社会政策部所取代。名字的改变也反映了政策的倾向。政府允许的公民社会组织也大多被置于土耳其家庭平台之下。正义与发展党的保守趋向不断增强[2]。有学者指出，正义与发展党代表了一种新的父权政治模式，它是新自由主义、民族主义和宗教政治互动的结果。"一方面，该党同妇女组织展开自由主义的对话；另一方面，它又坚持对女性身份的保守态度，这首先也最重要的是基于对家庭领域的宗教—民族主义理解"[3]。还有学者从三个方面来解释正义与发展党的性别政策：一是支持一种以性别差异为基础的民粹主义，在"民族的我们"和"反民族的他们"之间划清界限；二是新自由主义的福利和雇佣政策与（新）保守家庭主义的便宜结合；三是日常政治话语和实践中暴力的"正常化"[4]。

五、土耳其女性的公共形象

在《鲜活的伊斯兰：土耳其的妇女、宗教和文化的政治化》（*Living Islam: Women, Religion and the Politicization of Culture in Turkey*）一书中，爱莎·萨克坦

---

[1] Şule Toktaş and Cagla Diner, "Feminists' Dilemma — With or Without the State? Violence against Women and Women's Shelters in Turkey," *Asian Journal of Women's Studies*, 17: 3 (2011), pp. 49–75.

[2] Berna Yazıcı, "The Return to the Family: Welfare, State, and Politics of the Family in Turkey," *Anthropological Quarterly*, 85: 1 (2012), pp. 103–140.

[3] Simten Coşar and Metin Yeğenoğlu, "New Grounds for Patriarchy in Turkey? Gender Policy in the Age of AKP," *South European Society and Politics*, 16: 4 (2011), pp. 555–573.

[4] Deniz Kandiyoti, "Locating the Politics of Gender: Patriarchy, Neo-liberal Governance and Violence in Turkey," *Research and Policy on Turkey*, 1: 2 (2016), pp. 103–118.

波尔指出:"没有妇女的努力,任何一种伊斯兰生活方式的创造和实现都是不可能的。"[1] 她将伊斯兰在当代土耳其的复兴描述为一种城市现象,她们旨在追求一种独特的生活方式,形塑自己的知识阶层和中产阶级形象,从而构建一种新的道德和社会秩序。这也导致了文化的政治化问题。然而,妇女经常只是被视为"更重要的政体和社会秩序问题的附属品,在伊斯兰和世俗社会力量的持续斗争核心中被利用"[2]。无论是作为穆斯林还是女性,她们都经常是以一种"他者"的身份出现的。

工业化是促进现代妇女解放的一个重要动力。特别是在 20 世纪八九十年代,随着新自由主义经济在全球的扩张,女性在工厂中有着特别突出的表现。作为发展中国家的土耳其同样经历了这一过程。然而,比较有意思的是,土耳其的纺织行业大多是以家庭作坊等形式开展的,这也导致了女性工作的非正式化。同时,传统的父权式家庭关系也在这种新的形式中得以保留甚至强化。如萨尼耶·德得奥卢的研究所证明的:

> 女性在非正式经济中的工作被确立为一种身份的表达,而不仅仅是谋生的方式。就此而言,妇女在非正式经济中交换她们的劳动,以作为在土耳其城市中表现她们社区成员和身份的象征。尤其是妇女在家庭企业中的工作,跟她们作为母亲、妻子和女儿的家庭身份密切相关。尽管她们的有酬工作造成了妇女身份的张力,但她们还是经常通过额外的努力来表明,家庭身份居于优先的地位。[3]

在相当的程度上,我们还是不得不承认,有酬工作确实是土耳其女性身份改变的一个重要步骤。这特别体现于从农村到城市的新移民人口中。然而,我们也发现,在一个有着深厚宗教文化传统的地方,工业化和女性解放之间的关系并不是

---

[1] Ayşe Saktanber, *Living Islam: Women, Religion and the Politicization of Culture in Turkey*, London and New York: I. B. Tauris, 2002, p. xxv.

[2] Ayşe Saktanber, *Living Islam: Women, Religion and the Politicization of Culture in Turkey*, p. 27.

[3] Saniye Dedeoglu, *Women Workers in Turkey: Global Industrial Production in Istanbul*, London and New York: Tauris Academic Studies, 2008, p. 179.

直接的，而是有着更复杂、更丰富的内容。

　　随着伊斯兰复兴和女性主义的兴起，一个特殊的群体是女性布道人。这在传统的伊斯兰社会是不可想象的。然而，20 世纪 80 年代，由于戴头巾的妇女被禁止进大学，这引起了"自愿布道"的兴起。一个相应的趋势是妇女"回归原典"。她们在三个层面掀起了挑战：反对世俗的西方主义者，反对传统的伊斯兰主义者，反对她们在伊斯兰教内部的男同胞。2004 年，土耳其宗教事务委员会任命了 100 名女性布道者；2005 年又任命两位女性的助理穆夫提。她们受命教化穆斯林女性，给她们以充分的宗教知识。同时，她们也被要求成为宗教知识的专家，包括《古兰经》和《圣训》，以及社会和文化的相关专题。女性布道者有强烈的女性意识。她们要求妇女在教育、离婚、继承财产等方面权利平等，强烈批评多妻制和对女性的暴力。她们鼓励妇女参与公共生活，跟男性一样有自己的职业生涯。然而，当涉及性自由和妇女在家庭中的地位时，她们又表现出保守主义的倾向。她们批评同性恋，认为那是一种罪。同时，她们还倡导妇女的母亲身份。有学者评论说："女性布道者处于一个相对自主的位置，介于政治伊斯兰和世俗政府之间、伊斯兰主义和女性主义之间、制度性的和教派性的宗教之间。这是因为，她们为土耳其日益兴起的伊斯兰运动所培育，又为世俗政府的合法宗教所形塑。另外，她们还吸收了左派和女性主义的因素。"[1]

　　媒体是表现妇女公共形象的一个主要平台。2002—2008 年间，土耳其兴起了一系列以"妇女之声"（Women's Voice）为主题的电视节目。这些节目在每一个工作日播出，每集长达 3 小时，中间插播广告。鉴于它们的时长和多频道播出，这些节目几乎主导了当时的白天电视时间。其中，如：秀电视（Show TV）的"在我们中间，同赛拉普·厄兹古一起"、TGRT 电视台的"你的声音"、闪电视（Flash TV）的"妇女之声"。这些频道本身在土耳其也都是最流行的。节目的嘉宾经常是来自偏远地区的农村或城市棚户区的新移民。节目的内容主要集中在：离婚的妈妈请求看望自己的孩子、妇女失踪、孤儿院的丑闻、请求离婚、相亲等。其中，妇女离婚后，孩子一般都归夫家，妇女不但承受道德的批评，也不

---

[1] Fatma Tütüncü, "The Women Preachers of the Secular State: The Politics of Preaching at the Intersection of Gender, Ethnicity and Sovereignty in Turkey," *Middle Eastern Studies*, 46: 4 (2010), pp. 595–614.

被允许看望孩子。有的孩子甚至被收养在自己的叔叔或姑姑家,或被送到孤儿院,但却不能跟再婚的母亲同住。这是一个相当普遍的问题,也是造成悲剧的一个重要原因。一方面,这些电视节目将农村妇女或边缘妇女的问题和声音公之于众,一定程度上也有助于相关问题的解决;另一方面,无论是电视节目的制作,还是现场互动,又都反映了土耳其社会固有的男性与女性、世俗与伊斯兰教、城市和农村之间的界限[1]。

一个补充性的话题是,即便在政治丑闻中,性别平等也成为一个话题。2010年,共和人民党的主席丹尼兹·巴伊卡尔和其助手奈斯林·巴伊托克被曝光了一段非正常关系的视频。事后,巴伊卡尔不得不在掌权18年后退出对党主席的竞选,巴伊托克则在第二年失去了议员候选人的资格。然而,研究者发现,尽管两者都为此付出了代价,但两人的回应和公众的评论却大不相同。巴伊卡尔在新闻发布会上将此指责为一场阴谋,认为这侵犯了个人隐私;巴伊托克则保持沉默,说家庭帮其度过了最难过的时光。尽管两者同为该事件的主角,巴伊托克作为已婚女人出轨,却面临更多的道德指责;其政治生涯也被诠释为跟性交易有关,并因此退出了政坛。相反,巴伊卡尔尽管失去了大权,后来却依旧可以以议员的身份参政。性别差异被认为是形成不同态度和结果的关键原因之一[2]。

小结

分析当前土耳其性别政策的一个经典范式是所谓"民主悖论"(democratic paradox),这主要涉及伊斯兰主义和民主体制之间的调和问题。如耶希姆·阿拉特所指出的:

> 土耳其的政府和社会正在它们自身的民主悖论中经历一场文化转型。自

---

[1] Şölen Şanlı, *Women and Cultural Citizenship in Turkey: Mass Media and "Women's Voice" Television*, London and New York: I. B. Tauris, 2016.

[2] Dilek Cindoglu and Didem Unal, "Gender in Political Sex Scandals in Contemporary Turkey: Women's Agency and the Public Sphere," *Journal of Women, Politics & Policy*, 36: 4 (2015), pp. 464–485.

20世纪20年代初伊始,土耳其政府致力于世俗主义。它签署了决定当今自由、民主、法治的基本人权公约,包括倡导妇女权利的《消除对妇女一切形式歧视公约》。然而,同这些文件不相符的宗教规范和实践,由于民主多数的选择而正在扩散。民选上台的政府在这一变化中是工具性的。带有宗教价值的保守干部正在进入政府机构和教育体系。宗教团体组织成公民社会,宣传宗教的价值观。有证据表明,这些宗教世界观提倡妇女的传统角色,这限制女性在公共世界的选择和参与。[1]

阿拉特还提出过"父权悖论"(patriarchal paradox)的议题,以表达土耳其女性政治家所面临的矛盾[2]。这都反映了土耳其性别政治的复杂性。

珍妮·怀特从民族主义的角度对此做出诠释。她指出土耳其民间传说、宗教布道和日常生活中的隐喻——"从字面和比喻意义上,男人将身份的种子植入女性身体的土壤"[3]。男人的血是孩子的身份之源,而母亲只是提供了培育的媒介。这就在国家身份上将妇女置于一个相对脆弱的地位。因此,相对于男人作为战士和完整公民的身份,女人却经常以战士的母亲、妻子或姐妹的身份出现,并经常被置于受男人保护的地位。怀特认为:"民族主义意味着控制——对身体、对国家边界以及对身体的边界。"[4]因此,民族主义使用性别政治的话语和想象,交媾被类比于国家边界的侵入。非常有意思的是,"世俗的和穆斯林的民族主义在这一点上是统一的,他们都担心因被突破防守而失去荣誉"[5]。区别在于,对于穆斯林民族主义来说,焦虑集中于女性;地理的以及一定程度上种族和宗教的界限可能是敞开的;相反,对于凯末尔主义者而言,国家的物理界限是一个主要的荣誉来源,并伴随以嫉妒性地守护的文化和种族界限。

---

[1] Yeşim Arat, "Religion, Politics and Gender Equality in Turkey: Implications of a Democratic Paradox?," *Third World Quarterly*, 31: 6 (2010), pp. 869–884.

[2] Yeşim Arat, *The Patriarchal Paradox: Women Politicians in Turkey*, London and Toronto: Associated University Press, 1989.

[3] Jenny White, *Muslim Nationalism and the New Turks*, Princeton and Oxford: Princeton University Press, 2013, p. 160.

[4] Jenny White, *Muslim Nationalism and the New Turks*, p. 178.

[5] Jenny White, *Muslim Nationalism and the New Turks*, p. 179.

有学者提出:"公共领域在变得亲密,性、道德和家庭价值这些私人事件却变成了公开讨论的关键问题。"[1]地方的行动者在同他们所处的更广泛的社会、政治和话语转型相交往时,重新定义了公共和私人、政治与非政治的问题。一方面,政治伊斯兰的势力正在兴起,并对世俗主义者形成了挑战;另一方面,无论是从机构还是话语层面,世俗主义仍占据主导性的地位。"幽默和谣言(humor and rumor)穿梭于私人领域和公共领域之间,并通过媒体力量的技术而培育和再生"[2]。在这种氛围下,无论是戴头巾的伊斯兰女性,还是跳肚皮舞的世俗女性,都成了政治话语消费的对象。除此之外,不可忽略的是,土耳其的性别政治是在一种国际语境中发生的。这包括土耳其女性主义与国际女性主义的对比联系,也体现于加入欧盟的战略对土耳其相关政策的影响,还有更广泛的国际人权话语问题[3]。在国家和社会转型的关键时期,现实主义和实用主义的政治策略决定了其性别政策的选择性与矛盾性。

---

[1] Esra Özyürek, *Nostalgia for the Modern: State Secularism and Everyday Politics in Turkey*, Durham and London: Duke University Press, 2006, p. 6.

[2] Yael Navaro-Yashin, *Faces of the State: Secularism and Public Life in Turkey*, Princeton and Oxford: Princeton University Press, 2002, p. 31.

[3] Nükhet Kardam, *Turkey's Engagement with Global Women's Human Rights*, Aldershot: Ashgate, 2005.

交往篇

美国传教士在奥斯曼帝国的产业：
罗伯特学院[*]

在"9·11"的政治话语影响下，人们似乎习惯了用文明冲突来表述基督教与伊斯兰教两大文明之间的关系[1]。稍微了解一点历史的人们总是喜欢援引十字军和"圣战"的例子，作为现实冲突的历史佐证[2]。然而，我们发现在中世纪的"圣战"和21世纪的恐怖事件之间，实际上有着一个非常漫长的时段。特别是，我们相对忽视了近代基督教与伊斯兰教之间的交往，这使我们的历史证据显得非常不充分。其中，要更好地理解当前基督教与伊斯兰文明的关系，19—20世纪传教士的经验是一个不可忽视的例子[3]。这一时期，基督教文明率先进入了现代化的进程；相对而言，伊斯兰文明则呈现为落后的、中世纪

---

[*] 本章内容与陈婷雅同学合作完成。
[1] 亨廷顿：《文明的冲突与世界秩序的重建》，周琪等译，北京：新华出版社，2002年；刘义：《超越文明冲突论：伯纳德·刘易斯的中东史观》，《世界宗教文化》2016年第6期。
[2] 马卢夫：《阿拉伯人眼中的十字军东征》，彭广恺译，北京：民主与建设出版社，2017年。
[3] Jane I. Smith, "French Christian Narratives Concerning Muhammad and the Religion of Islam from the 15th to the 18th Centuries," *Islam and Christian-Muslim Relations*, Vol. 7, No. 1 (1996), pp. 47-61; Jane I. Smith, "Christian Missionary Views of Islam in the Nineteenth and Twentieth Centuries," *Islam and Christian-Muslim Relations*, Vol. 9, No. 3 (1998), pp. 357-373.

文明的代表。由于基督教传教士的扩张是全球性的，伊斯兰社会的传教经验跟世界其他文化中的遭遇也有诸多的类比性。基督教传教士所办的学校、医院、慈善等机构是进行比较研究的一个较好例子[1]。成立于1863年的罗伯特学院（Robert College，今海峡大学），是美国在海外建立的第一所高等教育机构，到现在还是土耳其大学中的佼佼者[2]。这里，将这一案例置于19世纪基督教与伊斯兰文明交往的大背景中，从传教、教育及外交的多重角度来考察这一问题。

一、塞勒斯·哈姆林：从传教士到教育家

18世纪三四十年代，由乔纳森·爱德华兹和乔治·怀特菲尔德所发起的"大觉醒"（Great Awakening）运动，不仅神化了发生在北美殖民地的战争，同时也推动了未来更大规模的新教海外扩张。爱德华兹认为，世界上还有许多人需要通过皈依基督才能得到救赎，而"这项工作很可能始于美国"[3]。这种"可能"，通过内外战争的实践得到强化，最终形成"美国例外论"，引导大量的美国传教士前往海外传播福音。从深度和广度上来看，成立于1810年的美国公理会海外传道部（American Board of Commissioners for Foreign Missions，简称"美部会"），可以被

---

[1] Emrah Sahin, *Errand into the East: A Social History of American Missionaries in Istanbul, 1830–1900*, Koln: Lambert Academic Publishing, 2019; Hacer Bahar, *From Empire to Republic: The Role of American Missionaries in US-Ottoman Empire Relations and their Educational Legacy*, Berlin: Peter Lang, 2019; Frank Andrews Stone, *Academies for Anatolia: A Study of the Rationale, Program, and Impact of the Educational Institutions Sponsored by the American Board in Turkey, 1830–1980*, Claremont, CA: Caddo Gap Press, 2006.

[2] John Freely, *A History of Robert College*, 2 volumes, Istanbul: Yapi Kredi, 2000; John Freely, *A Bridge of Culture: Robert College-Boğaziçi University*, Istanbul: Boğaziçi University Press, 2012; Orlin Sabev, *Spiritus Roberti-Shaping New Minds and Robert College in Late Ottoman Society*, Istanbul: Boğaziçi University Press, 2014.

[3] William R. Hutchinson, *Errand to the World*, Chicago and London: The University of Chicago Press, 1987, p. 40. 关于大觉醒运动，参见张敏谦：《大觉醒——美国宗教与社会关系》，北京：时事出版社，2001年；爱德华兹作为其中的灵魂人物，参见徐以骅：《乔纳森·爱德华滋的宣教理论与实践》，《美国问题研究》，2001年。

看作整个美国传教事业的一个缩影[1]。19世纪初期,美部会主要的政策制定者鲁佛斯·安德森认为,伊斯坦布尔作为历史古城,是启蒙亚洲的关键之地。1830年,哈里森·德怀特和伊莱·史密斯两位传教士被派往伊斯坦布尔进行调查。在美国驻奥斯曼帝国代表的帮助下,两人获得了合法活动的诏书,成为有史以来首次以美国公民身份驻留奥斯曼帝国的旅行者[2]。在此之前,奥斯曼政府通常将美国人视为英国公民来对待。传教事业在奥斯曼帝国进展顺利,在1839年大约有800名亚美尼亚人皈依了新教[3]。为了满足新的皈依者的需求,美部会决定在伊斯坦布尔开办神学院。除此之外,罗马天主教早在16世纪就已在伊斯坦布尔建立起了学校,美部会亟须在这里建立起新教神学院与天主教进行竞争,"否则耶稣会就会在此地占领高地"[4]。1839年,美部会派遣塞勒斯·哈姆林前往伊斯坦布尔,着手创立神学院。

1839年2月2日,塞勒斯·哈姆林以传教士的身份来到伊斯坦布尔,这是他第一次踏上这片东方的土地,他和他的事业将会给这个国度带来意想不到的变化。哈姆林于1811年出生在美国缅因州一个宗教氛围浓重的农民家庭,其祖先为胡格诺派教徒。他的堂兄汉尼拔·哈姆林在1861—1865年间担任美国副总统。哈姆林年幼时在农场长大,有手工方面的丰富经验。1834年,他前往班戈神学院(Bangor Seminary)学习,后获得博士学位。在班戈读书期间,他帮助了许多爱尔兰移民,也正是这些经历使他认为传教的本意在于帮助受困之人。哈姆林是第一个到国外传教的班戈毕业生。实际上,许多"第一"都和他挂钩:1840年,他建立了伊斯坦布尔第一所新教神学院;他是第一个把手工技能引入神学院课程的传教士;他于1863年建立了奥斯曼帝国第一所高等教育机构——罗伯特学院;

---

[1] William R. Hutchinson, *Errand to the World*, p. 45. 关于美部会在东方的传教运动,参见 Rufus Anderson, *History of the Missions of the American Board of Commissioners for Foreign Missions, to the Oriental Churches*, Sydney: Wentworth Press, 2019 [1872].

[2] Emrah Sahin, *Errand into the East: A Social History of American Missionaries in Istanbul, 1830–1900*, Koln: Lambert Academic Publishing, 2019, p. 42.

[3] Hacer Bahar, *From Empire to Republic: The Role of American Missionaries in US-Ottoman Empire Relations and their Educational Legacy*, Berlin: Peter Lang, 2019, p. 39.

[4] Frank Andrews Stone, *Academies for Anatolia: A Study of the Rationale, Program, and Impact of the Educational Institutions Sponsored by the American Board in Turkey, 1830–1980*, Claremont, CA: Caddo Gap Press, 2006, p. 12.

他亲自设计并修建了这所学院，就连著名历史学家汤因比都称赞他"开辟了全新的建筑领域"[1]。他在奥斯曼帝国的生活一直持续到1873年。回到美国后，他基于个人经历撰写了《身处土耳其》（Among The Turks）和《我的人生岁月》（My Life and Times）两部传记作品[2]。在19世纪末、20世纪初东方主义思想盛行的世界里，哈姆林以一个西方人的身份向世人展现了一个相对较为真实的奥斯曼帝国。

1840年11月4日，哈姆林在博斯普鲁斯海峡附近的村庄正式开办贝贝克神学院（Bebek Seminary）。该学校是伊斯坦布尔的第一所新教神学院，也是罗伯特学院的前身。哈姆林模仿美国的文理学院来运营贝贝克神学院，这里的学生在接受教育后大多都成了牧师。虽然来到这里的学生并不都是福音派新教徒，但是哈姆林从未试图劝导他们改变自己的信仰。这符合当时美部会的政策。鲁佛斯·安德森曾在哈姆林远航伊斯坦布尔前告诫他："我们的目标不是在他们中间引进美部会或长老会……你的任务不是去那里使人改教。如果亚美尼亚人愿意，就让他继续是亚美尼亚人吧……在良心允许的范围内，请服从法律和现存政权。"[3] 对哈姆林来说，精神追求只有在基本生活得到保障后才能合理出现[4]。大多数进入贝贝克神学院的学生都无法糊口，因此哈姆林在神学院内部开办了诸如车间的世俗产业为学生们提供工作。不过，随着一些外在因素的发生，这些产业有了另外一个功能：保护因改信新教而受到迫害的亚美尼亚人。福音运动在土耳其不少地方都急速开展，但亚美尼亚教会的神职人员却拒绝任何形式的改革。更为严重的是，亚美尼亚教会宣布，任何皈依新教的人，或只是倡导教会改革的人都会受到"诅咒"——被诅咒的人将被行会开除并流落街头。许多受到迫害的年轻人进入贝贝克神学院，这里成为一个非常好的学生团体，巩固了新教的新生力量[5]。1846年7月1日，亚美尼亚人福音派教会第一次大会在美国传教士的帮助下召开；在这次

---

[1] Marcia Stevens and Malcolm Stevens, *Against the Devil's Current: The Life and Times of Cyrus Hamlin*, Istanbul: Boğaziçi University Press, 2012, p. 306. 哈姆林的这种开创性工作，早在其传教时代就获得了同行们的认可。一个参考是美部会内部出版的通讯文章：A.R. Thain, "Cyrus Hamlin: Missionary, Statesman, Inventor," *Envelop Series*, Vol. 10, No. 2 (1907), pp. 3-25.

[2] Cyrus Hamlin, *Among the Turks*, Istanbul: Boğaziçi University Press, 2013 [1877]; Cyrus Hamlin, *My Life and Times*, Istanbul: Boğaziçi University Press, 2013 [1893].

[3] Marcia Stevens and Malcolm Stevens, *Against the Devil's Current*, p. 100.

[4] Cyrus Hamlin, *Among the Turks*, p. 157.

[5] Cyrus Hamlin, *Among the Turks*, pp. 107-108.

会议上贝贝克神学院的一个毕业生被按立为牧师。1846年12月，奥斯曼政府正式将信奉新教的亚美尼亚人从亚美尼亚教会的管辖下解放出来。1847年，在英国大使等人的要求下，苏丹宣布帝国境内的基督徒不得因其信仰受到任何形式的迫害。1850年，苏丹颁布法令，赋予新教臣民与早期基督教徒同样的权利[1]。

19世纪前半叶，美部会主要以在海外建立"自给自足"的本地教会为目的，把学校视作传播福音的工具，主张把教育降为次要功能，使用当地语言教学。这是以安德森为主导的美部会对圣灵工作彻底信任的体现，但同时也能从中窥探出美部会缺乏对其他民族和文化的同情[2]。截然相反的是，在贝贝克神学院的教学实践中，哈姆林把教育放在首位，将英语作为主要教学语言，并认为救助贫困比单纯地传播宗教有更大的意义[3]。这一系列与安德森理念背道而驰的行为最终导致美部会做出两个决定：重新任命管理者，并于1860年将神学院迁入内陆城市马索万（音译），以"避免大城市生活对道德的腐蚀"[4]。美部会和哈姆林的分歧在于，哈姆林的所作所为是从人道主义的角度出发，但美部会却认为这种做法可能会过于"人道"，以至于导致传播福音人才的流失。可是，当传教士不得不去处理生活中最基本的事情时，就会发现传播福音作为一种文化命题是一件多么困难的事情。这也使得传教士与自己的文化拉开了距离，展现出他面对苦难时的宗教使命感[5]。在这里，哈姆林的美国身份很大程度上是缺席的。他以一种更加包容的态度面向世界，赋予19世纪奥斯曼帝国传教事业新的内涵。

二、罗伯特学院：美国第一所海外大学

贝贝克神学院的搬迁并不意味着哈姆林教育事业的终结。相反，克里米亚战

---

[1] Marcia Stevens and Malcolm Stevens, *Against the Devil's Current*, pp. 185–186.
[2] William R. Hutchinson, *Errand to the World*, p. 77.
[3] Marcia Stevens and Malcolm Stevens, *Against the Devil's Current*, p. 218.
[4] Frank Andrews Stone, *Academies for Anatolia*, p. 9.
[5] Emrah Sahin, *Errand into the East*, p. 9. 关于安德森和美部会的传教思想，参见 Paul Williams Harris, *Nothing but Christ: Rufus Anderson and the Ideology of Protestant Foreign Missions*, New York: Oxford University Press, 1999.

争后奥斯曼帝国相对自由的氛围以及美国慈善家克里斯托佛·罗伯特的出现，给美国在海外的第一所高等教育机构——罗伯特学院的成立带来了契机。克里米亚战争时期，罗伯特因哈姆林的世俗产业与他结识，这段经历为之后他们的合作埋下了伏笔。有人曾向罗伯特提议在伊斯坦布尔建立一所与美部会无关的世俗高等学府，但罗伯特表示更加希望建立一所由美国人掌管的、基督教性质的学校。对此，哈姆林表示赞同："这个国家的人民比美国人更有宗教信仰，只有一个公平、开放、真正的基督教机构才有信誉。一所没有积极宗教信仰的学校将被视为一个可疑的陷阱。如果这些年轻人想要掌管学校，却忽视宗教和传教士，那么他们肯定对这里的真实情况一无所知。"[1] 在奥斯曼帝国，教育属于宗教管理的范畴，建立世俗学校的计划并不符合当地的情况。

1860年5月，哈姆林正式从美部会辞职，得到了罗伯特无条件的精神支持和资金支持。1862年6月2日，在英国的帮助下，罗伯特学院获得奥斯曼帝国政府的同意，被允许开办运作[2]。1863年9月16日，罗伯特学院正式开学，哈姆林担任校长职务。次年，学院的董事会成立，其法律地位在美国得到确认。罗伯特最初提议将这所学校命名为美利坚学院（American College）。但是哈姆林认为这个名字具有政治意味，转而选择了"罗伯特"这个在东方所有语言中都能够被拼写出的中立单词作为学校的招牌。哈姆林不希望罗伯特学院与政治有任何牵连，这种观念可以说是安德森政策的延续。然而，在动荡的国际局势下，罗伯特学院的发展甚至在一定程度上得益于政治。为了防止罗伯特学院发展壮大，其正式成立许可的颁布一直遭到来自法国、俄国以及罗马天主教的阻拦。直到1868年，由于克里特岛纷争，希腊向美国求助。此时美国因为内战的胜利而扩大了声望，奥斯曼帝国恐与希腊开战。为防止罗伯特学院的问题成为美国插手纷争的导火线，高门官员便决定"哪怕用我们自己的钱修一所美国学院，也要阻止美国海军上将的调查员进入地中海！"[3] 最后，1868年12月2日，奥斯曼帝国不仅宣布将罗伯特学院置于美国的保护之下，并有史以来首次将批准建立学校的帝国诏书颁布给了一所外国学校。讽刺的是，在了解到这些真相之前，哈姆林一直以为学院是因

---

[1] Marcia Stevens and Malcolm Stevens, *Against the Devil's Current*, p. 271.
[2] Marcia Stevens and Malcolm Stevens, *Against the Devil's Current*, p. 288.
[3] Cyrus Hamlin, *My Life and Times*, p. 346.

为没有任何政治抱负而获得了这一殊荣[1]。

在哈姆林就任罗伯特学院校长期间，他包容中立的态度在管理学校的许多方面都有所体现，比如他从不强迫其他信仰的学生参加固定的宗教活动，甚至允许他们在特殊的情况下自由回家。学校中的两位教授对哈姆林的做法持反对意见，他们认为学院是传教使命的延伸，其目的应当不亚于在土耳其帝国传播基督教。哈姆林却否认了这一观点。他在《黎凡特先驱报》上用最强烈的措辞指出：尽管罗伯特学院是基督教性质的，但在原则和目的上都是严格非宗派的，与传教没有任何关系[2]。不过，哈姆林在给罗伯特的一封信中却写道："我们的总体目标是和传教工作挂钩的，美部会应当和我们互相帮助。"[3] 这并非意味着哈姆林在信仰和实践中自相矛盾。值得注意的是，从美部会辞职并不意味着哈姆林不再是一个传教士。在他的多重身份中，基督教身份始终被他放在首位，传教是他永久的目标。作为学校的创立者，哈姆林的身份潜移默化地为罗伯特学院注入了传教性质，而非教派的特点则能让罗伯特学院向所有种族和信仰的男性开放，以此更好地服务于传教使命。

在教育方面，罗伯特学院延续并发扬了贝贝克学院的模式。学院被分为两个部门：预科和大学。学校的基础课程包含人文科学、历史地理、军事商务、工业教育等，均以英语授课。所有学生至少要学包括其母语在内的五门语言。实际上，这些西式教育甚至带来了比宗教本身更大的影响。19世纪后半叶，许多希腊人和亚美尼亚人都选择把他们的孩子送进罗伯特学院，不过这并不是因为他们对福音抱有多大的热情——虽然转变信仰在法律上是允许的，但是在现实中改教者依然会受到迫害——对西方教育的渴求才是其中真正的原因。亚美尼亚教会就曾敦促其成员把他们的孩子送到罗伯特学院接受教育，甚至有穆斯林也表示，他们的孩子"虽然必定是伊斯兰教信徒，但更希望他们能在西方文化中成长"[4]。除此之外，学校里的亚美尼亚学生、保加利亚学生以及希腊学生都被分配到学校不同

---

[1] Cyrus Hamlin, *My Life and Times*, p. 300.
[2] Marcia Stevens and Malcolm Stevens, *Against the Devil's Current*, pp. 300–301.
[3] Marcia Stevens and Malcolm Stevens, *Against the Devil's Current*, pp. 300–301.
[4] George Washburn, *Fifty Years in Constantinople and Recollections of Robert College*, Istanbul: Boğaziçi University Press, 2012 [1909], p. 169; Hacer Bahar, *From Empire to Republic*, p. 70.

的少数民族学生群体中。学校里暂时没有穆斯林学生，这和奥斯曼帝国禁止穆斯林进入基督教机构学习的政策有关，直到 1903 年罗伯特学院才有了第一名土耳其毕业生[1]。虽然哈姆林对教育的看法与安德森大相径庭，但从整个 19 世纪传教事业的发展来看，哈姆林的理念代表了未来的发展方向。到 20 世纪初期，传教士在海外传播的依然是福音，但他们的方式却是世俗的。

在罗伯特学院的最初几年里，学院可以被视作一所具有实验性质的高等教育机构。哈姆林没有明确地按传统划分四年学业的界限，而是把每个学生都当作特例来对待。哈姆林认为自己"所追求的是多元化，而非制度化的学生群体"[2]。但这并不符合罗伯特有条不紊的商人观。学校的老师也认为学校需要通过规章制度来获得信誉，因此并不满意哈姆林的管理[3]。董事会成员威廉·布斯甚至认为学校"处于一种近乎垂头丧气和组织混乱的状态"[4]。1869 年，哈姆林开始亲自修建罗伯特学院的建筑，董事会认为哈姆林无法同时管理学院和建造新楼，便请来哈姆林的女婿乔治·沃什本担任校长。1873 年，哈姆林携家人返回美国筹款。1877 年 6 月，他正式辞去了罗伯特学院的校长职务，从此再也没返回过伊斯坦布尔。

三、罗伯特学院的转型与风波

沃什本解释他与哈姆林的区别："我们的差别来源于我们个性的不同。他是个天才，而我却不是。他痛恨一切体制组织的束缚和细节……但对我而言，体制却是管理运行的基础。"[5] 哈姆林和沃什本对信仰的不同理解，以及各自生活环境的差异，使得他们在管理学院的方式上产生分歧，从而为罗伯特学院打上了不同的个人烙印。从哈姆林到沃什本，罗伯特学院的变迁反映了 19 世纪美国传教活

---

[1] George Washburn, *Fifty Years in Constantinople and Recollections of Robert College*, p. 246.
[2] Marcia Stevens and Malcolm Stevens, *Against the Devil's Current*, p. 344.
[3] Marcia Stevens and Malcolm Stevens, *Against the Devil's Current*, p. 301.
[4] Marcia Stevens and Malcolm Stevens, *Against the Devil's Current*, p. 341.
[5] George Washburn, *Fifty Years in Constantinople and Recollections of Robert College*, p. 44.

动参与现实事务程度的变化，映射出宗教与政治日益紧密的联系。

乔治·沃什本在马萨诸塞州一个富裕家庭长大。从阿默斯特学院（Amherst College）毕业后，作为虔诚的基督教徒，沃什本一心要做与神学相关的职业。1856年，沃什本首次来到君士坦丁堡，不久之后与哈姆林的大女儿亨丽埃塔·哈姆林结为夫妇。比起哈姆林，沃什本更被董事会所信任。这是因为，不管是在为人还是在管理学校的方式上，他都比哈姆林更像一个属于美国的基督徒，他的行为诠释着美国的国家使命和宗教使命的融合。

沃什本上任后，学校内一切宗教活动都是强制性的，所有学生必须参加。这一举措引起了校内亚美尼亚学生的强烈反对，而亚美尼亚人的学校则抓住机会，开始在报纸上抨击罗伯特学院："为什么当我们有如此优秀的学校和出色的教师存在时，亚美尼亚人却要去投奔那些外国人和异教徒？"[1]虽然这些攻击导致许多亚美尼亚学生退学，但沃什本仍坚持这一规定。他认为，宗教活动是一所基督教机构的基调，这些活动并不是为了取代某人的宗教偏好[2]。从罗伯特学院退学的亚美尼亚学生表示："我们在学校里所受的宗教教育……会影响到我们的东正教信仰……我们避免成为新教徒"[3]；"我们难以相信……（罗伯特学院）会成为侵犯学生良心自由的工具……如果把自己的孩子送到罗伯特学院，他们将成为新教徒。"[4]

随着亚美尼亚学生的减少，亚美尼亚人的地位在学校发生了微妙的变化，学校里的保加利亚学生团体在阿尔伯特·朗教授的影响下发展起来，后者是让罗伯特学院卷入政治的关键人物。1856年克里米亚战争结束后，农奴制的废除和宗教自由律令的颁布使保加利亚人了解了自己的权利。因此，保加利亚提出要拥有自己的教会、学校、报纸及文学，从而摆脱希腊教会的控制[5]。1874年，沃什本与朗等人在复活节期间前往保加利亚，在见到"少数武装的土耳其人对多数手无寸铁的保加利亚基督徒的暴政"后，加之"朗的影响和他本身的反穆斯林偏见"，

---

[1] George Washburn, *Fifty Years in Constantinople and Recollections of Robert College*, p. 69.
[2] Marcia Stevens and Malcolm Stevens, *Against the Devil's Current*, p. 393.
[3] George Washburn, *Fifty Years in Constantinople and Recollections of Robert College*, p. 73.
[4] Marcia Stevens and Malcolm Stevens, *Against the Devil's Current*, p. 394.
[5] Cyrus Hamlin, *Among the Turks*, p. 209.

沃什本开始持亲保加利亚的态度[1]。对他来说，保加利亚已经是一块成熟的革命土地[2]。

1876年，奥斯曼帝国两易其主，政局动荡，朗和沃什本决定代表保加利亚人采取行动。朗在多番努力后成功地联系到了伦敦《每日新闻》（Daily News）的记者艾德文·皮尔斯爵士，一位对穆斯林带有偏见的律师，希望他能就保加利亚事件发布报道。1876年6月23日，沃什本的一封信被附在一篇名为《穆斯林在保加利亚的暴行》（Moslem Atrocities in Bulgaria）的文章后面发表。这篇报道在伦敦产生影响，以至于英国上下议院和党派都开始就保加利亚问题争辩起来。

保加利亚的狂热民族主义分子指控土耳其人对保加利亚人的迫害，并提供了大量过度夸张的细节。这些叙述经过沃什本与朗的转达，出现在格莱斯顿的《保加利亚的恐怖和东方问题》（Bulgarian Horrors and the Question of the East）的小册子中，在欧美引起轰动。与之形成对比的是两名亲历保加利亚屠杀的传教士的叙述，他们认为这场冲突双方都有过错，而并非单方面的屠杀，他们所提供的伤亡人数也远低于狂热民族主义者给出的数据[3]。不过，带着优越感的欧洲和美国读者更倾向于沃什本等人的版本。随后，保加利亚人被残忍屠杀的报道在欧美成为头条新闻，仿佛"这不仅仅是保加利亚和土耳其的争端，也是基督教反抗伊斯兰教，是正义战胜邪恶的关键"[4]。最终，1877年初，自由党领袖格莱斯顿成功说服英国政府放弃对奥斯曼帝国的支持；同年4月24日，沙俄向土耳其人宣战。1878年战争结束后，由于保加利亚被分成了五个部分，内战爆发。1879年，保加利亚宣布独立，本土的国民大会召开。会上，沙皇的侄子亚历山大成为保加利亚的领导人，并颁布宪法，而沙俄对此并无异议。朗和沃什本由于为保加利亚的进步和独立做出了贡献而在会上被点名表彰，多位罗伯特学院的毕业生被保加利亚政府授予高层职位，包括亚历山大的私人秘书[5]。

---

[1] Marcia Stevens and Malcolm Stevens, *Against the Devil's Current*, p. 413.
[2] Marcia Stevens and Malcolm Stevens, *Against the Devil's Current*, p. 417.
[3] Marcia Stevens and Malcolm Stevens, *Against the Devil's Current*, p. 419.
[4] Marcia Stevens and Malcolm Stevens, *Against the Devil's Current*, p. 416.
[5] George Washburn, *Fifty Years in Constantinople and Recollections of Robert College*, p. 128.

皮尔斯爵士评论道："我不知道历史上还有哪所大学能像罗伯特学院这样，对一个国家的生活产生如此巨大的影响。"英国记者和编辑 W. T. 斯特德则更直白地说："罗伯特学院造就了保加利亚。"[1]

不过，除了直接参与者外，几乎没有人会把罗伯特学院和这些报道联系起来。哈姆林在了解到沃什本的所作所为之后，曾写信请求他"不要把学院卷入这场争斗之中，更不要站在沙俄一边……我恳求你不要在这场血腥可怕的斗殴中使学院复杂化，并开除任何危及学院存在或威胁学院中立性质的教授和学生"[2]。比起沃什本，哈姆林对土耳其人的政治和制度有更深刻的理解。他认为，相对于沙俄，土耳其对新教更加宽容[3]。他反对战争，不过出发点却依然基于自己的基督徒身份："战争不能治愈土耳其的顽疾。土耳其的疾病是无知、迷信、偏执和狂热。战争只会加剧这一切，难道基督王国就没有其他的方法去击败这种邪恶吗？"[4]

为了防止高门对罗伯特学院有任何怀疑，哈姆林在波士顿发表亲土耳其演讲。但沃什本却并不买账，反而要求罗伯特控制住哈姆林在英国广为传播的亲土耳其言论。沃什本始终无法原谅土耳其不是基督教国家的事实，认为"基督王国的进步并不依赖于反基督教力量"，所以他倾向于站在沙俄一方，认为其能摧毁东方异教。有意思的是，沃什本在自己的书中否定学院参与政治，并公开表示中立一直是学校的原则[5]。美部会也一直警告海外传教士"不要干涉当地的政治事件和政治观点"[6]。但是，回顾 19 世纪美国传教运动的历史，传教活动总是不可避免地和政治有所牵扯。这或许因为"远离政治"的规定本身就和美国基督教精神相悖。美国人从建国时就把宗教的种子根植在其外交活动中。基督教的义务和美国的义务基本上是和谐的，两者互为前提；否则，美国就无法参与到全球传教活动之中，完成所谓的救赎世界的任务[7]。

---

[1] Marcia Stevens and Malcolm Stevens, *Against the Devil's Current*, p. 438.

[2] Marcia Stevens and Malcolm Stevens, *Against the Devil's Current*, p. 421.

[3] Marcia Stevens and Malcolm Stevens, *Against the Devil's Current*, p. 423.

[4] Marcia Stevens and Malcolm Stevens, *Against the Devil's Current*, p. 424.

[5] Marcia Stevens and Malcolm Stevens, *Against the Devil's Current*, p. 423.

[6] William R. Hutchinson, *Errand to the World*, p. 71.

[7] William R. Hutchinson, *Errand to the World*, p. 45.

四、哈姆林的遗产：传教士、教育及政治

在 19 世纪 80 年代以前，不管是对在土耳其的传教士，还是对像罗伯特学院这样的教育机构，美国政府都没有给予足够的关注。一般来说，罗伯特学院所遇到的困难主要都来自俄国和土耳其政府，而主动帮助他们解决这些问题的一方则是英国。沃什本就曾表示："如果不是我们和英国大使馆的亲密联系，学院不可能获益良多。通常情况下，英国政府比华盛顿政府对我们更感兴趣。"同样，1894 年，哈姆林把传教士在奥斯曼帝国所遭受的危机归咎于"苏丹的政策，以及美国从未动用武力威胁保护传教士"[1]。19 世纪 80 年代后，美国传教士开始与华盛顿直接接触，美国政府逐渐依靠传教士的经验和信息与奥斯曼帝国建立更深入的外交关系，并获得领事豁免权。19 世纪 80 年代末，沃什本描述了美国社会对罗伯特学院的首次关注："尽管罗伯特学院在美国还没有像在欧洲那样广为人知，但是其名气的确扩大了……在一个晚宴上，斯特德先生认为罗伯特学院甚至比英国和俄国带给土耳其更大的影响力，从而最终会导致土耳其美国化。"[2] "美国化"的目标正是美国政府开始关注罗伯特学院这样的机构之动机所在。

1898 年，美国在与西班牙的战争中取得胜利，奠定了其大国地位的基础。奥斯曼帝国在战争中站在了美国一方。沃什本带领罗伯特学院所有学生为美国的胜利而庆祝。他认为，战争是不合理的，但是在这个时代里，成为能够捍卫自己利益的世界强国是美国的唯一出路，否则就会被欧洲主宰[3]。1901 年，美国总统威廉·麦金莱遇刺身亡，罗伯特学院的所有学生都被召集起来为其默哀。沃什本认为罗伯特学院应"竭尽所能捍卫美国的荣耀"[4]。1902 年，由于政治局势，美国与土耳其的联合部队处于紧张状态，许多美国人在伊斯坦布尔开办的机构失去了特权。即使罗伯特学院并不在其中，但是沃什本仍然认为这"关系到美国在土耳其的声

---

[1] Marcia Stevens and Malcolm Stevens, *Against the Devil's Current*, p. 498.
[2] George Washburn, *Fifty Years in Constantinople and Recollections of Robert College*, p. 181.
[3] George Washburn, *Fifty Years in Constantinople and Recollections of Robert College*, p. 220.
[4] George Washburn, *Fifty Years in Constantinople and Recollections of Robert College*, p. 238.

望"[1]。到20世纪初期,罗伯特学院在沃什本的管理下逐渐成为扩大美国影响的平台。

1900年,哈姆林去世。沃什本也在1903年结束任期。罗伯特学院逐渐淡化了与哈姆林及其家族的联系,一个时代正在落下帷幕。在这50年中,2500多名不同民族的年轻人受到教育。这些学生在大学里的平均时间约为3年,由于各种原因其中大多数都没能够完成所有课程。然而,有435人在大学4年到7年之后以优异的成绩毕业,其中亚美尼亚人144名、保加利亚人195名、希腊人76名、英国人和美国人14名、德国人3名、犹太人2名、土耳其人1名[2]。不仅如此,罗伯特学院的建立大大影响了美国教会在教育方面的政策,并在世界各地建立了许多类似的机构,叙利亚新教学院和美国女子学院就是最为突出的成就,仅在奥斯曼帝国境内就有6所美国大学和相当数量的高中。罗伯特学院的成功发展已经唤醒了不同民族对教育的重视。1882年后,苏丹决心为土耳其人做罗伯特学院为保加利亚人所做的那些事,他颁布了一项禁止男孩上外国大学的政策,希望他们能够更多地上土耳其人的大学[3]。保加利亚和东鲁米利亚在罗伯特学院的影响下已经开始建立学校,基督教的学校"已经感受到了罗伯特学院道德和宗教训练的影响,并在这方面有了很大的提高。在过去的几年里,这种教育观在希腊王国得到广泛的讨论,它的重要性得到承认,罗伯特学院被奉为典范"[4]。

1903年,卡利布·弗兰克·盖茨接任罗伯特学院的校长。他在这一位置上工作到了1932年。同哈姆林和沃什本一样,盖茨也是一名虔诚的传教士。他出生在芝加哥,先后毕业于贝利奥特学院(Beliot College)和芝加哥神学院。他于1881年来到土耳其,相继在马尔丁(Mardin)和哈普特的幼发拉底学院(Euphrates College, Harpoot)工作。不同于沃什本的老派、父权风格,盖茨表现得很亲和,擅长跟政府打交道,以及处理与本校师生的关系。然而,同哈姆林一样,他充满了开拓精神。这不但体现于各种建筑的完善上,也包括课程的重新规划和新专业的增加,如工程学系。很大程度上,正是由于盖茨的稳重、忍耐和坚持,才让罗伯特学院度过了巴尔干战争、一战和大萧条的艰难岁月。1926年,学校的注册人

---

[1] George Washburn, *Fifty Years in Constantinople and Recollections of Robert College*, p. 243.
[2] George Washburn, *Fifty Years in Constantinople and Recollections of Robert College*, p. 149.
[3] George Washburn, *Fifty Years in Constantinople and Recollections of Robert College*, p. 251.
[4] George Washburn, *Fifty Years in Constantinople and Recollections of Robert College*, p. 254.

数达 768 人，是建校以来的最高数字。1922 年，他作为美国代表的顾问出席洛桑会议，并为伊斯迈特帕夏的风采所折服，也增加了其对"新土耳其"的认同。也是在盖茨的任上，罗伯特学院得以跟美国的大学并驾齐驱，并从美国大学教授协会（The American Association of University Professors）获得建立分会的特权。同时，罗伯特学院依旧保持着鲜明的基督教品格。这体现于盖茨的个人修养，也体现于教职工和学生的集体崇拜[1]。哈姆林的梦想似乎正在成为现实。

罗伯特学院的一个相关机构是成立于 1871 年的君士坦丁堡女子学院（Constantinople Woman's College）。它最初由位于波士顿的妇女传道会（Woman's Board of Missions）所支持，后者与美部会之间有着密切的关系。卡洛琳·博尔顿担任董事会主席，直到 1922 年去世。在奥斯曼帝国的美国女传教士玛丽·米尔斯·帕特里克，从 1875 年开始担任校长，直到 1924 年退休。在长达半个世纪的时间里，君士坦丁堡女子学院经历了从教会学校到差会支持的学院再到独立学院的转变。它最初以"君士坦丁堡之家"（Constantinople Home）的名义成立，服务于皈依基督新教的亚美尼亚学生，以及作为单身女传教士的聚集地。然而，从一开始，博尔顿和帕特里克就表现出广阔的视野和长久的愿景，也即要成立一个国际性、跨民族的教育机构。这与当时在伊斯坦布尔的男传教士和波士顿的差会意见相左，最终导致两人脱离与差会的关系。1890 年，它以君士坦丁堡美国女子学院（American College for Girls in Constantinople）为名获得授予学位的权利。1908 年，它宣布成为一个独立教育机构；1912 年改名为君士坦丁堡学院。该校培养的最杰出的学生代表即土耳其的著名女作家哈利德·艾迪布·阿德瓦尔。她曾参加土耳其独立革命，但在妇女运动问题上与凯末尔·阿塔图克意见分歧，后来则从事写作。土耳其共和国成立后，君士坦丁堡女子学院逐步并入罗伯特学院[2]。

---

[1] 关于盖茨的任期，参见 *Dr. Caleb Frank Gates: President of Robert College, 1903–1932*, Istanbul: Tsitouris Brothers, 1932. 其自传参见 Caleb Frank Gates, *Not to Me Only*, Princeton: Princeton University Press, 1940.

[2] Barbara Reeves-Ellington, "Constantinople Woman's College: Constructing Gendered, Religious, and Political Identities in an American Institution in the Late Ottoman Empire," *Women's History Review*, Vol. 24, No. 1 (2015), pp. 53–71. 与哈姆林的经历类似，帕特里克的自传回忆录参见 Mary Mills Patrick, *Under Five Sultans*, New York: The Century Co., 1929; Mary Mills Patrick, *A Bosporus Adventure: Istanbul (Constantinople) Woman's College, 1871–1924*, Stanford: Stanford University Press, 1934.

小结

1926年《燕大周刊》登载了一名在伊斯坦布尔的中国穆斯林学生写给燕京校友的信。其中，他特别提到了罗伯特学院，并将其与母校燕京大学做比较。此时，土耳其共和国刚刚成立，百废待兴。这名中国穆斯林学生正是因为仰慕凯末尔领导的独立革命，所以才自费到土耳其留学的[1]。这时的中国也正处于大革命的浪潮。在五四新文化运动的感召下，1922—1927年，掀起了非基督教运动，大部分的教会学校在此期间到教育部注册，校长也改由中国人担任[2]。土耳其社会的变革不亚于中国。然而，罗伯特学院似乎保持了相对的宁静。新生的共和国不需要传教士；但因为仰慕西方文明，所以对这所具有鲜明美国特色的大学特别看重。罗伯特学院的教育理念，正适合土耳其共和国所追逐的世俗主义价值。

然而，当我们珍惜罗伯特学院的教育遗产时，却无法忘记创始人赛勒斯·哈姆林的传教士身份。一直到盖茨时期，罗伯特学院始终保持着鲜明的基督教品格。罗伯特学院的创立与发展，有赖于传教士的奉献和激情，也有赖于西方发达文明的慈善。其中，传教士作为其中的关键人物，成为西方与东方、基督教与文化、教育与宗教、宗教与政治等多方面的桥梁。除了传教士的身份，他们也是教育家和外交官。文化和政治的优越性是一种天然的特性；而如何回避文化帝国主义的指控，则很大程度上有赖于传教士的个人品格。反过来说，这种文明的优势恰恰是它们在东方社会合理存在的依据[3]。从这一点来说，在19世纪的氛围中，深度的文明交往始终不会是平等的，也不会是纯粹的。

---

[1] 刘义：《知识·信仰·人格——王曾善（1903—1961）与中国—土耳其的人文交往》，《世界宗教研究》2016年第1期；刘义：《"回教志士"王曾善》，《春秋》2017年第5期。

[2] Jessie G. Lutz, *China and the Christian Colleges, 1850–1950*, Ithaca and London: Cornell University Press, 1971; Jessie G. Lutz, *Chinese Politics and Christian Missions: The Anti-Christian Movement of 1920–1928*, Norte Dame: Cross Cultural Publications, 1988.

[3] 关于传教运动与美国政治文化的关系，参见普雷斯顿：《灵魂之剑 信仰之盾：美国战争与外交中的宗教》，罗辉译，徐以骅校，北京：东方出版社，2015年。其中一章特别提到了罗伯特学院的例子。

以全球比较的视野，我们将19世纪的传教运动置于文明交往的大背景下[1]。这不仅包括英美传教运动向东方社会的单向输入，也包括东方社会内部的横向比较，例如晚清中国和奥斯曼土耳其[2]。不同于21世纪的文明冲突话语，我们一方面看到输出文明内部的不同意见，另一方面也看到接收文明内部的变革。其中，传教士的个人品格和传教机构之间的分歧是显而易见的。无论是哈姆林还是帕特里克，都在教育的问题上与母会有着不同的意见，而他们对传教领域的感情成为产生这一差别的关键因素。对于传教差会来说，作为一个社会机构，它们必须面对利益的计算，更要打政治的算盘。作为跨文化交流的先驱者，传教士和传教机构都给我们留下了丰富的遗产。

---

[1] 从全球视角看传教运动，参见 Dana L. Robert, *Christian Mission: How Christianity Became a World Religion*, West Sussex and Malden: Wiley-Blackwell, 2009. 文明交往论的一个主要提倡者是著名中东史专家彭树智先生，具体参见彭树智：《文明交往论》，西安：陕西人民出版社，2002年。

[2] 2014年，作为罗伯特学院的继承者，土耳其海峡大学的孔子学院和亚洲研究中心就联合召开了以"奥斯曼帝国与中华帝国时期的传教士"（The Missionary Movements in Late Ottoman Empire and Imperial China）为题的专题研讨会，对这一问题进行了开拓性的讨论。

超越文明冲突论：
伯纳德·刘易斯的中东史观

在中东持续作为国际热点的背景下，如何对该地区的问题有一个严肃、客观、正确的认识无疑显得更为必要和迫切。很遗憾，到目前为止，影响社会上大部分人关于中东认识的主要还是媒体。在"9·11"事件之后，著名的中东问题专家伯纳德·刘易斯有两部著作相继位列国际畅销书的榜首[1]；刘易斯也很快跟"文明冲突论"紧密联系起来[2]。在赢得盛名的同时，其真实性和客观性却遭到怀疑。有学者甚至会故意避免引用刘易斯的著作。在复杂、热闹的局势和讨论背后，刘易斯的真实身份被忽视了，刘易斯是谁？他是如何进入中东研究的？他的主要观点是什么？他和文明冲突论究竟有什么关系？搞清楚这些问题，不仅对于认识这位超过百岁的历史学家，而且对于认识西方的中东学术史以及中东近两百年来的格局，都有着重要的意义。

---

[1] 参见 Bernard Lewis, *What Went Wrong? The Clash between Islam and Modernity and the Middle East*, New York: Oxford University Press, 2002; Bernard Lewis, *The Crisis of Islam: Holy War and Unholy Terror*, New York: Random House, 2003.

[2] 关于文明冲突的经典论述，参见亨廷顿：《文明的冲突与世界秩序的重建》，周琪等译，北京：新华出版社，2002年。

一、从伦敦到普林斯顿

1916年,刘易斯出生在伦敦的一个犹太家庭。他的父亲先是从事纺织业,后来转做房地产,维持着一个中等收入的家庭。刘易斯曾开玩笑地说起家里的情况。当他问父亲选工党还是保守党时,他父亲却说是自由党——"我们有太多钱,从而不能成为工党;但钱又不够成为保守党"[1]。在1929—1933年的大萧条中,他父亲的生意受到很大冲击,家庭境况也有非常大的变化。

然而,刘易斯非常自豪于自己的出身,而且一直觉得自己是比较幸运的。特别是,英美社会的开放和自由以及英语的随意使用被视作"专门权利"。他自小就接受了很好的英文教育,特别是写作方面的训练;写历史被认为一定程度上满足了当作家的欲望。他的第一外语是法语,又因为自己的父亲喜欢歌剧而学了意大利语。他是犹太人,从而学了希伯来语;大学里因为研究需要,则学习了希腊语、拉丁语、阿拉伯语、波斯语、土耳其语、俄语、德语、西班牙语等。他很有语言的天赋,一共可以熟练地使用12种语言。他也很懂得技巧,一个基本的练习是将其他语言的诗歌翻译成自己的母语[2]。

1933年,刘易斯进入伦敦大学学习,先是在大学学院,而后主要在亚非学院。在大学期间,一位对他影响非常深的老师是哈密尔顿·吉布。1936—1937年,他又到法国跟路易斯·马西昂学习。他对他们的共同评价是:他们是传统意义上的东方学家,兴趣主要在语言、文学、宗教等方面;他们只是偶尔地写历史,而且从不视自己为历史学家。这是刘易斯在学术专业方面非常强的一个意识。1939年,他以关于"伊斯玛仪派"的研究获得博士学位,一年后该研究得以出版[3]。

---

[1] Bernard Lewis and Buntzie Ellis Churchill, *Notes on a Century: Reflections of a Middle East Historian*, London: Phoenix, 2013 [2012], p. 10.

[2] 他从不同语言翻译的部分诗集,参见 Bernard Lewis, *Music of a Distant Drum*, Princeton: Princeton University Press, 2001.

[3] 参见 Bernard Lewis, *The Origins of Ismailism*, Cambridge: W. Heffer & Sons, Ltd., 1940; reprinted AMS, New York, 1975.

二战期间，刘易斯曾为英国的情报部门服务，利用自己的语言天赋做情报的翻译工作。他觉得自己在这段经历中颇有收获，认为"参与了当时重大事件的历史学家是更好的历史学家"[1]，因为他们会对人的行为和动机有更深刻的理解。战时，刘易斯已经是伦敦大学亚非学院的讲师。自1949年起，他开始担任近东和中东历史专业的教授。他非常自豪，称自己是"英国第一个中东历史的专业教师"，也是"第一个研究、教授和写作阿拉伯历史的专业历史学家"[2]。直到1974年，他跨越大西洋，成为普林斯顿大学和普林斯顿高等研究院的第一个也是唯一一个双聘学者。美国学界开始认真对待中东，要到1979年的伊朗革命之后；在此之前，刘易斯也曾受邀到美国做一些开拓性的演讲。因此，作为跨越大西洋的最伟大的中东历史学家，刘易斯可谓当之无愧。

刘易斯著述颇丰，且非常畅销，这对一个历史学家来说十分难得。他的《历史上的阿拉伯人》(*The Arabs in History*)、《现代土耳其的兴起》(*The Emergence of Modern Turkey*) 都是该领域的奠基之作，且被翻译成多种语言。他获得了许多大学的荣誉博士学位，又在多家机构从事访问研究或教学。在中东成为全球热点的背景下，他也成为各国政要的座上宾。刘易斯曾开玩笑地说，"本·拉登成就了我的盛名"[3]。然而，我们知道，对一个历史学家来说，这远不是事实。

二、中东、阿拉伯和伊斯兰教

在刘易斯的著作中，被重印最多的当属《历史上的阿拉伯人》[4]。该书源于1946年牛津大学历史学教授毛利斯·鲍维克的邀请。它被纳入历史小书系列，要求短小精悍，只要6万字左右，但要阅读性强，希望成为一本小经典。当时，二战刚刚结束，刘易斯还只是伦敦大学亚非学院的一名讲师。在受宠若惊之际，他接受了这个慷慨的恩赐，且很好地完成了任务。1950年，该书先是在哈钦森出

---

[1] Bernard Lewis and Buntzie Ellis Churchill, *Notes on a Century*, p. 79.
[2] Bernard Lewis and Buntzie Ellis Churchill, *Notes on a Century*, p. 80.
[3] Bernard Lewis and Buntzie Ellis Churchill, *Notes on a Century*, p. 261.
[4] 中译本参见刘易斯：《历史上的阿拉伯人》，马肇椿、马贤译，北京：华文出版社，2015年。

版社出版，1954年和1956年重印；1958年出版了第二版，1960年和1962年再次重印；1964年和1966年相继出版了第三版和第四版，1968年再重印；1970年出版第五版，1975年又重印。直到1993年，该书所属系列中其他著作都停印了，牛津大学出版社才接手出版了第六版。在享受成功之际，刘易斯也陷入一个无休止的修订过程，这成为其学术生涯中十分可贵的经历。鉴于时代久远和修订限制，1995年他索性重新写了一部关于中东的完整历史——《中东两千年》(*The Middle East: A Brief History of the Last 2000 Years*)，这同样很快成为一部畅销著作，并逐渐取代前者在书市的地位。下文即以此介绍其对中东、阿拉伯和伊斯兰教的基本观点。

刘易斯的中东历史著作起笔于阿拉伯民族和伊斯兰教的历史之前，从而将中东置于一个更大的历史脉络中。他指出，在基督教和伊斯兰教兴起之前，我们所谓的中东地区处于两大帝国力量之间：从博斯普鲁斯海峡到尼罗河流域的东地中海地区是罗马帝国的一部分，该地区的东半部分则属于波斯帝国[1]。希腊化的文化、犹太宗教和罗马政体构成了该地区的重要资源。基督教和伊斯兰教作为两大世界宗教，有着共同的信仰，为类似的雄心所驱动，且并肩而立，这不可避免地导致了两者之间的冲突[2]。

刘易斯对阿拉伯民族和伊斯兰教的关系有一个比较清晰的认识。他论断说，征服者的目的并不是扩充伊斯兰教的信仰。根据《古兰经》的教导："对于宗教，绝无强迫。"（2：256）被征服者如果皈依伊斯兰教，可以享受较低的税等优惠条件，但却不是必需的。阿拉伯人也无意将被征服者同化为自己的民族；相反，即使后者皈依伊斯兰教并说阿拉伯语，仍旧保持着阿拉伯人与非阿拉伯人的界限。"被征服地区的阿拉伯化和伊斯兰化，而不是实际的军事征服本身，是阿拉伯帝国真正的奇迹所在"。阿拉伯的政治和军事统治很短，很快就让位给其他民族，"然而，他们的语言、信仰和律法，始终是他们统治的永恒标记"[3]。

---

[1] Bernard Lewis, *The Middle East: A Brief History of the Last 2000 Years*, New York and London: Scribner, 2003 [1995], p. 21. 中译本参见路易斯：《中东两千年》，郑之书译，北京：国际文化出版公司，2017年。

[2] Bernard Lewis, *The Middle East*, p. 32.

[3] Bernard Lewis, *The Middle East*, p. 58.

从大历史的脉络看，阿拉伯帝国的建立终结了罗马和波斯帝国之间在中东地区的贸易竞争。自亚历山大大帝以后，从中亚到地中海的整个中东地区首次统一在一个帝国体制之内[1]。阿巴斯王朝将首都从叙利亚迁到了伊拉克。首任哈里发先是在幼发拉底河畔建立了一个临时首都，其继任者则在底格里斯河边建立了一个永恒之都。新的首都成为跨境贸易的中心。到近代，葡萄牙和西班牙对新航路的开辟将重新修改中东贸易的历史。

继阿拉伯人之后，土耳其人成为伊斯兰历史的主导力量，且书写了不同于阿拉伯人的历史画卷。960年，土耳其人中的一支皈依了伊斯兰教。这是首批加入伊斯兰教的土耳其人；而且从一开始，他们就完全将自己的民族身份等同于伊斯兰教的信仰。这是连阿拉伯人和波斯人都没有做到的。在10世纪晚期，塞尔柱土耳其人进入伊斯兰的世界。他们先后攻占了伊朗、伊拉克和叙利亚，并建立了一个新的秩序。塞尔柱土耳其人首次正式使用"苏丹"作为他们的头衔。最终，他们在安纳托利亚高原确立了自己的统治。在土耳其人的统治下，掀起了逊尼派的复兴。由神学院训练出来的教士取代了早期的经师，并演化为一个等级体系，这首次形成了参照社会和政治秩序的官僚制度。"土耳其人的伊斯兰教从一开始就致力于伊斯兰信仰和权力的保护或扩张，而且从未失去其武力特征"[2]。它兴起于东部，又被带到了西部，针对三重敌人——东部的异邦、西部的基督教和内部分裂。

有一种说法认为，伊斯兰教和政府是孪生兄弟。伊斯兰教是基础，政府是护卫，两者缺一不可。刘易斯对此做出进一步阐释："哈里发代表权威，苏丹代表权力。苏丹以权力支持哈里发，哈里发则授以苏丹合法性。哈里发统而不治（reigned but did not rule），苏丹则两者兼备。"[3] 然而，关于政府和教士之间的关系，则更为复杂：一方面统治者原则上认可神圣律法，避免公开在此问题上产生争执，并时不时地咨询乌里玛；另一方面，乌里玛则尽量避免同政府走得过近；即便需要，也会有意回避。伊斯兰教在很大程度上等同于"基督王国"

---

[1] Bernard Lewis, *The Middle East*, p. 61.
[2] Bernard Lewis, *The Middle East*, p. 95.
[3] Bernard Lewis, *The Middle East*, p. 149.

（Christiendom）而不是"基督教"（Christianity）[1]。它意指包括穆斯林信仰和社会的整个文明。因此，它不仅指穆斯林的信仰，还包括他们的日常实践。

刘易斯的著作之所以畅销，除了其可读性之外，更重要的是可信[2]。这基于他对中东丰富的历史知识，也有赖于对中东文化的亲密体验。他对中东社会的一些具体方面做了深入的专门研究，比如：谋杀、种族、人口、奴隶制、犹太人和反闪族主义、穆斯林对欧洲的认识等[3]；同时，他又将此延伸到围绕伊斯兰教的整体研究[4]。既有专题性研究，又有一般性研究，这无疑丰富了人们对历史的认识。另外，他还编纂资料集，通过游历对中东社会有切身体验[5]。

三、奥斯曼衰落与土耳其革命

刘易斯是第一个得以阅读奥斯曼档案的西方人。1949年，他荣升正教授，成为伦敦大学近东和中东史系的主任。他利用学术年假来到伊斯坦布尔，碰巧这

---

[1] Bernard Lewis, *The Middle East*, p. 220.
[2] 市场上另有关于阿拉伯和中东的畅销书著作，大多为记者所写。两个例子是：Albert Hourani, *A History of the Arab Peoples*, London: Faber and Faber, 1991; 2002; 2013. Peter Mansfield, *A History of the Middle East*, 4 edition, London: Penguin, 1992; 2003; 2010; 2013 [Viking, 1991].
[3] 相关著作包括：*The Assassins*, London: Weidenfeld & Nicolson, 1967; New York: Basic Books, 1968, 1970; reprinted 1972, 1980; New York: Oxford University Press, 1987. *Race and Color in Islam*, New York: Harper & Row, 1971; reprinted New York: Octagon Books, 1979. *Population and Revenue in the Towns of Palestine in the Sixteenth Century*, co-author with Amnon Cohen, New York: W. W. Norton, 1982, paperback ed. 1985; rev. ed. 2001. *The Jews of Islam*, Princeton: Princeton University Press, 1984, reprinted 1986; paperback ed. 1987. *Semites and Anti-Semites*, New York: W. W. Norton, 1986; London: Orion Publishing, 1997; rev. ed. 1999.
[4] 相关著作包括：*The Political Language of Islam*, Chicago: University of Chicago Press, 1988. *The Multiple Identities of the Middle East*, London: Weidenfeld & Nicolson, 1998. *Islam: the Religion and the People*, co-author with Buntzie Ellis Churchill, Upper Saddle River, NJ: Wharton School Publishing, 2008. *Faith and Power: Religion and Politics in the Middle East*, New York: Oxford University Press, 2010.
[5] 刘易斯在伊斯兰研究方面的一个领导性成果是1970—1980年在博睿出版社（Brill）的《伊斯兰百科全书》（*The Encyclopedia of Islam*），他是主编之一，且贡献了诸多文章。另外他还主编了《伊斯兰世界》（*The World of Islam*, 1976）等著作。资料集方面的一个重要贡献，参见 *Islam from the Prophet Muhammad to the Capture of Constantinople*, 2 vols., New York: Walker, 1974; (paperback) New York: Harper & Row, 1974; New York: Oxford University Press, 1987. 另有 *A Middle East Mosaic: Fragment of Life, Letters and History*, New York: Random House, 2000.

时土耳其政府向外国人开放了档案的阅读权限[1]。1950年,刘易斯受英国皇家国际事务研究院(Chatham House)和牛津大学出版社邀请,撰写现代土耳其的历史。他用了10年的时间,并于1961年正式出版该著作。硬装本被重印了四次,1968年又出版了修订的普通本。土耳其历史协会随后将其翻译成土耳其文。他说,该书在很多方面是批评性的,但"土耳其人喜欢并翻译了它,且在超过半个世纪的时间里一直在印刷"[2]。随后,该书还被翻译成波兰语、希伯来语、法语、波斯语等。

刘易斯将自己的视角定位在"现代土耳其的兴起"这一主题上。在很大意义上,这也反映了整个伊斯兰世界在近代的变化[3]。奥斯曼的衰落是其讨论问题的起点。他说:"从根本上说,奥斯曼帝国保持或退回到一个中世纪的国家,有着中世纪的精神状态和中世纪的经济——但却添加了一个中世纪国家无法承担的官僚体系和常规军队负担。"[4]这是刘易斯对奥斯曼帝国衰落的基本判断。这一过程首先是军事的,其次是经济的、政治的、社会的、文化的。

法国大革命是第一次给奥斯曼帝国带来巨大冲击的西方事件,之前的文艺复兴和宗教改革都没有什么影响。一个主要的理由是世俗主义。虽然伊斯兰世界对世俗主义本身没有什么兴趣,但这被看作是非基督教甚至反基督教的,从而引起了他们的注意。随之而来的还包括自由、平等、民族等概念[5]。

1923年,凯末尔先是废除了苏丹,接着在下一年宣布废除哈里发。数年后,土耳其共和国的宪法最终去掉了"伊斯兰教是土耳其国教"的条款;相反,世俗主义作为新的条款被写进宪法。凯末尔还举行了其他一些重要的社会改革,包括:废除费兹帽、用拉丁字母取代阿拉伯字母、用土耳其语进行礼拜、给予女性

---

[1] 刘易斯对奥斯曼档案的部分整理和笔记,参见 Bernard Lewis, *Notes and Documents from the Turkish Archives,* Jerusalem: Israel Oriental Society, 1952. 另外,他还写了 *Istanbul and the Civilization of the Ottoman Empire,* Norman, OK: University of Oklahoma Press, 1963; reprinted 1968, 1972.

[2] Bernard Lewis and Buntzie Ellis Churchill, *Notes on a Century*, p. 102.

[3] 这一视角实际上可见于其第一本畅销书,参见 Bernard Lewis, *What Went Wrong? The Clash between Islam and Modernity and the Middle East*, New York: Oxford University Press, 2002.

[4] Bernard Lewis, *The Emergence of Modern Turkey*, 3rd edition, Oxford and New York: Oxford University Press, 2002 [1961; 1962; 1965; 1966; 1968], p. 36. 中译本参见刘易斯:《现代土耳其的兴起》,范中廉译,北京:商务印书馆,1982年。

[5] Bernard Lewis, *The Emergence of Modern Turkey*, p. 54.

选举权等。1934年，一项立法规定：所有的土耳其公民都必须有姓氏，并放弃之前的帕夏等头衔。大国民议会授以凯末尔"阿塔图克"为姓；之后，凯末尔·阿塔图克成为他的官方名字。

关于这一对土耳其近代历史产生决定性影响的关键人物，刘易斯评论说：

> 凯末尔·阿塔图克是一个果断行动、迅即且常常粗暴下决定的人。他是一个坚强勇敢的士兵，一个酗酒和嫖娼的瘾君子，在所有事物上都有着强大的意志和无穷的精力。同时代的人有时称他为独裁者，在一定程度上他确实如此。但说这话时需要注意，同古往今来欧洲和中东诸多被冠以同样称号的人相比，他的统治是不同的。他在性格和职业上是一个专制者，脾气暴躁专横，但他仍然关乎人际和政治标准，尊重礼仪和法度，这跟同时代或多或少狂妄自大的人形成了极大的反差。他的独裁没有监控，没有敲门的恐慌，也没有集中营的威胁。[1]

然而，阿塔图克不是一个通过政变窃取权力的小军官，而是一位将军和帕夏，在深重的民族灾难面前逐步地甚至是不情愿地采取了措施。即便在帝国崩溃之后，他仍旧有遵从命令的意愿和决心。阿塔图克最伟大的英雄成就是——"从帝国衰败的废墟中建立了一支军队，发起了一场运动，建立了一个国家，并将侵略者驱逐出国家领土"[2]。在一个轻商重武的社会，他脱下自己的制服，成为一名民选的总统。这也通过一种象征的方式向民众宣告，进行"圣战"的武力时代已经结束，现在需要的是发展国家、提高人民的生活水准。阿塔图克是青年土耳其党的继承者，包括民族主义、实证主义、西方化等思想。"他生命中两大主导信仰是土耳其民族和进步，两者的未来则在于文明化，对他来说现代文明非西方莫属"[3]。

土耳其革命的基本变革包括："从伊斯兰帝国到土耳其民族国家，从中世纪

---

[1] Bernard Lewis, *The Emergence of Modern Turkey*, p. 290.
[2] Bernard Lewis, *The Emergence of Modern Turkey*, p. 291.
[3] Bernard Lewis, *The Emergence of Modern Turkey*, p. 292.

的神权统治到宪政共和国，从官僚封建主义到现代资本主义经济。"[1] 对土耳其人来说，最大的转变不是经济、社会或政治，而是文明。土耳其人在革命中最根本的变革是西方化，就如他们在1 000年前接受伊斯兰教一样。现在，他们放弃了伊斯兰教的遗产，转向欧洲，接受西方的政治、社会和文化。从伊斯兰教的理论视角看，安拉被双重取代："作为主权的资源被人民取代，作为崇拜的对象被民族取代。"[2]

在刘易斯写作该书时，土耳其正经历民主选举的重要变革，且在外交上也选择与西方靠拢。尽管他自称多受到批评，然而其基本基调是肯定或赞扬的。特别是在阿塔图克的评价上，刘易斯甚至有辩护的嫌疑[3]。除却本身的西方背景和立场，刘易斯的积极评价是有根据的。他认为，土耳其是中东国家中唯一一个没有被真正殖民过的，其民主选举又几乎是独一无二的案例。土耳其在很大意义上对刘易斯意味着一种未来的希望。后来，他跟土耳其总统厄扎尔成为朋友，并获得土耳其科学院的"阿塔图克奖"。对土耳其来说，刘易斯至少是友好的。

四、文明冲突：伊斯兰与现代性

1957年，在《世界事务中的中东》(*The Middle East in World Affairs*) 一文中，刘易斯就指出：当前中东地区的问题不是发生在国家或民族之间，而是"文明的冲突"[4]。这篇文章是刘易斯应邀在美国发表的一篇演讲，当时美国人还没有特别关注中东问题。按他的说法，中东在美国成为热点问题，要到1979年的伊朗革命之后。在这里，刘易斯特别指出，现代西方的民族和国家概念对中东地区

---

[1] Bernard Lewis, *The Emergence of Modern Turkey*, p. 481.
[2] Bernard Lewis, *The Emergence of Modern Turkey*, p. 486.
[3] 可以比较另外两本关于现代土耳其的著作。其中一本也是被重印多次，在很多地方可以取代刘易斯的著作。另外一本则是由土耳其学者撰写的，后被翻译成英文。Erik J. Zürcher, *Turkey: A Modern History*, London and New York: I. B. Tauris, 2012 [2005; 2007; 2009; 2010]. Sina Akşin, *Turkey: From Empire to Revolutionary Republic, the Emergence of the Turkish Nation from 1789 to Present*, trans. by Dexter H. Mursaloğlu, London: Hurst & Company, 2007.
[4] Bernard Lewis, *From Babel to Dragomans: Interpreting the Middle East*, London: Phoenix, 2005 [2004], p. 293.

来说都是陌生的，他们的基本认同不是通过语言或国土来界定的，而是宗教。

刘易斯注重犹太教、基督教和伊斯兰教共同的中东资源。他说，犹太教和伊斯兰教在神圣律法方面有共同性，包括对饮食的管制。在西方社会中，跟伊斯兰教相对应的概念应该是基督王国，而不是基督教。

> 基督王国和伊斯兰教在很多方面看是姊妹文明，它们都汲取了犹太启示和先知、希腊哲学和科学的共同遗产，都为中东不可磨灭的古老文明所孕育。在共同历史的大部分时期，它们时常陷入斗争；但即便在争斗与矛盾中，它们还是揭示了联系它们的基本血脉和共同特征，从而区别于亚洲更遥远的文明。[1]

后来，他进一步强调，伊斯兰教和基督王国的冲突在很大程度上正是因为两者之间的相似性，而不是差异。

伊斯兰教和基督教文明最大的区别体现在宗教、政府和社会关系的问题上。基督王国中关于神圣与世俗的二元主义，在伊斯兰教中找不到对称的概念。伊斯兰教没有基督教所谓的神职人员和教区体系，相应地也没有平信徒的问题。从先知时代起，伊斯兰社会一方面意味着一个政体，后来则成为国家和帝国；另一方面则是由先知和后继者所领导的宗教团体。"政府和政体由伊斯兰教来定义，完整的成员属于且只属于那些信奉主导宗教的人"[2]。

"圣战"是先知留给穆斯林的一个基本职责。它出自《古兰经》中"为真主而奋斗"的经文，包括两层含义：道德进取和武力斗争。对于大部分的穆斯林来说，"圣战"主要指武力斗争。根据伊斯兰教的律法，针对四种敌人的战争是合法的——异教者、叛教者、叛乱和土匪；只有前两种战争可以被称为"圣战"。穆斯林认为，世界被分为两大领域：伊斯兰和战场。"圣战"的义务是持续的，尽管偶然有间断，直到全世界都归于穆斯林的统治之下。相对来讲，十字军在基督教中是一个后来的概念，同在福音书中的基督教价值有着根本的区别。"'圣

---

[1] Bernard Lewis, *The Crisis of Islam: Holy War and Unholy Terror*, London: Phoenix, 2004 [2003], pp. 4-5.

[2] Bernard Lewis, *The Crisis of Islam*, p. 9.

战'则是从伊斯兰教历史一开始就有的——体现于经文、先知的生活,以及追随者和后继者的行为"[1]。伊斯兰教的律法奖赏殉道者,却惩处自杀者。"伊斯兰教的经文从来都没有支持恐怖主义和谋杀";而且,"也从来都不赞同任意杀戮无辜民众"[2]。

关于十字军作为一种特殊的历史现象的概念始于19世纪,它被视为是"欧洲帝国主义侵入伊斯兰世界的早期原型"[3]。从这个意义上讲,十字军是一个被诠释的历史现象,它是由于现代问题而被追溯的概念;其历史本身的意义并不竟然。欧洲在伊斯兰世界的活动先是商业扩张,随后则是侵略和占领——俄国在高加索和中亚、英国在印度、英国和荷兰在马来西亚及印尼、英法在中东及北非。对于伊斯兰教世界来说,穆斯林占领非穆斯林的土地是自然而然的,非穆斯林占领穆斯林的土地则是难以接受的,因为"这导致社会中宗教和道德的腐败,以及对神圣律法的轻视甚至废除"[4]。

在全球化的背景下,美国成为西方文明的继承者,相应地也成为中东的指责和仇恨所在之处。霍梅尼很早就将美国称为"大撒旦",以色列则是"小撒旦"。对于针对安拉敌人的战争,"只有无休止的战争,直到善对恶、安拉对撒旦的完全胜利"[5]。很大意义上,这即后来亨廷顿所谓的"断层线战争"。然而,美国之所以被批评和攻击,很多时候不是因为其对中东的帝国主义政策,而是因为不能履行帝国主义的职责。

在刘易斯的学术生涯中,他还曾为另一种重要的思潮所困扰和影响——东方主义(Orientalism)[6]。这一批评因为萨义德的著作而流行,其弟子和拥护者们几乎霸占了整个中东研究的教职、晋升和出版。最极端的例子是,有的研究者受了刘易斯的指导,却不敢或不愿在其书的致谢中提到他的名字。刘易斯对萨义德的一个基本评判是——"爱德华·萨义德的论点就是个错误"(Edward Said's thesis is

---

[1] Bernard Lewis, *The Crisis of Islam*, p. 32.
[2] Bernard Lewis, *The Crisis of Islam*, p. 34.
[3] Bernard Lewis, *The Crisis of Islam*, p. 44.
[4] Bernard Lewis, *From Babel to Dragomans*, p. 405.
[5] Bernard Lewis, *From Babel to Dragomans*, p. 396.
[6] 参见萨义德:《东方学》,王宇根译,北京:生活·读书·新知三联书店,2007年。

just plain wrong）[1]。其证据在于，所谓东方学，也即欧洲对阿拉伯和伊斯兰教的研究，并不是始于欧洲在伊斯兰世界的殖民扩张，而是穆斯林在欧洲的帝国侵略。这不但是对中东史，也是对欧洲史的无知。从根本上来说，刘易斯反对的是狭隘的民族主义史学，也即认为只有本民族才能研究自身的历史。

伊斯兰与西方、伊斯兰与现代性是刘易斯学术的一个核心关注点。这见于伊斯兰教和基督王国的斗争，更体现于中东艰难的现代转型[2]。然而，同亨廷顿明显的国际战略指向不同，刘易斯在"文明冲突论"上的观点更多地体现了一种对世界事务的先知性判断。2001年，在"9·11"事件之后，他随即在《纽约人》（The New Yorker）发表了《伊斯兰的反叛》（The Revolt of Islam）一文，并获得该杂志的报道奖。这是学者受到的媒体赞扬，从而也在很大意义上将其观点流行化和简单化了。然而，我们知道，刘易斯在20世纪50年代初就提出了这一观点，这时美国人还没有开始特别关注中东问题。1979年的伊朗革命后，他又及时反思。刘易斯比亨廷顿有着更深厚、更广泛的研究基础，他才是"文明冲突论"的首倡者。

五、为历史辩护

"就职业和专业来讲，我是一名历史学家"[3]。这是刘易斯对自己身份的一个基本认定。他认为，历史是一种集体记忆。如果把历史比作人的身体，没有历史意味着遗忘，扭曲的历史则是神经衰弱。因此，历史学家有一个伟大的职责，从道德和职业角度讲，就是要探索关乎过去、指向未来的事实，并如实地解释它。

刘易斯还写了《为历史辩护》（In Defense of History）的专门文章。他指出人

---

[1] Bernard Lewis and Buntzie Ellis Churchill, *Notes on a Century*, p. 268.

[2] 刘易斯在这方面的相关著作，参见 *The Middle East and the West*, Bloomington: Indiana University Press, and London: Weidenfeld & Nicholson, 1964; reprinted (paperback) New York: Harper & Row, and Weidenfeld & Nicholson, 1964; reprinted (paperback) Harper & Row, 1966, 1968. *Islam and the West*, New York: Oxford University Press, 1993. *Shaping of the Modern Middle East*, New York: Oxford University Press, 1993 [A revised version of *The Middle East and the West*, 1964]. *Cultures in Conflict: Christians, Muslims and Jews in the Age of Discovery*, New York: Oxford University Press, 1995. *The End of Modern History in the Middle East*, Stanford, CA: Hoover Institution Press, 2011.

[3] Bernard Lewis and Buntzie Ellis Churchill, *Notes on a Century*, p. 4.

们对历史的误解，一是弃用或忽视，一是误用或歪曲；有一种自我服务的历史，甚至还有自我鞭笞的历史。他解释历史的基本功用，也即需要记忆，避免被剥夺记忆。正如个人一样，群体也有自己的记忆。一个相对平衡的观点是历史叙述。"如果遗失或不精确，这一机构就面临严重危险；如果是欺骗性的，这些危险就包含着控诉"[1]。他特别提到对历史的政治利用：先是制造神话，神话可能变成权威，甚至会利用强制的手段。教育被看作是控制历史学的一个有效方法；另外，也有历史被娱乐化的危险，电影是最突出的例子。

刘易斯论述说："历史的解释是开放的，但即使解释也有精确的必要。不精确的历史比没有历史还糟糕。"[2]历史不是精确的科学，因为历史证据常常是不完整的、零碎的、残缺的。但即便如此，我们还是可以通过现有的证据找出基本的事实，或者发现继续探索的问题。"教授历史的目的是引导人提问，而且是非常基本的问题，然后进入一个自我检验的持续过程"[3]。好的老师是将潜在的历史学家带入历史进程和诸多不确定性的无限复杂世界。历史写作有一些基本的特质：清楚、精确、优美。如果一本书在写作方面比较差，这可能是好的研究，但一定不是好的历史，"优美不言自喻"[4]。

他认为："伊斯兰教从一开始就赋予历史相当的重要性。而且，在世界许多地方，信史即始于伊斯兰教的到来。"[5]对穆斯林来说，历史具有深刻的、甚至是宗教的意义。伊斯兰教的兴起即是通过历史事实证明的事件。作为先知穆罕默德言行的记录，《圣训》也被视为历史。"由于对穆斯林来说历史具有重要的宗教意义，因此历史的精确也是至关重要的"[6]。伊斯兰世界历史的一个特点是没有"民族的历史"（histories of nations）。我们可以看到普遍的历史、王朝的历史、地区的历史、个人的传记，但就是没有民族或国家的历史。这反映了穆斯林对身份认同的基本观点。此外，穆斯林也不关注其他民族、国家和宗教的历史。一个突出的例子是历史学家吉本所谓十字军对"圣战"的历史，在穆斯林中并没有什么特

---

[1] Bernard Lewis, *From Babel to Dragomans*, p. 477.
[2] Bernard Lewis and Buntzie Ellis Churchill, *Notes on a Century*, p. 140.
[3] Bernard Lewis and Buntzie Ellis Churchill, *Notes on a Century*, p. 142.
[4] Bernard Lewis and Buntzie Ellis Churchill, *Notes on a Century*, p. 298.
[5] Bernard Lewis, *From Babel to Dragomans*, p. 502.
[6] Bernard Lewis and Buntzie Ellis Churchill, *Notes on a Century*, p. 148.

别的兴趣。

刘易斯反对"民族化的历史"（nationalized history）——也即认为只有本民族才有资格研究自己的历史。他认为，"伊斯兰教的历史是人类历史中重要且必要的部分"。他梳理西方对伊斯兰教历史的研究，包括全信、怀疑、拒绝三个阶段。刘易斯认为，一个合理的做法是"批评但不破坏"，如此才能实现对人类共同文明更好的理解[1]。

小结

刘易斯是中东研究历史上一座难以逾越的高山。其生命历程，几乎跟一战以来中东近代化的进程同步；而他丰富的著作，也见证了中东问题的复杂性和矛盾性。流利的书写成就其盛名，也满足了广大读者。然而，刘易斯是从历史走到国际事务的前台的；他也一直自豪，自己不是直接从西方看中东，而是对中东有着很强的处境关怀。所以，如果我们不晓得刘易斯的历史学家身份，就无法真正理解刘易斯，无法理解西方学界的中东研究，甚至无法理解中东的各种问题。刘易斯是在中东没有成为热点问题之前开始关注这个地区的。同其前辈的东方学家不同的是，他非常强调自己的历史学家身份。他继承了前辈们在语言学方面的成就，但在历史分析和解释的方面更进一步。刘易斯得以在英国、法国和美国的学术界学习、工作，并因为自己的语言能力可以阅读俄语成果；而他的犹太身份，对波斯和土耳其的特别了解，都让其在同行中更胜一筹。对于刘易斯，我们不需要为他辩护什么，尽管他已经有太多的批评。他的偏见一如他的成就，都是显而易见的。这来自他所生活的时代和世界，是每一个人都无法避免的。然而，刘易斯意味着更多。特别是在中东成为热点问题的背景下，重新认识刘易斯的历史学家身份，是中东研究的一个必要课题[2]。

---

[1] Bernard Lewis, *From Babel to Dragomans*, pp. 510-511.
[2] 刘易斯关于历史学的系统反思，参见 Bernard Lewis, *History — Remembered, Recovered, Invented*, Princeton: Princeton University Press, 1975; reprinted 1976; (paperback) New York: Simon & Schuster, 1987.

丝路史学的建构：
全球性、关联性及公共性

  2013年，中国国家主席习近平相继提出了建设"丝绸之路经济带"和"21世纪海上丝绸之路"的国际倡议。2015年，国家发改委、外交部、商务部联合发布了《推动共建丝绸之路经济带和21世纪海上丝绸之路的愿景与行动》白皮书。2017年，"一带一路"国际高峰合作论坛在北京召开。在十九大会议中，"一带一路"倡议也被列为一个重要的议题。显然，"一带一路"已经成为中国解释世界和世界了解中国的一大重要议题。

  在这样的背景下，历史上的丝绸之路作为一个重要资源，也引起了学界和公众的关注[1]。相关著作的出版和研究机构的成立是一个基础。进一步而言，"丝路研究"或"丝路学"俨然成为一个相对独立的研究领域[2]。如此，既然历史上的丝绸之路是探讨今日"一带一路"议题的一个重要资源，那么这样一个研究主题或

---

[1] 如王义桅：《"一带一路"：机遇与挑战》，北京：人民出版社，2015年；王义桅：《世界是通的："一带一路"的逻辑》，北京：商务印书馆，2016年。
[2] 如西北师范大学出版的《丝绸之路》刊物、上海外国语大学的《新丝路学刊》、陕西师范大学的《丝绸之路研究集刊》、南京大学和扬州大学联合出版的《丝路文化研究》刊物等。一项专门研究，参马丽蓉：《丝路学研究》，北京：时事出版社，2014年。

领域的建构就不能缺了历史的纵深视角。然而，我们也发现，由于丝绸之路同时兼具历史意义和当下关怀，这也对历史学科本身提出挑战，需要从一个全新的视角去理解和诠释。

一、历史观念的更新

首先，全球化的时代需要全球史的新视角。在著名史家斯塔夫里阿诺斯的经典著作《全球通史》之后[1]，杰里·本特利和赫伯特·齐格勒的《新全球史》、皮特·斯特恩斯的《全球文明史》、约翰·麦克尼尔和威廉·麦克尼尔父子的《麦克尼尔全球史》等相继推出[2]。国内的首都师范大学、北京外国语大学、山东大学等也成立了全球史的专门研究机构。全球史正在成为理解当今世界的一个重要视角。然而，这远不只是历史概念本身的变化，而是意味着不同的研究逻辑和方法。

在《什么是全球史》一书中，柯娇燕指出："全球史学家正是以其方法而不是史实，区别于那些研究地区史或国别史的学者。"[3] 在国际新史学的背景下，全球史实际上从社会科学借鉴了很多概念和分析方法，很多时候又再将这些概念和分析方法反馈给社会科学。这使得"历史学家和全球史作者很少有共同之处"[4]；相反，他们却更像经济学家、社会学家、政治科学家和科学家，甚至小说家。全球史作为一项新型事业，有着不同的假设和问题。这可以是历史学的一个分支学科，要以历史学的专业工作为基础。然而，全球史家要做得更多。他们必须涉及不同的领域，可以延伸为比较史学家、文化史学家和国际史学家。"全球史作者

---

[1] 斯塔夫里阿诺斯：《全球通史（上、下）》，吴象婴、梁赤民译，上海：上海社会科学院出版社，1999年。

[2] 本特利、齐格勒：《新全球史：文明的传承与交流》，魏凤莲译，北京：北京大学出版社，2007年；斯特恩斯等：《全球文明史》，赵轶峰、王晋新、周巩固译，北京：中华书局，2006年；麦克尼尔等：《麦克尼尔全球史：从史前到21世纪的人类网络》，王晋新、宋保军等译，北京：北京大学出版社，2017年。

[3] 柯娇燕：《什么是全球史》，刘文明译，北京：北京大学出版社，2009年，第2页。

[4] 柯娇燕：《什么是全球史》，第97页。

必须讲述一种志在解释全球规模历时变迁的故事"[1]。

跟全球史相关的一个概念是比较史学。《历史比较研究导论》的作者指出这一趋势发展的原因：一是个人生活空间在地域方面的扩大；二是国际交往的扩大和对其他国家依赖性的增强；三是历史科学发现了新的领域。他还指出历史比较的种类，如总体性比较和特殊性比较、地理扩大、原因比较等。当然，相对于其他的社会科学，历史学家的独特性在于对时间维度的把握[2]。与此同时，在全球史的视域中，"关联性"也值得特别关注。著名社会学家吉登斯用时空分离和脱域来描述全球社会的特点[3]。然而，从全球史的范围看，同一时间段的跨地域联系和同一地域的历时联系都是历史学家所要考虑的。这里没有现代性的断然分裂，但却体现了时空维度中错综复杂的联系。因此，"关联史"和"比较史"是全球史中同样重要的概念[4]。

历史观念更新的第三个方面是"公共史学"。公共史学是"一个运动、一种方法论和一种路径"[5]。它旨在将专业的历史研究和社会大众的历史兴趣与需求联系起来。公共史学家和专业的历史学家在基本知识和技术方面并没有太大的不同，他们的区别在于"传递"（delivery）的方式。他们研究的问题并不始于个人兴趣，而是社会需要。所以，他们有一种强烈的服务意识。"公共历史学家服务，且其服务有效"[6]。除了学术机构外，公共历史学家从事更广泛的职业，包括

---

[1] 柯娇燕：《什么是全球史》，第98页。
[2] 凯博：《历史比较研究导论》，赵进中译，北京：北京大学出版社，2009年，第1—3页。
[3] 吉登斯：《现代性的后果》，田禾译、黄平校，南京：译林出版社，2000年，第16页。
[4] Ann Curthoys and Marilyn Lake, *Connected Worlds: History in Transnational Perspective*, Canberra: Australia National University Press, 2006; Dominic Sachsenmaier, *Global Perspectives on Global History: Theories and Approaches in a Connected World*, Cambridge and New York: Cambridge University Press, 2011.
[5] 这是我之前浏览美国公共历史学会（National Council on Public History）网站的定义所做的笔记，但近期该网站对此部分的内容已经有所调整。参见 http://ncph.org/what-is-public-history/about-the-field/（2018年4月10日浏览）。关于美国公共史学的发展，参见王希《谁拥有历史——美国公共史学的起源、发展与挑战》，《历史研究》2010年第3期。
[6] 经典的论述参见 Robert Kelley, "Public History: Its Origins, Nature, and Prospects," Phyllis K. Leffler and Joseph Brent (eds.), *Public History Readings*, Malabar, FL: Robert E. Krieger Publishing Company, 1992, pp. 111-120; Leslie H. Fishel, Jr., "Public History and the Academy," Barbara J. Howe and Emory L. Kemp (eds.), *Public History: An Introduction*, Malabar, FL: Robert E. Krieger Publishing Company, 1986, pp. 8-19.

在政府、企业、社会机构等担任职务。同时，这也更新了历史研究的方法，如团队合作、研究资助等。实际上，公共史学提出的挑战要更多。如著名历史学家卡尔·贝克尔所言——"人人都是他自己的历史学家"[1]。随着公众对历史的兴趣日益增强，历史学家们如果不能很好地履行自身的职责，或许有一天将会面临失业的尴尬。

历史是什么呢？我们听过克罗齐关于"一切历史都是当代史"和柯林伍德的"一切历史都是思想史"的宏论，甚至在后现代主义眼里，历史都被诠释解构了。然而，对一般的史学工作者而言，爱德华·卡尔的名言依旧是一个常识性的论断——"历史是历史学家与历史事实之间连续不断的、互为作用的过程，就是现在与过去之间永无休止的对话"[2]。历史当然不只是历史学家的专利，也不只属于过去。当我们承认以史为鉴的政治教训时，或许我们更难回答的是马克·布洛赫所说的小孩子天真的询问——"告诉我，爸爸，历史有什么用？"[3]

二、丝绸之路与历史书写

习惯上，中国人对丝绸之路的了解往往限于对"西域"的知识[4]，或者是学者所说的"中国的亚洲内陆边疆"[5]。现在，学者更愿意从文化交流的角度来对此进行探讨。如北京大学的荣新江教授指出："丝绸之路对于人类文明的最大贡献，是沟通了不同国家、不同民族之间的交往，也促进了东西方双向的文化交流。"[6]刘迎胜教授的《丝绸之路》《丝路文化》《海路与陆路：中古时代东西交流研究》

---

[1] 贝克尔：《人人都是他自己的历史学家》，马万利译，北京：北京大学出版社，2013年。
[2] 卡尔：《历史是什么？》，陈恒译，北京：商务印书馆，2008年，第115页。
[3] 布洛赫：《历史学家的技艺》，张和声、程郁译，上海：上海社会科学院出版社，1992年，第7页。
[4] 参见羽田亨：《西域文化史》，耿世民译，北京：华文出版社，2017年；鲁保罗：《西域的历史与文明》，耿昇译，乌鲁木齐：新疆人民出版社，2006年。
[5] 关于这一说法，最经典的著作即拉铁摩尔：《中国的亚洲内陆边疆》，唐晓峰译，南京：江苏人民出版社，2008年。
[6] 荣新江：《丝绸之路与东西文化交流·前言》，北京：北京大学出版社，2015年，第7页。

《从西太平洋到北印度洋：古代中国与亚非海域》等著作[1]，为我们了解相关的知识提供了很好的参考。

然而，相对而言，中文学界在专业知识和大众读者的结合方面还不尽如人意。特别是专业学者总是集中于某些具体的、零散的专题，而不能讲述一个相对流畅、生动的故事；而且，大量的引述也降低了图书的趣味性。在评论美国学者米华健的《丝绸之路》一书时，荣新江教授即指出，该书"既不是篇幅最长的，也不是出版时间最新的，但却是我阅读时最感到愉快的一种"。他接着说，该书最大的优点"就是小而精"，另外一个优点则是"文笔优美，而且时时带出一些美国人的幽默，让人读起来十分轻松愉快"[2]。除却一般写序的溢美之词，他提到作者经常把古代的事情和身边的人物联系起来，就可以想象出一幅生动画面。这跟大部分中文著作板起面孔来的严肃性可谓迥然不同。

中国读者更熟悉的另一部著作是耶鲁大学芮乐伟·韩森所写的《丝绸之路新史》(*The Silk Road: A New History*)。该书开宗名义即指出，"丝绸之路"并非一条真实的"路"，而是跨越沙漠和山岭且经常变动的路线图。实际上，丝绸之路沿线的贸易量并不很大，但它"确实改变了东西方的文化"[3]。丝绸甚至不是丝绸之路上最重要的商品，纸、茶、瓷等都有着广泛的影响。这可谓是点出了该书的核心主题——丝绸之路乃文化之路。作者的论述从近代的探险家斯文·赫定、斯坦因、伯希和等说起，从而将古代的历史置于近代考古和学术史的脉络中。在章节的分配上，作者以丝绸之路上的主要据点为单位，如楼兰、龟兹、高昌、撒马尔罕、长安、敦煌、于阗等，结合考古发现和文献资料，通过实物来阐述背后的故事。韩森的著作在很大程度上符合其"新史"的书名，因为它从结构和叙述方面确实带给读者一种耳目一新的感觉。

牛津大学彼得·弗兰科潘所著的《丝绸之路：一部全新的世界史》(*The Silk*

---

[1] 参见刘迎胜：《丝路文化·海上卷》，杭州：浙江人民出版社，1995年；《丝路文化·草原卷》，杭州：浙江人民出版社，1995年；《海路与陆路：中古时代东西交流研究》，北京：北京大学出版社，2011年；《丝绸之路》，南京：江苏人民出版社，2014年；《从西太平洋到北印度洋：古代中国与亚非海域》，南京：南京大学出版社，2017年。

[2] 米华健：《丝绸之路·序言》，马睿译，南京：译林出版社，2017年，第1—3页。

[3] Valerie Hansen, *The Silk Road: A New History*, New York: Oxford University Press, 2012, p. 5. 中文版参见韩森：《丝绸之路新史》，张湛译，北京：北京联合出版公司，2015年。

Roads: A New History of the World），跟上书有着异曲同工之妙。虽然"新史"和"新世界史"只是一词之差，但这中间却有着不同的蕴意。它实际上代表了一种超越欧洲中心的新世界观和历史观，而丝绸之路正是这种历史观转变的核心命题。如作者所说："世界旋转的轴心正在转移——移回到那个让它旋转千年的初始之地，丝绸之路。"[1] 该书在英国一出版就成为畅销书。作者在写作之初已将中国读者视为潜在的阅读群体，这使其中文翻译显得更为必要。还有一点值得特别注意的是作者在写作该书时的当下关怀。在书的结语中，他指出："近几十年来的局势表明，西方在应对该地区时，缺乏一种站在全球史角度的、更高更广的洞察力。"[2] 他论述了丝绸之路的再次崛起，特别是中国在其中的关键角色。最后，他总结道："丝绸之路上的历史与今日的世界紧密相连。"[3]

稍显吊诡的是，华裔学者刘欣如所写的《世界历史上的丝绸之路》（The Silk Road in World History）却少为中国读者所知，这部分归结于中文翻译的缺失[4]。该书被列入"牛津新世界史"系列。2014年1月，当我在华盛顿参加美国历史学会的年会时，这本小书作为教材类图书被展览。刘欣如曾在中国社会科学院工作20年之久，后又赴美留学和工作。这在一定程度上让她更容易从一个相对平衡的视角来审视这一文化交往的历史。她以"中国放眼西方"开始，接着又以"罗马放眼东方"回应。在中间部分，她讲述了贵霜帝国时期佛教的发展，又讲到粟特人在贸易中的关键作用，以及拜占庭帝国通过波斯人掌握了丝绸的技艺，并将丝绸传到欧洲。最后，在蒙古帝国的统治下，当茶叶和瓷器顺着海路有着更方便的流通时，丝绸也终结了其"垄断性"的地位。

超越丝绸而写丝绸之路，或许是丝绸之路历史书写更高的境界，也是我们今天探讨丝绸之路的意义所在。理查德·福尔茨的《丝绸之路上的宗教：全球化的前现代模式》（Religions of the Silk Road: Premodern Patterns of Globalization）正

---

[1] 弗兰科潘：《丝绸之路：一部全新的世界史》，邵旭东、孙芳译，徐文堪校，杭州：浙江大学出版社，2016年，第XI页。
[2] 弗兰科潘：《丝绸之路：一部全新的世界史》，第436页。
[3] 弗兰科潘：《丝绸之路：一部全新的世界史》，第444页。
[4] Xinru Liu, The Silk Road in World History, New York: Oxford University Press, 2010. 台湾出版的翻译本，参见刘欣如：《一带一路：带你走入丝路的历史》，李政贤译，台北：五南图书出版公司，2018年。

是这样一部经典作品。该书于1999年出版，2010年再版。这本身也说明了该书的质量和读者对该书的需要。副标题"全球化的前现代模式"很大程度上体现了作者在历史书写时的当下关怀，也突出了该书跨文化的意义。以佛教、景教、摩尼教、伊斯兰教等为例，作者强调："丝绸之路不仅仅是宗教向东传播的通道；它还构建了形塑和转化的礼仪。"[1]宗教并不是简单地沿着丝绸之路传播的，而是在这一过程中跟各地的文化交汇融合，从而在调适中发生了必要的变化。所以，他说，"丝绸之路的故事是更广泛的文化对话历史的一部分"[2]。当然，这一对话的实现，有赖于不惧艰难险阻而进行跨境贸易的人们，他们是文化对话的载体。

其他的相关读物，如林梅村的《丝绸之路考古十五讲》、耿昇先生翻译的《丝绸之路》和《丝绸之路：中国—波斯文化交流史》、埃德蒙·德瓦尔的《白瓷之路：穿越东西方的朝圣之旅》等[3]。还有关于海上丝绸之路的众多著作，如杜瑜的《海上丝路史话》、李庆新的《海上丝绸之路》、梁二平的《海上丝绸之路2000年》、刘淼和胡舒扬的《沉船、瓷器与海上之路》等[4]。这些都成为我们了解丝绸之路的重要参考，从而也推动我们关于丝路史学的建构。

三、丝路史学的建构

丝路史学是一种全新的历史观念和一个热门话题的联姻，同时也期待着历史学和其他相关学科的学者共同努力，综合历史资料、理论及方法，实现一项正在

---

[1] Richard Foltz, *Religions of the Silk Road: Premodern Patters of Globalization*, 2nd edition, New York: Palgrave, 2010 [1999], p. 9.
[2] Richard Foltz, *Religions of the Silk Road*, p. 156.
[3] 林梅村：《丝绸之路考古十五讲》，北京：北京大学出版社，2006年；布尔努瓦：《丝绸之路》，耿昇译，北京：中国藏学出版社，2016年；玛扎海里：《丝绸之路：中国—波斯文化交流史》，耿昇译，北京：中国藏学出版社，2014年；德瓦尔：《白瓷之路：穿越东西方的朝圣之旅》，梁卿译，桂林：广西师范大学出版社，2017年。
[4] 杜瑜：《海上丝路史话》，北京：社会科学文献出版社，2011年；李庆新：《海上丝绸之路》，合肥：黄山书社，2016年；梁二平：《海上丝绸之路2000年》，上海：上海交通大学出版社，2016年；刘淼、胡舒扬：《沉船、瓷器与海上丝绸之路》，北京：社会科学文献出版社，2017年。

开展的事业。一定程度上，这是现实问题对历史学及相关学科提出的挑战；另一方面，这也意味着学术研究的理论和方法创新，以及对当下热门话题的回应。全球—比较—公共视角是一个基本的建设路径[1]。

全球化是这项伟大事业的重要背景。有学者指出，正如后现代主义是20世纪80年代的主流观念，全球化可能是20世纪90年代的主流概念[2]。实际上，最新一轮的全球化讨论在20世纪70年代就已经展开。在这之前，现代化理论则主导了社会科学的研究范式。北京大学的罗荣渠教授曾长期致力于通过现代化视角对历史学的诠释，对中国学者有着启发性的意义[3]。在21世纪，当中国作为一种新的全球力量崛起，中国在世界日益发出重要的声音，中国哲学社会科学话语的建构也势在必行。全球化需要全球史学的发展，全球史学需要中国学者的贡献。

比较及跨文化研究是一个基本方法。全球化的一个重要影响就在于超越了民族国家的界限，实现了跨国家、超国家的联系。相应地，全球史学并不只是在最广泛层面上的普遍历史（universal history），而是在比较和跨文化的方面形成了穿越式的网络[4]。这有助于我们从一个更广泛的视角审视哪怕是非常具体的人物和事件。当然，比较研究充满了风险，这会使历史研究的范围和广度大大增加。然而，以中国史学"究天人之际、通古今之变"的传统而言，这或许正是当今中国史学亟须拓展的领域。实际上，现代社会科学在这方面已经积累了很好的经验和方法，会在开阔视野的同时保持学术研究的科学性。历史学应该做的是向社会科学学习，而不是因为风险就束手束脚[5]。

公共史学体现了一种人文关怀。如果说人是历史的主角，这就历史发展本身

---

[1] 在这方面，作者比较熟悉的两所大学的课程可供参考：一是美国乔治城大学的全球-国际-比较历史（Global, International and Comparative History），一是香港中文大学的比较及公众史学（Comparative and Public History）。具体可参见 https://history.georgetown.edu/programs/ma；http://www.history.cuhk.edu.hk/ma_index.html（2018年4月13日浏览）。

[2] Malcolm Waters：《全球化》，徐伟杰译，台北：弘智文化出版社，2000年，第1页。

[3] 罗荣渠：《现代化新论——世界与中国的现代化进程》（增订版），北京：商务印书馆，2004年。

[4] 入江昭：《全球史与跨国史：过去，现在和未来》，邢承吉、滕凯炜译，杭州：浙江大学出版社，2018年。

[5] 关于历史学与社会科学的关系，参见鲁滨孙：《新史学》，齐思和等译，北京：商务印书馆，1997年；巴勒克拉夫：《当代史学主要趋势》，杨豫译，上海：上海译文出版社，1987年。

而言尚有可疑；然而，如果说人作为历史的书写和传承者，这大概就不会有太多疑问了。因此，历史需要一种基本的人文关怀。今日，中国的史学家已经不再因为概念的新奇而学习西方，而从中国史学发展的切实需要来讨论某些问题，即便我们依旧需要借鉴和参考西方的经验。公共史学就是这样一个问题[1]。它诞生于20世纪70年代的美国，部分程度上是因为历史学科的某种"危机"，目前已经有相对完善的体系。在中国社会急剧变革的情况下，我们的"史学危机"早已经敲响了警钟，但在大学学科建设的紧迫形势下，大部分学者却仍持守着困局。历史不是历史学家的专利，历史学需要自己的读者。中国公共史学的发展，功在当下、利在千秋[2]。

在相当的程度上，丝绸之路与这一新的历史视角形成了某种完美契合。这首先归因于"一带一路"倡议及其对于当代中国和世界的重要意义。如果说新的历史视角和方法需要一个重大事件作为标杆，那么丝绸之路是当之无愧的不二选择。此外，丝绸之路在学术的角度体现了一种新的史学关怀。它是全球的，反映了中国对于世界的传统认识；它是跨文化的，体现了错综复杂的贸易和文化往来；它是公共的，有着迫切的当下意义和大众性。丝绸之路和"一带一路"是中国的也是世界的。它有着深刻的中国烙印和强烈的中国色彩，却又体现了一种兼容并包的开放精神和理念。

如此，以全球—比较—公共视角为引领，一种丝路史学的运动将在期待中诞生。不过，在轰轰烈烈的热潮中，历史学家总是要保持一种相对的冷静。全球和比较的视角作为方法，更多体现了专业层面的精工细作。丝路史学的公共性却令专业的史学家们最为担心。

不过，有一件事情历史学家是可以做好的，而且是应该做好的。借用有着广泛影响却也备受争议的阿拉伯—伊斯兰历史学家伯纳德·刘易斯的话说，如果一本历史书有着扎实的研究却没有很好的文字，那可能是一个好的学术产品，却不

---

[1] 中国学者关于公共史学的最新专著，参见钱茂伟：《中国公众史学通论》，北京：中国社会科学出版社，2015年；李娜：《公众史学研究入门》，北京：北京大学出版社，2019年。浙江大学成立了专门的公众史学研究中心和《公众史学》刊物。中国人民大学也召开了公众史学的国际工作坊。

[2] 刘义：《大学历史教育：教什么，学什么？》，《社会科学报》2010年8月26日。

是好的历史。"优美不言自喻"（Elegance speaks for itself）[1]。刘易斯著作等身，更难得的是，他的著作不断被再版和重印。这让作为历史学家的刘易斯也备受争议，以致大众几乎忘记了他的历史学家身份。然而，从历史的角度看，刘易斯的盛名除了现实的大环境，他本人在写作技巧方面的修养和努力也是一个重要原因。如果年轻的历史学者们不只是跟风式地批评刘易斯的缺点，或许我们从他身上能学到更多的东西[2]。

小结

当中国甚至世界社会都在密切关注丝绸之路及其当代复兴的时候，专业的历史学家是否依旧可以安静地守候在自己的书斋，冷峻地旁观这一切？答案显然是否定的。我们当坚守自身的专业素质和职业伦理，但却不得不承认自身也是这大历史中的一员。而且，历史学家需要考虑历史读者的感受，历史学家自身也是历史的参与者。那么，面对当今时代这样一个有着深远历史意义的重大课题，历史学家该做些什么呢，又能做些什么呢？

历史学或许无所谓新旧，但史学工作者可能真的需要一种宣言[3]。当然，这不是要把历史学家捆作一团，也不是要历史学家跟随政治的运动或市场的利益。不过，历史学家确实应该把某些事情做得更好。历史学家应该坚守自己的本分，讲好全球时代的故事。在这时代的浪潮中，历史学家需要走出自身的窠臼，并在其中有所为也有所不为。历史学家需要战斗的，或许不是政治运动和市场利益，而是那座他们身处其中的象牙塔。

---

[1] Bernard Lewis and Buntzie Ellis Churchill, *Notes on a Century: Reflections of a Middle East Historian*, London: Phoenix, 2013 [2012], p. 298. 刘易斯关于历史学的系统反思，参见 Bernard Lewis, *History — Remembered, Recovered, Invented*, Princeton: Princeton University Press, 1975; New York: Simon & Schuster, 1987.

[2] 刘义：《超越文明冲突论：伯纳德·刘易斯的中东史观》，《世界宗教文化》2016 年第 6 期。

[3] 希梅尔法布：《新旧历史学》，余伟译，北京：新星出版社，2007 年；古尔迪、阿米蒂奇：《历史学宣言》，孙岳译，上海：格致出版社，2017 年。

当孔子来到博斯普鲁斯：
个人经验与反思

2013年10月，我正式受命担任土耳其海峡大学孔子学院的中方院长。抵达的当日是一个主麻日，也是古尔邦节前的最后一个工作日。我匆匆地去拜会了中国驻伊斯坦布尔的总领事，然后就返回办公室跟土方的同事开了第一次工作会议。会议室的气氛是愉快的，这让我们的秘书消除了对一位新任院长到来可能造成的诸多担忧。然而，当我坐在办公桌前，立即收到了一个好友的来信。里面附了一段《新约·提摩太后书》的经文："凡事谨慎，忍受苦难，作传道的功夫，尽你的职分。"（4：5）后来，另一个朋友则送了我另外一段经文："常常喜乐。"（腓4：4）

我顿时觉得自己的工作不会轻松，无论欢迎的笑声是多么爽朗，而后来所发生的一切，却远超乎我的想象。文化交流的实践远比其听起来要复杂得多。这其中的一个症结首先在于我矛盾的身份，而不是个人品质。土耳其是一个穆斯林人口为主的国家，但在近代经历了凯末尔的世俗主义改革。我所在的大学最初由美国传教士所建，我到达时正好是150周年校庆[1]。学校就坐落在博斯普鲁斯之畔，

---

[1] 该大学原名罗伯特学院，由美国公理会传教士塞勒斯·汉姆林建于1863年，早期的许多教师也都来自美国南部的乔治亚州。1971年石油危机期间，由于基金会出现财务状况，才变为公立的海峡大学。学校以英文教学著称，是土耳其最好的公立大学之一。关于（转下页）

这也是其得名的由来。在校园里，可以看到 1453 年为攻占君士坦丁堡而修建的城堡，贯穿博斯普鲁斯的则是以征服者苏丹穆罕默德命名的第二座大桥[1]。当时，我就想，以孔夫子命名的机构究竟会在这里扮演什么角色？

一、孔子学院的常规业务

我是这家孔子学院的第三任院长。前两任在这里已经打下了一些基础，包括齐全的设施和人员，还有一块"先进孔子学院"的奖牌。对于他们，我是心存感激的。根据自己已有的一点行政经验，我当即做出决定：在我刚上任的这半年，所有以往的政策照旧，按惯例操作即可。这让曾经为前两任院长工作过的同事缓了一口气。当然，在个人层面，我也跟他们稍有不同。比如：我坚持中外方院长的关系不参照外交原则，而是大学和教授之间的合作交流。还有，我要在院长办公室增添书架和图书，因为这不仅仅是一个行政职位，更是一个文化符号。

从一开始，这家孔子学院和全球其他的孔子学院一样，做着习惯的事情。在我到来之前，汉语课的班次和人数已经有数倍的增长，外面还有两个固定的教学点。这让我暂时可以安心。古尔邦节假期后，我接待了第一批来自上海大学的同事，我也借机参观了伊斯坦布尔的经典景点。虽然中间略有不顺，但按套路来的事情总是不会出大错的。而且，在工作的初期，我特别愿意低头听别人的意见，只要不是违反基本原则的都会委曲求全。所以，当时，我的土方同事评论说，"这个新来的院长很礼貌，我们很喜欢他"。只是过了好久之后，我才更明白这个"礼貌"的另外一层含义。

我上任后的第一件大事是承办伊斯坦布尔书展上中国主宾国的系列活动。我觉得这是一个难得的机会，所以希望能尽力做好这件事情，也为自己的新职务积

（接上页）其早期的历史，可参见 Marcia and Malcolm Stevens, *Against the Devil's Current: The Life and Times of Cyrus Hamlin*, Istanbul: Boğaziçi University Press, 2012; George Washburn, *Fifty Years in Constantinople and Recollections of Robert College*, Istanbul: Boğaziçi University Press, 2011 [1909].

[1] 关于 1453 年拜占庭和奥斯曼帝国交替的历史，参见 Steven Runciman, *The Fall of Constantinople: 1453*, Cambridge: Cambridge University Press, 1965.

累一点资本。活动的场面是很大的，吸引了著名作家铁凝等。我们特别承担了孔子学院总部的书展，组织了西川、张炜等作家的座谈会以及中国电影集团的影展。这对我来说是一次别开生面的经历。对于这些作家，平时只看他们的书，现在则能亲切地在饭桌上聊天。一上任，我就可以跟孔子学院总部的具体部门有直接合作。所以，整体而言，这个活动是成功的，我也受到了项目官的称赞[1]。当然，这背后也有诸多的矛盾之处。比如：由于中外方沟通不畅，我们的作家座谈会差点儿被取消。有一个书法的专门活动就直接取消了，外方却始终不承认是因为回应不及时而导致的。这都是光鲜场面背后难以避免的事情。

短暂的休息调整之后，我们即准备当年的第二次大活动——伊斯坦布尔总领馆组织的新年晚会。虽然说一切照旧，但作为新任院长，我骨子里还是希望能带来一些新气象的，也特别希望能证明自己。对于这样的活动，我觉得是在当地华侨和土耳其友好人士面前展示自己的一个绝好机会。所以，虽然没有报酬，车费等还得自己出，但我还是督促我们的工作人员尽力去做好。当时，我几乎动员了身边所有的华人，包括在那里的交换生、留学生及其家属。在当地华人机构和人员并不多的情况下，我们派出了一个16人的团队，活动非常成功。为了感谢大家的辛苦，我在自己的公寓私人宴请了大家。

再之后，我们又在孔子学院组织了庆祝春节的活动。当地的中资企业和机构的人员习惯在春节回国，而我则觉得春节是给外国人介绍中国的最佳时机。这是孔子学院第一次组织的大型春节庆祝活动，中方院长亲自坐镇。我开放会议室给大家包饺子，又在当地的中餐馆订了盒饭。孔子学院的志愿者则组织了舞狮、书法、剪纸、舞蹈等活动，土耳其学生也参与其中。但这仍难掩大家的思乡之情。在白天干活的时候，大家就老被国内的微信或电话打断，表情也多有忧虑。等忙完这一切之后，大家一下子就累了。我送走了土方同事，开放教室给大家唱卡拉OK，又拿出了私人珍藏的酒。那是我们自己的节日，一直到清晨四点，我才回到公寓，并宣布放假一天。

除了中国方面，我们也受到土耳其方面的相关邀请。我到达土耳其的时候适

---

[1]《土耳其海峡大学孔子学院举办2013年伊斯坦布尔国际书展中国主宾国系列活动》，孔子学院总部网站：http://www.hanban.edu.cn/article/2013-11/06/content_513867.htm（2018年4月18日浏览）。

逢土耳其共和国 90 周年国庆。我们有幸跟中国驻伊斯坦布尔领事馆成为两家受邀的中国机构。当时，我只会几句简单的土耳其语，所以跟周围的人无法交流。中间却碰到一位上身挂满勋章的退役军人，他说跟中国的结识，竟然是在朝鲜战场上。后来，有一次我参加韩国领事馆的活动，他们也竟然以朝鲜战场的情谊作为两国关系的见证，这多少让我有些不快。我们更多接触的是当地希望开设中文的学校。我们曾长期支持在王子岛的一家中学，也曾安排他们的学生来上海交流，算是建立了较长的友谊。但是，土方的老师经常不打招呼就来了，而我们要联系对方的时候，则经常找不到人，这使得日常的相处充满了不快。比较容易的交流还是有中国籍老师的学校。我们先后支持过萨邦哲大学、寇赤大学、多乌锡大学、厄兹扬大学、阿依登大学等[1]。其中，跟阿依登大学的交往最好，我还帮助他们成立了土耳其第一家专门的中国研究中心。

二、学术型孔子学院的发展

在忙过刚抵达的半年后，我终于可以松口气，静下来想想——我是来做什么的，我要做一个怎样的孔院院长？

在面试的过程中，我已经从各方收到了一些暗示性的信息，希望我能更多地发展学术研究，推动两校的学术合作。这也是我作为一个学者最擅长的。当时，上海大学成立了国内第一家专门的土耳其研究中心，我因为跟郭长刚老师的合作关系也参与其中。之前，上海大学已经跟海峡大学合作举办了第一次中土论坛。这些都是很好的基础。在我上任的时候，我没有习惯性地给土方同事送茶叶等传统礼品，而是带了一本英文书——《儒家与近代中国的精神传统及其他》(Confucianism and Spiritual Traditions in Modern China and Beyond)。这里面碰巧收录了自己的第一个专业研究，同时收录的还有杜维明、卓新平等著名学者的

---

[1] 这些都是土耳其的基金会大学。它们由私人财团成立，但也享受政府一定的补贴。其中，寇赤和萨邦哲是两个最大的财团，这两家大学也是土耳其的精英高校。多乌锡跟著名的多乌锡集团没有关系，而是由一位叫多乌锡的老师发起的，情况稍异。

文章[1]。

在赴任前的那个暑假，我已经在指导自己新招收的两名研究生翻译一本关于土耳其近代史的著作。年底前，我则收到国内同事的来信，说跟社会科学文献出版社签了《土耳其蓝皮书》的合同，并希望我担任主编工作。这成为我在任期间一个最主要的成果。但在当时，我却几乎要傻了眼。我自己对土耳其也是一知半解的，之前只发表过一篇关于土耳其和印尼公民伊斯兰教的文章[2]。况且，我也不熟悉中东研究的专家，没有任何私交。记得在赴任前，我去上海社会科学院报告了自己关于土耳其伊斯兰教和世俗主义的一个看法，还被业内的两位大腕批得一塌糊涂。但无论如何，这对上海大学和孔子学院来说都是一个难得的机遇。因此，这一次，我也发挥了中国人有困难也要克服而上的执拗精神。

我先是跟国内同事做了一个初步分工，领了其中60%的任务。接下来，我就在自己的"地盘"上开始打量身边的人。我自己当然要写总论。我们的一个土耳其同事答应写土耳其经济方面的内容，一个留学生则认领了中土经贸关系的内容。办公室的一位助理本科时学的是土耳其语，在伊斯坦布尔大学读书，毕业论文正好是写中土关系。我就把这个光荣的任务交给了她，并稍微延伸到土耳其和亚洲其他国家的外交方面。我们的一名志愿者之前较多地参与了伊斯坦布尔国际书展的活动，我便叫他做中国作为主宾国部分的资料整理。我们当时有三名交换生和一名访问博士生，我也根据他们的专业和课堂经验做了分工，他们承担了伽齐公园示威、腐败案、土耳其社会政策、土耳其与西方国家关系等部分的内容。我在国内的两名学生则承担了中国和土耳其的文化年交换项目和土耳其与中东外交的部分。

这几乎是个草台班子。后来，我们的院长曾开玩笑地说，"这小子真胆大，拉了一班研究生就敢编蓝皮书"。我当然没有到胆大妄为的地步，除了当时的紧急需要外，我也参考国外智库的经验，有一个基本的考虑——蓝皮书主要是提供当年的时政信息，而不一定做太多学理上的分析。如此，学生可能比资深学者更能下功夫，更愿意做好资料整理的工作。同时，我必须做好指导和监督的工作。

---

[1] Fenggang Yang and Joseph Tamney (eds.), *Confucianism and Spiritual Traditions in Modern China and Beyond*, Leiden and Boston: Brill, 2012.

[2] 刘义：《美国外交战略中的公民伊斯兰理论与实践》，《阿拉伯世界研究》2013年第4期。

我们学土耳其语的助理和做访问研究的博士生承担了更多的内容，也是因为他们的研究跟土耳其有着直接的联系。但是，大家整体上都还是比较担心的。后来一个学生竟然以工作忙为由要退出，我通过"威逼利诱"才督促他完成了工作。我提供了一个开放的系统，一方面是大家随时可以资料共享，一方面则是定期跟他们进行谈话交流。这是我极其珍惜的跟学生相处的一段时期。事情商量着来，努力地做。我们最终按时完成工作，大家也觉得在其中学到了很多。当图书正式出版时，我们的秘书说："这是我的孩子！"[1]

我在任期间的另一个重要学术活动，是与中国驻土耳其大使馆合作"土耳其汉学80年暨首届中国学会议"。这可以追溯到1935年安卡拉大学汉学系的成立。然而，说是80年，现实情况并没有那么辉煌。我曾开玩笑地说，土耳其的汉学研究就是一个正教授加两个副教授，还有大概三位助理教授；而且，这几位有限的人物之间，虽然有着师承的联系，却经常都是互相攻击的。记得我第一次遇到他们其中的两位，他们马上拉着我说某某怎样怎样不好。所以，他们经常都不一起参加活动，基本上是有你没我的情况。这非常不符合中国人交友的习惯，更违背尊师重道的学统。开会之际，我也面临官员和学者做事方式的差异。所幸会议开得异常成功。我因为在会议名称中加了"中国学"三字，从而邀请了传统汉学之外的其他中国研究学者。最难得的是，在有现场翻译的情况下，土耳其人竟然没有按惯例超时，而是几近精确完美地完成了会议[2]。

除此之外，我也组织了两次跟自己的专业研究相关的活动，都是作为中土论坛系列的一部分。第一个是关于奥斯曼帝国和晚清时期的基督教传教士的[3]。这让大家觉得非常新奇。土方同事说，"你曾经做基督教传教士的研究，现在则做类似传教士的工作。作为近代的'东亚病夫'和'西亚病夫'，这两个国家的近

---

[1] 郭长刚、刘义主编：《土耳其发展报告（2014）》《土耳其发展报告（2015）》《土耳其发展报告（2016）》，北京：社会科学文献出版社，2014—2016年。

[2] 《土耳其汉学80年暨首届中国学会议在伊斯坦布尔海峡大学召开》，中国驻土耳其大使馆网站：http://www.fmprc.gov.cn/ce/cetur/chn/xwdt/t1251474.htm（2018年4月18日浏览）。

[3] 《土耳其海峡大学孔子学院举办"儒家、基督教与伊斯兰教的相遇"国际学术研讨会》，土耳其海峡大学孔子学院网站：http://www.confucius.boun.edu.tr/?p=836&lang=zh（2018年4月18日浏览）。

代历史也确实值得比较研究"[1]。在土方同事的帮助下，我们得以邀请到双方几乎对等的专家，活动也是异常成功。外方称赞说，孔子学院就应该做类似的工作，小而精，兼具学术意义和当下关怀。他们希望出英文论文集，并鼓励我组织下一次类似活动。然而，土方邀请的学者迟迟没能按时提交论文，在后来的人事变动下更是没了音讯。第二年开会的时候，我更是遭遇了诸多曲折困难，甚至要当着很多人的面摔椅子吵架。我最终完成了自己的任务，但却在内心留下了深深的伤痕，产生了要离去的心思。

自己关于研究型孔子学院的努力一定程度上受到了鼓励。例如：2014年的全球孔子学院大会就有一个专门的校长论坛是关于研究型孔子学院的讨论。我也从一开始就坚持了自己要开辟新路的理念。在工作的当年，我即邀请麦克马斯特大学的一位教授做了关于中西哲学比较的讲座。稍显吊诡的是，这所大学恰恰是第一家关掉孔子学院的机构。后来，我还跟土耳其工商协会合作，邀请两位中国专家专门来讲上海合作组织的内容[2]。中国的一些国际问题研究机构，如中国社会科学院西亚非洲研究所、上海社会科学院、上海国际问题研究院等也因相关问题来土耳其调研，这让我结识了很多新的学术同行。我个人最受益的则是在纪念土耳其汉学80年的时候写了关于前辈学人王曾善的专门文章[3]，还在《世界宗教文化》组织发表了一个关于土耳其宗教的专栏[4]。

三、文化交流的经验与教训

我的前任曾转述一位前辈的话说，"你的角色注定了外方是不会完全愉快地

---

[1] 关于近代中国对土耳其的认知，参见陈鹏：《近代中国人对土耳其的认知》，中国人民大学博士学位论文，2014年。
[2] 《学术简报："上海合作组织和中国对未来的愿景"专题讨论会》，土耳其海峡大学孔子学院网站：http://www.confucius.boun.edu.tr/?p=725&lang=zh（2018年4月18日浏览）。
[3] 刘义：《知识・信仰・人格——王曾善（1903—1961）与中国—土耳其的人文交往》，《世界宗教研究》2016年第1期。
[4] 参见《世界宗教文化》2015年第1期的内容。我的相关文章，参见《伊斯兰教、民族国家及世俗主义——土耳其的意识形态与政治文化》，《世界宗教文化》2015年第1期；《"一带一路"背景下土耳其的宗教风险研究》，《世界宗教文化》2017年第4期。

接受你的;但如果在你离任的时候,他们愿意诚心诚意地请你吃一顿饭,那就证明你是成功的"。她做到了,我也做到了。我不但收到了精美的礼物,还有贴心的话语。只是这个过程,确实像是一种煎熬。

我在一定程度上是成功的。比如:我们接待了时任上海市长杨雄先生的来访[1],组织了上海教育展[2]。在各种宴会上,我都会是总领事的座上宾。学校凡是重大的活动,我也都会受到校长的邀请函。我还被邀请出席一个主要由大使和领事们组成的全球领袖论坛。

光鲜的背后更多的是汗水,甚至泪水。

在与土耳其人交往的过程中,有两次让我十分难忘的危机性经历,让我形成了对土耳其男人的刻板印象。一次是我回上海参加一个跟土耳其相关的研讨会,参会的其中一个土耳其人竟然在报纸上刊登了我完全没有说过的话,而这些话恰恰对土耳其人是十分不友好的。我随即收到了海峡大学校方的来信,需要我对这一事件作出解释。我当时十分紧张,赶紧拿出会议议程和演讲稿进行核对。我确定自己参会时只用了"上海大学教授"的身份;而且,由于是用英文发言,我非常小心,将全部稿件打印出来,几乎是照着稿子宣读了发言。会议现场讨论的内容,则有清晰的记录。我将所有内容扫描发给校方,并为他们因这样一个不负责任的报道就怀疑我而表示不满。土方同事只能向我表示道歉和安慰,并帮忙督促那家报纸刊登了承认错误的内容。

在异国他乡,找一个志趣相投的朋友是可遇而不可求的。我似乎比较幸运,到达不久后就认识了这样一位朋友。他关注当代中国,他的太太是东正教徒,跟我做类似的专业研究。我们很快成为熟悉的朋友,一起参加各种活动,也一起聚会吃饭。后来,他希望来中国做稍长期的访问,我就尽力帮忙。在来之前,我希望他做好应对各种困难的准备,部分原因也是因为我熟悉客居他国的生活。他们信心满满地去了,我心里则时有挂虑。到达一月左右,在举办一次重大公务活动之前,我一再地跟他们确定,得到肯定答复后才稍安心。可就在这重大公务活动

---

[1] 《上海市长到访土耳其海峡大学孔子学院》,孔子学院总部网站:http://www.hanban.edu.cn/article/2015-05/11/content_594626.htm(2018年4月18日浏览)。

[2] 《伊斯坦布尔举办上海教育展 搭建中土教育交流新平台》,国际在线:http://news.cri.cn/gb/42071/2014/09/27/6071s4708897.htm(2018年4月18日浏览)。

还没结束时，我收到了他的投诉信，他把在上海的情况说得一团糟。我再次被"请"去给土方同事做解释，但这一次我却完全被激怒了。

有个说法是，土耳其人的性格就像伊斯坦布尔的天气，阴晴不定。到我要离开土耳其时，我的房东竟然变卦，没有按合同归还我的押金。这让我很吃惊。我住的还是一个不错的地方，租赁机构也是比较正规的，而我的房东是一位大律师。我真的很难接受这样怪异的事情，最终在海峡大学法律顾问的帮助下进行了一场国际官司。

后来，我反省自己在土耳其的各种遭遇，尝试找出其中的原因。我的土方同事也道歉说，因为我上任时恰逢她家里碰到许多事情，特别是她妹妹的女儿刚入海峡大学就患了癌症，所以她要花很多的时间帮忙照顾，心情不是很好。我到孔子学院总部述职时，其中的一个项目官则开玩笑说，我是在任期内接触最多项目官的，在三年的时间里换了四个。我刚上任时，也遇上了外方院长的更替，但实际上我很长时间里要跟两个外方院长打交道。人事变动和人际关系或许确实是一个因素。一个大的背景则是土耳其政治变化。我到达的当年，伽齐公园的示威已经延伸为一个危及政府权威的重大事件，年底则发生了针对总理和执政党的腐败调查。其间，发生了一次地方选举、一次总统选举、两次议会选举，还有许多的暴恐事件、一次反华游行以及土耳其货币持续贬值，最后则以政变结束[1]。这些重大变故都使得人心惶惶，有异常举动似乎也是可以理解的。

我们习惯以欧亚交织的特征来描述土耳其人的性格。确实，那种"东方民族"和"西方文明"的杂糅使他们非常矛盾。我所在的大学更是因为美国背景而被称为是"本土异民"。在土耳其生活几年后，我才发觉，或许黑海与白海更能代表土耳其人性格的特征[2]。特别是当走在博斯普鲁斯之畔，那种平静水面下的暗流涌动常常让人心颤。这不仅仅是因为它的激烈，更是因为它的不可期。对应着说，我的性格是由中国北方农村哺育出来的，在土耳其生活了很久之后，我才体

---

[1] 关于这些重大变故的分析，参见刘义：《埃尔多安"新土耳其"论与"土耳其模式"的危机》，《阿拉伯世界研究》2017年第1期；《土耳其的政治危机：政治伊斯兰与民粹主义》，《文化纵横》2016年第6期。

[2] "白海"是土耳其人对地中海的称呼。关于土耳其人跨越欧亚的矛盾特征，参见吴兴东：《土耳其史：欧亚十字路口上的国家》，台北：三民书局，2003年。

验到"礼貌即软弱"。这种突然的领悟让我很快改变了自己希望塑造的谦谦君子形象,而是要把自己武装成一名骑士。那时,我就想,如果要在博斯普鲁斯的校园里树一尊孔子像,他究竟应该是什么样子的?他的对话对象又是谁呢?

当要离开土耳其时,我的心中已经满是沧桑。在回国之前,我得以访问黑海和哈塔伊地区。在跟当地家庭一起的日子里,他们带给我一种非常不同于伊斯坦布尔的感觉。这多少让我缓解了在土耳其工作的不悦之感,但好友的挽留却难抵政局变动带来的冲击。我仿照徐志摩先生撰了一首打油诗:

> 再见,博斯普鲁斯大桥!在硝烟中,你的名字已成为历史。
> 再见,圣索菲亚!沧桑中,不变的是永恒的智慧。[1]
> 我在历史中上下求索,又在环宇中四处奔波。
> 纵有蓝天碧海,难抵乡愁家音。
> 再看你一眼,挥不去的云彩,踩不掉的尘埃。

我的运气似乎有些不好。就在令我心灰意冷的政变之后,土耳其和中国的关系却突然升温,而我主持翻译的土耳其近代史,更是在我离任后才以《土耳其的崛起(1789年至今)》为题出版[2]。它卖得不错,还获得"优秀翻译著作"的奖项。我除了拿到专业学者少有的版税外,迅即将这一切抛诸脑后。

"丝绸之路"俨然在这时已经变成了一个热门话题,土耳其也算是搭上了"一带一路"的班车[3]。从大历史的、跨文化的角度审视丝绸之路,我们可以看到灿烂的文化和辉煌的艺术。反过来,即便是涉入其中的每一个小人物,却可以讲

---

[1] 在2016年政变之后,博斯普鲁斯大桥的名字被改为"7·15日民主与殉难者大桥"。另外两座大桥则分别以"征服者苏丹"和"残酷苏丹"的名字命名,这让博斯普鲁斯少了很多的温情。君士坦丁堡的圣索菲亚大教堂是整个东正教世界的楷模,名字即"智慧"的意思。在十字军攻占君士坦丁堡之后,其一度作为天主教的教堂。1453年被改为清真寺,土耳其共和国时期则变为博物馆。2020年再次改为清真寺。

[2] 阿克辛:《土耳其的崛起(1789年至今)》,吴奇俊、刘春燕译,刘义校,北京:社会科学文献出版社,2017年。

[3] Xinru Liu, *The Silk Road in World History*, New York: Oxford University Press, 2010; Richard Foltz, *Religions of the Silk Road: Premodern Patters of Globalization*, 2nd edition, New York: Palgrave, 2010 [1999].

出另外一番琐碎却切骨的小故事。2015年，当习近平主席要去土耳其参加二十国高峰论坛时，我则受"澎湃新闻"的邀请，组织一个关于"新丝绸之路与中国—土耳其关系"的"问吧"[1]。可是，网友们却直接跑偏了，大部分都奔向了孔子学院本身，语言一点也不像孔夫子教导的那样彬彬有礼。我差点再次造成自己任期内的另一次危机。

我总结自己在土耳其的工作与生活：一个宗教史及比较宗教研究的学者，以孔夫子的名义来到一个伊斯兰国家的基督教大学，再没有比这更巧合的了。然而，除了参加关于孔子和梅乌拉纳·鲁米[2]的对话，研究中国基督徒在穆斯林世界的传教活动[3]，我却很偶然地成为一个土耳其研究专家。我们重新走在穿越欧亚的丝绸之路上。

---

[1] 参见澎湃问吧栏目：https://www.thepaper.cn/asktopic_detail_10001787（2018年4月18日浏览）。

[2] 鲁米是13世纪著名的苏菲主义大师，著有《玛斯那维》（*Mathnawi*）诗集。他的苏菲派团体在土耳其以旋转舞为众人熟知。

[3] Liu Yi, "Cross-cultural Encounters along the New Silk Road: the 'Back to Jerusalem' Movement," *Asia Journal of Theology*, Vol. 33, No. 1 (2019), pp. 94–109.

参考文献

中文部分

阿克辛:《土耳其的崛起(1789年至今)》,吴奇俊、刘春燕译,刘义校,北京:社会科学文献出版社,2017年。

安德森:《想象的共同体:民族主义的起源与散布》,吴叡人译,上海:上海人民出版社,2005年。

安德森:《阿拉伯的劳伦斯:战争、谎言、帝国愚行与现代中东的形成》,陆大鹏译,北京:社会科学文献出版社,2014年。

巴尔:《瓜分沙洲:英国、法国与塑造中东的斗争》,徐臻译,北京:社会科学文献出版社,2018年。

巴克斯顿:《土耳其革命:1908—1909》,李娜译,北京:华文出版社,2020年。

巴勒克拉夫:《当代史学主要趋势》,杨豫译,上海:上海译文出版社,2011年。

白吉尔:《上海史:走向衰落之路》,王菊、赵念国译,上海:上海社会科学院出版社,2005年。

宝雅、弗利特:《伊斯坦布尔:面纱下的七丘之城》,于国宽、巩咏梅译,上海:

上海文艺出版社，2018年。

贝尔福：《奥斯曼帝国六百年：土耳其帝国的兴衰》，栾力夫译，北京：中信出版社，2018年。

贝克尔：《人人都是他自己的历史学家》，马万利译，北京：北京大学出版社，2013年。

本特利、齐格勒：《新全球史：文明的传承与交流》，魏凤莲译，北京：北京大学出版社，2007年。

布尔努瓦：《丝绸之路》，耿昇译，北京：中国藏学出版社，2016年。

布赖斯：《神圣罗马帝国》，孙秉莹、谢德风、赵世瑜译，北京：商务印书馆，2017年。

布洛赫：《历史学家的技艺》，张和声、程郁译，上海：上海社会科学院出版社，1992年。

布克哈特：《意大利文艺复兴时期的文化》，何新译、马香雪校，北京：商务印书馆，1979年。

布克哈特：《希腊人和希腊文明》，王大庆译，上海：上海人民出版社，2012年。

布克哈特：《君士坦丁大帝时代》，宋立宏、熊莹、卢彦名译，上海：上海三联书店，2017年。

陈鹏：《近代中国人对土耳其的认知》，中国人民大学博士学位论文，2014年。

陈延琪、潘志平：《泛突厥主义文化透视》，乌鲁木齐：新疆人民出版社，2000年。

陈志强、马巍：《君士坦丁基督教政策的政治分析》，《南开学报（哲学社会科学版）》1999年第6期。

达菲：《圣徒与罪人：一部教宗史》，龙秀清译，北京：商务印书馆，2018年。

德瓦尔：《白瓷之路：穿越东西方的朝圣之旅》，梁卿译，桂林：广西师范大学出版社，2017年。

杜瑜：《海上丝路史话》，北京：社会科学文献出版社，2011年。

费吉斯：《克里米亚战争：被遗忘的帝国博弈》，吕品、朱珠译，南京：南京大学出版社，2018年。

芬克尔：《奥斯曼帝国 1299—1923》，邓伯宸、徐大成、于丽译，北京：民主与建设出版社，2019年。

弗兰科潘：《丝绸之路：一部全新的世界史》，邵旭东、孙芳译，徐文堪校，杭州：浙江大学出版社，2016年。

盖尔纳：《民族与民族主义》，韩红译，北京：中央编译出版社，2002年。

格林格拉斯：《基督教欧洲的巨变：1517—1648》，李书瑞译，北京：中信出版社，2018年。

古尔迪、阿米蒂奇：《历史学宣言》，孙岳译，上海：格致出版社，2017年。

郭长刚：《罗马帝国基督教政策探析——兼论基督教文化的本位主义特征》，《齐鲁学刊》2002年第2期。

郭长刚、刘义：《土耳其发展报告（2014）》，北京：社会科学文献出版社，2014年。

郭长刚、刘义：《土耳其发展报告（2015）》，北京：社会科学文献出版社，2015年。

郭长刚、刘义：《土耳其发展报告（2016）》，北京：社会科学文献出版社，2016年。

哈全安：《中东现代化进程中的世俗政治与宗教政治：以埃及、伊朗和土耳其为例》，北京：中国社会科学出版社，2017年。

韩森：《丝绸之路新史》，张湛译，北京：北京联合出版公司，2015年。

亨廷顿：《文明的冲突与世界秩序的重建》，周琪等译，北京：新华出版社，2002年。

霍布斯鲍姆：《民族与民族主义》，李金梅译，上海：上海人民出版社，2006年。

吉本：《吉本自传》，戴子钦译，北京：生活·读书·新知三联书店，2002年。

吉本：《罗马帝国衰亡史（上册）》，黄宜思、黄雨石译，北京：商务印书馆，2002年。

吉登斯：《现代性的后果》，田禾译、黄平校，南京：译林出版社，2000年。

杰弗斯：《古希腊—罗马文明：历史和背景》，谢芬芬译、包兆会校，上海：华东师范大学出版社，2013年。

金：《佩拉宫的午夜：现代伊斯坦布尔的诞生》，宋非译，北京：社会科学文献出版社，2016年。

居尔索伊：《伊斯坦布尔之仁慈七日》，夏勇敏译，北京：中国国际广播出版社，2010年。

卡尔：《历史是什么？》，陈恒译，北京：商务印书馆，2008年。

凯博：《历史比较研究导论》，赵进中译，北京：北京大学出版社，2009年。

柯娇燕：《什么是全球史》，刘文明译，北京：北京大学出版社，2009年。

克劳利：《1453：君士坦丁堡之战》，陆大鹏译，北京：社会科学文献出版社，2014年。

库林：《开往伊斯坦布尔的最后列车》，解村译，北京：外语教学与研究出版社，2018年。

拉铁摩尔：《中国的亚洲内陆边疆》，唐晓峰译，南京：江苏人民出版社，2008年。

赖利-史密斯：《十字军史》，欧阳敏译，北京：商务印书馆，2016年。

朗西曼：《1453——君士坦丁堡的陷落》，马千译，北京：北京时代华文书局，2018年。

勒特韦克：《拜占庭帝国大战略》，陈定定、王悠、李希瑞译，北京：社会科学文献出版社，2018年。

雷立柏：《古希腊罗马与基督宗教》，北京：社会科学文献出版社，2002年。

李秉忠：《土耳其民族国家建设和库尔德问题的演进》，北京：社会科学文献出版社，2017年。

李娜：《公众史学研究入门》，北京：北京大学出版社，2019年。

李欧梵：《上海摩登：一种新都市文化在中国 1930—1945》，毛尖译，上海：上海三联书店，2008年。

李庆新：《海上丝绸之路》，合肥：黄山书社，2016年。

李天纲：《人文上海——市民的空间》，上海：上海教育出版社，2004年。

李维：《伊斯坦布尔假期》，张怡译，长沙：湖南文艺出版社，2017年。

梁二平：《海上丝绸之路2000年》，上海：上海交通大学出版社，2016年。

林梅村：《丝绸之路考古十五讲》，北京：北京大学出版社，2006年。

林赛：《宗教改革史》，孔祥民等译，北京：商务印书馆，2016年。

刘春元：《土耳其共产党对社会主义的探索》，《当代世界与社会主义》2010年第5期。

刘淼、胡舒扬：《沉船、瓷器与海上丝绸之路》，北京：社会科学文献出版社，2017年。

刘欣如：《一带一路：带你走入丝路的历史》，李政贤译，台北：五南图书出版公司，2018 年。

刘义：《大学历史教育：教什么，学什么？》，《社会科学报》2010 年 8 月 26 日。

刘义：《美国外交战略中的公民伊斯兰理论与实践》，《阿拉伯世界研究》2013 年第 4 期。

刘义：《伊斯兰教、民族国家及世俗主义——土耳其的意识形态与政治文化》，《世界宗教文化》2015 年第 1 期。

刘义：《知识·信仰·人格——王曾善（1903—1961）与中国—土耳其的人文交往》，《世界宗教研究》2016 年第 1 期。

刘义：《土耳其的政治危机：政治伊斯兰与民粹主义》，《文化纵横》2016 年第 6 期。

刘义：《超越文明冲突论：伯纳德·刘易斯的中东史观》，《世界宗教文化》2016 年第 6 期。

刘义：《埃尔多安"新土耳其"论与"土耳其模式"的危机》，《阿拉伯世界研究》2017 年第 1 期。

刘义：《"一带一路"背景下土耳其的宗教风险研究》，《世界宗教文化》2017 年第 4 期。

刘义：《"回教志士"王曾善》，《春秋》2017 年第 5 期。

刘易斯：《现代土耳其的兴起》，范中廉译，北京：商务印书馆，1982 年。

刘易斯：《历史上的阿拉伯人》，马肇椿、马贤译，北京：华文出版社，2015 年。

刘迎胜：《丝路文化·草原卷》，杭州：浙江人民出版社，1995 年。

刘迎胜：《丝路文化·海上卷》，杭州：浙江人民出版社，1995 年。

刘迎胜：《海路与陆路：中古时代东西交流研究》，北京：北京大学出版社，2011 年。

刘迎胜：《丝绸之路》，南京：江苏人民出版社，2014 年。

刘迎胜：《从西太平洋到北印度洋：古代中国与亚非海域》，南京：南京大学出版社，2017 年。

鲁滨孙：《新史学》，齐思和等译，北京：商务印书馆，1997 年。

鲁保罗：《西域的历史与文明》，耿昇译，乌鲁木齐：新疆人民出版社，2006 年。

路易斯：《中东两千年》，郑之书译，北京：国际文化出版公司，2017 年。

罗根：《奥斯曼帝国的衰亡：一战中东，1914—1920》，王阳阳译，桂林：广西师范大学出版社，2016年。

罗荣渠：《现代化新论——世界与中国的现代化进程》（增订版），北京：商务印书馆，2004年。

马丽蓉：《丝路学研究：基于中国人文外交的阐释框架》，北京：时事出版社，2014年。

马卢夫：《阿拉伯人眼中的十字军东征》，彭广恺译，北京：民主与建设出版社，2017年。

玛扎海里：《丝绸之路：中国—波斯文化交流史》，耿昇译，北京：中国藏学出版社，2014年。

麦登：《荣耀之城·伊斯坦堡——位处世界十字路口的伟大城市》，林玉菁译，台北：马可孛罗文化，2018年。

麦格拉思：《宗教改革运动思潮》，蔡锦图、陈佐人译，北京：中国社会科学出版社，2009年。

麦克米金：《奥斯曼帝国的终结：战争、革命以及现代中东的诞生 1908—1923》，姚志宏译，北京：中信出版社，2018年。

麦克尼尔等：《麦克尼尔全球史：从史前到21世纪的人类网络》，王晋新、宋保军等译，北京：北京大学出版社，2017年。

蒙蒂菲奥里：《耶路撒冷三千年》，张倩红、马丹静译，北京：民主与建设出版社，2015年。

蒙森：《罗马史》（全四册），李稼年译，北京：商务印书馆，2017年。

米华健：《丝绸之路》，马睿译，南京：译林出版社，2017年。

莫言：《好大一场雪——〈雪〉赏析》，《作家》2008年第13期。

帕慕克：《伊斯坦布尔：一座城市的记忆》，何佩桦译，上海：上海人民出版社，2007年。

帕慕克：《天真的和感伤的小说家》，彭发胜译，上海：上海人民出版社，2012年。

帕慕克等：《帕慕克在十字路口》，南京：译林出版社，2017年。

彭岭、章谊：《还是那颗头颅，还是那颗心——怀念土耳其诗人纳齐姆·希克梅特》，《世界文化》2009年第4期。

彭树智：《文明交往论》，西安：陕西人民出版社，2002年。

普雷斯顿：《灵魂之剑　信仰之盾：美国战争与外交中的宗教》，罗辉译，徐以骅校，北京：东方出版社，2015年。

钱茂伟：《中国公众史学通论》，北京：中国社会科学出版社，2015年。

瞿炜：《土耳其诗人希克梅特与中国》，《文汇读书周报》2015年5月18日。

荣新江：《丝绸之路与东西文化交流》，北京：北京大学出版社，2015年。

入江昭：《全球史与跨国史：过去，现在和未来》，邢承吉、滕凯炜译，杭州：浙江大学出版社，2018年。

萨义德：《东方学》，王宇根译，北京：生活·读书·新知三联书店，2007年。

斯塔克：《基督教的兴起：一个社会学家对历史的再思》，黄剑波、高民贵译，上海：上海古籍出版社，2005年。

斯塔夫里阿诺斯：《全球通史（上、下）》，吴象婴、梁赤民译，上海：上海社会科学院出版社，1999年。

斯特恩斯等：《全球文明史》，赵轶峰、王晋新、周巩固译，北京：中华书局，2006年。

施密特：《基督教对文明的影响》，汪晓丹、赵巍译，苏欲晓校，北京：北京大学出版社，2004年。

施米特：《政治的概念》，刘宗坤等译，上海：上海人民出版社，2003年。

苏智良：《上海：城市变迁、文明演进与现代性》，上海：上海人民出版社，2011年。

索恩梅兹：《伊斯坦布尔，伊斯坦布尔！》，丁林棚译，北京：外语教学与研究出版社，2019年。

汤因比：《历史研究》，刘北成、郭小凌译，上海：上海人民出版社，2000年。

汤因比：《文明的接触：希腊与土耳其的西方问题》，张文涛译，上海：上海人民出版社，2019年。

唐志超：《中东库尔德民族问题透视》，北京：社会科学文献出版社，2013年。

汪波：《中东库尔德问题研究》，北京：时事出版社，2014年。

王希：《谁拥有历史——美国公共史学的起源、发展与挑战》，《历史研究》2010年第3期。

王学典:《二十世纪后半期中国史学主潮》,济南:山东大学出版社,1996年。

王学典、陈峰编:《二十世纪中国史学史论》,北京:北京大学出版社,2010年。

王义桅:《"一带一路":机遇与挑战》,北京:人民出版社,2015年。

王义桅:《世界是通的:"一带一路"的逻辑》,北京:商务印书馆,2016年。

Waters:《全球化》,徐伟杰译,台北:弘智文化出版社,2000年。

威克姆:《罗马帝国的遗产:400—1000》,余乐译,北京:中信出版社,2019年。

沃尔沃蒂:《君士坦丁大帝》,林丽冠译,北京:中国工人出版社,2010年。

沃格林:《天下时代》,叶颖译,南京:译林出版社,2018年。

吴兴东:《土耳其史:欧亚十字路口上的国家》,台北:三民书局,2003年。

希伯特:《罗马:一座城市的兴衰史》,孙力译,南京:译林出版社,2018年。

《希克梅特诗集》,北京:人民文学出版社,1952年。

希克梅特:《希克梅特诗选》,李以亮译,上海:上海文艺出版社,2018年。

希梅尔法布:《新旧历史学》,余伟译,北京:新星出版社,2007年。

西姆斯:《欧洲:1453年以来的争霸之途》,孟维瞻译,北京:中信出版社,2016年。

希瑟:《罗马的复辟:帝国陨落之后的欧洲》,马百亮译,北京:中信出版社,2020年。

忻平:《从上海发现历史——现代化进程中的上海人及其生活》,上海:上海人民出版社,1996年。

熊月之、周武:《上海——一座现代化都市的编年史》,上海:上海书店出版社,2007年。

休斯:《伊斯坦布尔三城记》,黄煜文译,上海:上海三联书店,2019年。

徐以骅:《乔纳森·爱德华滋的宣教理论与实践》,《美国问题研究》2001年。

杨学纯:《希克梅特一席谈》,《世界知识》1952年第40期。

优西比乌:《教会史》,瞿旭彤译,北京:生活·读书·新知三联书店,2009年。

尤西比乌斯:《君士坦丁传》,林中泽译,北京:商务印书馆,2018年。

余维海:《土耳其共产党对当前帝国主义的分析》,《社会主义研究》2013年第6期。

余维海、唐志坚:《土耳其爱国党的历史演进、理论主张及实践活动》,《世界社会主义研究》2019 年第 6 期。

羽田亨：《西域文化史》，耿世民译，北京：华文出版社，2017 年。

袁波：《基督教的传播与罗马帝国统治者的因应对策》，《世界宗教研究》2011 年第 3 期。

昝涛：《现代国家与民族建构：20 世纪前期土耳其民族主义研究》，北京：生活·读书·新知三联书店，2011 年。

张敏谦：《大觉醒——美国宗教与社会关系》，北京：时事出版社，2001 年。

张庆熊：《通往罗马路上的文化交流和融合——解读早期基督教会从受迫害的宗教到成为"国教"的历史》，《复旦学报（社会科学版）》2017 年第 6 期。

朱传忠：《1960～1980 年的土耳其左派运动探析》，《阿拉伯世界研究》2018 年第 1 期。

外文部分

"A Sisyphean Task? Resuming Turkey-PKK Peace Talks." *Crisis Group Europe Briefing*, No. 77, Istanbul/Brussels, December 17, 2015.

Acuner, Selma. "Gender and Development in Turkey." *Turkish Policy Quarterly*, 11: 4 (2012), pp. 71–78.

Aguiar, Marian. "Nazim Hikmet's Modernism of Development." *Journal of Modern Literature*, Vol. 19, No. 2 (2016), pp. 105–121.

Ahmad, Feroz. *Young Turks: The Committee of Union and Progress in Turkish Politics, 1908–14*. London: Hurst, 2009.

Akçam, Taner. *From Empire to Republic: Turkish Nationalism & the Armenian Genocide*. London and New York: Zed Books, 2004.

Akşin, Sina. *Turkey: From Empire to Revolutionary Republic, the Emergence of the Turkish Nation from 1789 to Present*, trans. by Dexter H. Mursaloğlu. London: Hurst & Company, 2007.

Alaranta, Toni. *National and State Identity in Turkey: The Transformation of the*

Republic's Status in the International System. Lanham, MD: Rowman & Littlefield, 2015.

Albright, Madeleine K., Hardley, Stephen J. and Cook, Steven A. *U.S.-Turkey Relations: A New Partnership.* New York: Council on Foreign Relations, 2012.

Altun, Fahrettin. "Discourse of Left-Kemalists in Turkey: Case of the Journal, Yön, 1961–1967." *Middle East Critique*, Vol. 19, No. 2 (2010), pp. 135–156.

Anderson, Rufus. *History of the Missions of the American Board of Commissioners for Foreign Missions, to the Oriental Churches.* Sydney: Wentworth Press, 2019 [1872].

Aras, Bülent and Bacık, Gökhan. "The Rise of the Nationalist Action Party and Turkish Politics." *Nationalism and Ethnic Politics*, Vol. 6, No. 4 (2000), pp. 48–64.

Arat, Yeşim. *The Patriarchal Paradox: Women Politicians in Turkey.* London and Toronto: Associated University Press, 1989.

Arat, Yeşim. "From Emancipation to Liberation: The Changing Role of Women in Turkey's Public Realm." *Journal of International Affairs*, 54: 1 (2000), pp. 107–123.

Arat, Yeşim. *Rethinking Islam and Liberal Democracy: Islamist Women in Turkish Politics.* Albany, NY: State University of New York Press, 2005.

Arat, Yeşim. "Religion, Politics and Gender Equality in Turkey: Implications of a Democratic Paradox?." *Third World Quarterly*, 31: 6 (2010), pp. 869–884.

Arat, Zehra F. "Kemalism and Turkish Women." *Women and Politics*, 14: 4 (1994), pp. 57–80.

Arikan, E. Burak. "The Programme of the Nationalist Action Party: An Iron Hand in a Velvet Glove?." *Middle Eastern Studies*, Vol. 34, No. 4 (1998), pp. 120–134.

Armstrong, H. C. *Grey Wolf, Mustafa Kemal; An Intimate Study of a Dictator.* London: A. Barker Ltd, 1932.

Arsu, Sebnem and Bilefsky, Dan. "Turkey Lifts Longtime Ban on Head Scarves in State Offices." *New York Times*, October 8, 2013.

Avcı, Gamze. "The Nationalist Movement Party's Euroscepticism: Party Ideology

Meets Strategy." *South European Society and Politics*, Vol. 16, No. 3 (2011), pp. 435–447.

Ayata, Ayşe Gunes and Tütüncü, Fatma. "Party Politics of the AKP (2002–2007) and the Presidency of Women at the Intersection of the Westernist, Islamist and Feminist Discourses in Turkey." *British Journal of Middle Eastern Studies*, 35: 3 (2008), pp. 363–384.

Ayata, Sencer and Ayata, Ayşe-Güneş. "The Center-Left Parties in Turkey." *Turkish Studies*, Vol. 8, No. 2 (2007), pp. 211–232.

Aydin, Aysegul and Emrence, Cem. *Zones of Rebellion: Kurdish Insurgents and the Turkish State*. Ithaca and London: Cornell University Press, 2015.

Azak, Umut. "Beyond the Headscarf: Secularism and Freedom of Religion in Turkey." *Turkish Policy Quarterly*, Vo. 11, No. 4 (2012), pp. 91–99.

Azarian, Reza. "Nationalism in Turkey: Response to a Historical Necessity." *International Journal of Humanities and Social Science*, Vol. 1, No. 12 (2011), pp. 72–82.

Babayan, David. "Pan-Turkism and Geopolitics of China." *21st Century*, 1: 9 (2011), pp. 13–34.

Bacık, Gökhan. "The Nationalist Action Party in the 2011 Elections: The Limits of Oscillating between State and Society." *Insight Turkey*, Vol. 13, No. 4 (2011), pp. 171–187.

Bahar, Hacer. *From Empire to Republic: The Role of American Missionaries in US-Ottoman Empire Relations and their Educational Legacy*. Berlin: Peter Lang, 2019.

Bal, İdris. "The Turkish Model and the Turkic Republics." *Perceptions: Journal of International Affairs*, Vol. 3, No. 3 (1998), pp. 105–129.

Bal, Ihsan and Laciner, Sedat. "The Challenge of Revolutionary Terrorism to Turkish Democracy, 1960–80." *Terrorism and Political Violence*, Vol. 13, No. 4 (2001), pp. 90–115.

Balcı, Şükrü and Bekiroğlu, Onur. "The MHP's Lost Coalition Opportunity: Political Communication, Discourse and Strategies in the June and November 2015

Elections." *Insight Turkey*, Vol. 17, No. 4 (2015), pp. 209–230.

Baran, Zeyno. *Torn Country: Turkey between Secularism and Islamism*. Stanford: Hoover Institution Press, 2010.

Barras, Amélie. "A Rights-based Discourse to Contest the Boundaries of State Secularism? The Case of the Headscarf Bans in France and Turkey." *Democratization*, 16: 6 (2009), pp. 1237–1260.

Belge, Murat. "Nationalism, Democracy and the Left in Turkey." *Journal of Intercultural Studies*, Vol. 30, No. 1 (2009), pp. 7–20.

Bem, Nick van der Bijl. *The Cyprus Emergency: The Divided Island, 1955–1974*. Barnsley, South Yorkshire: Pen & Sword, 2010.

Benli, Fatma. "Women and Modernity: Turkey's Conundrums." *Turkish Policy Quarterly*, 11: 4 (2012), pp. 101–107.

Berkes, Niyazi. *The Development of Secularism in Turkey*. New York: Routledge, 1998.

Blasing, Mutlu Konuk. *Nazim Hikmet: The Life and Times of Turkey's World Poet*. New York: Persea Books, 2013.

Blind, Peride Kaleağasi. "A New Actor in Turkish Democratization: Labor Unions." *Turkish Studies*, Vol. 8, No. 2 (2007), pp. 289–311.

Bogdani, Mirela. *Turkey and the Dilemma of EU Accession: When Religion Meets Politics*. London and New York: I. B. Tauris, 2011.

Bogdani, Mirela. *Turkey and the Dilemma of EU Accession: When Religion Meets Politics*. London and New York: I. B. Tauris, 2011.

Bouhdiba, Abdelwahab. *Sexuality in Islam*, trans. by Alan Sheridan. London: Saqi, 2012 [2004].

Bozçağa, Tuğba. "Women and the Welfare State Regime in Turkey." *Turkish Policy Quarterly*, 11: 4 (2012), pp. 177–188.

Çaha, Ömer. "The Kurdish Women's Movement: A Third-Wave Feminism within the Turkish Context." *Turkish Studies*, 12: 3 (2011), pp. 435–449.

Çaha, Ömer. *Women and Civil Society in Turkey: Women's Movements in a Muslim Society*. Farnham, UK: Ashgate, 2013.

Casiday, Augustine and Norris, Frederick W. (eds.). *The Cambridge History of Christianity, Vol. 2: Constantine to C. 600*. Cambridge: Cambridge University Press, 2007.

Celep, Ödül. "Turkey's Radical Right and the Kurdish Issue: The MHP's Reaction to the 'Democratic Opening'." *Insight Turkey*, Vol. 12, No. 2 (2010), pp. 125–142.

Ciddi, Sinan. *Kemalism in Turkish Politics: The Republican People's Party, Secularism and Nationalism*. London and New York: Routledge, 2010.

Cinar, Meral Ugur. "Construction of Gender and National Identity in Turkey: Images of the First Lady in the Turkish Media (2002–7)." *Middle Eastern Studies*, 50: 3 (2014), pp. 482–492.

Cindoglu, Dilek and Unal, Didem. "Gender in Political Sex Scandals in Contemporary Turkey: Women's Agency and the Public Sphere." *Journal of Women, Politics & Policy*, 36: 4 (2015), pp. 464–485.

Çıtak, Zana and Tür, Özlem. "Women between Tradition and Change: The Justice and Development Party Experience in Turkey." *Middle Eastern Studies*, 44: 3 (2008), pp. 455–469.

Clark, Bruce *Twice a Stanger: How Mass Expulsion Forged Modern Greece and Turkey*. London: Granta Books, 2006.

Clark, Peter. *Istanbul: A Cultural History*. Northampton, MA: Interlink Books, 2012.

Clot, Andre. *Suleiman the Magnificent*, trans. by Matthew J. Reisz. London: Saqi, 2005.

Coşar, Simten and Onbaşi, Funda Gençoğlu. "Women's Movement in Turkey at Crossroads: From Women's Rights Advocacy to Feminism." *South European Society and Politics*, 13: 3 (2008), pp. 325–344.

Coşar, Simten and Özkan-Kerestecioğlu, İnci. "Feminist Politics in Contemporary Turkey: Neoliberal Attacks, Feminist Claims to the Public." *Journal of Women, Politics & Policy*, 38: 2 (2017), pp. 151–174.

Coşar, Simten and Yeğenoğlu, Metin. "New Grounds for Patriarchy in Turkey? Gender Policy in the Age of AKP." *South European Society and Politics*, 16: 4 (2011), pp. 555–573.

Coşkun, Vahap. "Constitutional Amendments under the Justice and Development Rule." *Insight Turkey*, Vol. 15, No. 4 (2013), pp. 95–113.

Curthoys, Ann and Lake, Marilyn. *Connected Worlds: History in Transnational Perspective*. Canberra: Australia National University Press, 2006.

"Davutoğlu Stepping Down as Turkish PM, AKP to Hold Snap Congress." *Hürriyet Daily News*, May 5, 2016.

Davutoğlu, Ahmet. *Stratejik Derinlik: Türkiye'nin Uluslararası Konumu*. İstanbul: Küre Yayınları, 2001.

Davutoğlu, Ahmet. "Principles of Turkish Foreign Policy and Regional Political Structuring." *Vision Papers*, No. 3, Ankara: SAM/Center for Strategic Research, April 2012.

Davutoğlu, Ahmet. "The Restoration of Turkey: Strong Democracy, Dynamic Economy, and Active Diplomacy." Ankara: SAM/Center for Strategic Research, 2014.

Dedeoglu, Saniye. *Women Workers in Turkey: Global Industrial Production in Istanbul*. London and New York: Tauris Academic Studies, 2008.

Dedeoglu, Saniye and Elveren, Adem Y. (eds.). *Gender and Society in Turkey: The Impact of Neoliberal Policies, Political Islam and EU Accession*. London and New York: I. B. Tauris, 2012.

Demirtaş, Selahattin. "The Middle East, the Kurdish Peace Process in Turkey, and Radical Democracy." *Turkish Policy Quarterly*, Vol. 13, No. 4 (2015), pp. 27–33.

Diner, Cagla and Toktaş, Şule. "Waves of Feminism in Turkey: Kemalist, Islamist and Kurdish Women's Movements in an Era of Globalization." *Journal of Balkan and Near Eastern Studies*, 12: 1 (2010), pp. 41–57.

Doğan, Erkan. "Parliamentary Experience of the Turkish Labor Party: 1965–1969." *Turkish Studies*, Vol. 11, No. 3 (2010), pp. 313–328.

Dr. Caleb Frank Gates: President of Robert College, 1903–1932, Istanbul: Tsitouris Brothers, 1932.

Ekinci, Mehmet Uğur. *Turkey's "Zero Problems" Era in the Balkans*. Ankara: SETA/Foundation for Political, Economic and Social Research, 2013.

Emre, Yunus. *The Emergence of Social Democracy in Turkey: The Left and the Transformation of the Republican People's Party*. London and New York: I. B. Tauris, 2014.

Ensaroğlu, Yılmaz. "Turkey's Kurdish Question and the Peace Process." *Insight Turkey*, Vol. 15, No. 2 (2013), pp. 7–17.

Erimtan, Can. *Ottomans Looking West? The Origins of the Tulip Age and Its Development in Modern Turkey*. London and New York: I. B. Tauris, 2008.

"Erdoğan and Davutoğlu: the Right Formula for New Turkey." *Daily Sabah*, August 23, 2014.

Erken, Ali. "Re-imaging the Ottoman Past in Turkish Politics: Past and Present." *Insight Turkey*, Vol. 15, No. 3 (2013), pp. 171–188.

Erken, Ali. "Ideological Construction of the Politics of Nationalism in Turkey: The Milliyetçi Hareket Partisi (MHP), 1965–1980." *Nationalism and Ethnic Politics*, Vol. 20, No. 2 (2014), pp. 200–220.

Ersel, Hasan. "Politico-Economic Developments in Turkey and the Transformation of Political Islam (1950–2010)." *Middle East Development Journal*, 5: 1 (2013), 135007: 1–25.

Esim, Simel and Cindoglu, Dilek. "Women's Organizations in 1990s Turkey: Predicaments and Prospects." *Middle Eastern Studies*, 35: 1 (1999), pp. 178–188.

Esposito, John L. and Voll, John O. *Islam and Democracy*. New York: Oxford University Press, 1996.

Evans, J.A. S. *The Age of Justinian: the Circumstance of Imperial Power*. New York: Routledge, 2000 [1996].

Fidan, Giray. "Chinese Intellectual Kang Youwei and Ottoman Modernization." *European Journal of Social Sciences*, Vol. 28 (2012), pp. 196–199.

Findley, Carter Vaugh. *Turkey, Islam, Nationalism, and Modernity: A History*. New Haven and London: Yale University Press, 2010.

Foltz, Richard. *Religions of the Silk Road: Premodern Patters of Globalization*, 2nd edition. New York: Palgrave, 2010 [1999].

Freely, John. *Istanbul: The Imperial City*. London: Penguin, 1998.

Freely, John. *A History of Robert College*, 2 volumes. Istanbul: Yapi Kredi, 2000.

Freely, John. *The Grand Turk: Sultan Mehmet II-Conqueror of Constantinople and Master of an Empire*. London and New York: I. B. Tauris, 2009.

Freely, John. *A Bridge of Culture: Robert College- Boğaziçi University*. Istanbul: Boğaziçi University Press, 2012.

Fromkin, David. *A Peace to End All Peace: The Fall of the Ottoman Empire and the Creation of the Modern World*. New York: Henry Holt and Company, 2009.

Fuller, Graham E. *The New Turkish Republic: Turkey as a Pivotal State in the Muslim World*. Washington, DC: United States Institute of Peace, 2007.

Fuller, Graham E. *Turkey and the Arab Spring: Leadership in the Middle East*. Bozorg Press, 2014.

Garnett, Lucy Mary Jane. *Turkish Life in Town and Country*. New York and London: The Knickerbocker Press, 1904.

Gates, Caleb Frank. *Not to Me Only*. Princeton: Princeton University Press, 1940.

Genel, Sema and Karaosmanoğlu, Kerem. "A New Islamic Individualism in Turkey: Headscarved Women in the City." *Turkish Studies*, 7: 3 (2006), pp. 473–488.

Gökay, Bülent. "The Turkish Communist Party: The Fate of the Founders." *Middle Eastern Studies*, Vol. 29, No. 2 (1993), pp. 220–235.

Gökay, Bülent. *Soviet Eastern Policy and Turkey, 1920–1991: Soviet Foreign Policy, Turkey and Communism*. London and New York: Routledge, 2006.

Göksu, Saime and Timms, Edward. *Romantic Communist: The Life and Work of Nazim Hikmet*. London: Hurst & Company, 1999.

Gordon, Philip H. and Taspinar, Omer. *Winning Turkey: How America, Europe, and Turkey can Revive a Fading Partnership*. Washington, DC: Brookings Institution Press, 2008.

Grigoriadis, Ioannis N. *Trials of Europeanization: Turkish Political Culture and the European Union*. New York: Palgrave MacMillan, 2009.

Gunes, Cengiz. *The Kurdish National Movement in Turkey: From Protest to Resistance*.

London and New York: Routledge, 2012.

Gunter, Michael M. *Armenian History and the Question of Genocide*. New York: Palgrave MacMillan, 2011.

Gürpinar, Doğan. "The Trajectory of Left-Liberalism in Turkey and Its Nemesis: The Great Rupture in the Turkish Left." *Insight Turkey*, Vol. 14, No. 1 (2012), pp. 147–168.

Hale, William. *Turkish Foreign Policy since 1774*. London and New York: Routledge, 2013 [2000; 2003].

Hamlin, Cyrus. *Among the Turks*. Istanbul: Boğaziçi University Press, 2013 [1877].

Hamlin, Cyrus. *My Life and Times*. Istanbul: Boğaziçi University Press, 2013 [1893].

Han, Gül Bilge. "Nazım Hikmet's Afro-Asian Solidarities." *Safundi*, Vol. 9, No. 3 (2018), pp. 284–305.

Hanioğlu, M. Şükrü. *Atatürk: An Intellectual Biography*. Princeton and Oxford: Princeton University Press, 2011.

Hansen, Valerie. *The Silk Road: A New History*. New York: Oxford University Press, 2012.

Harris, George S. *The Origins of Communism in Turkey*. Stanford: The Hoover Institution, 1967.

Harris, Jonathan. *Constantinople: Capital of Byzantium*. London and New York: Continuum, 2007.

Harris, Jonathan. *Constantinople: Capital of Byzantium*, 2nd edition. London: Bloomsbury, 2017.

Harris, Paul Williams. *Nothing but Christ: Rufus Anderson and the Ideology of Protestant Foreign Missions*. New York: Oxford University Press, 1999.

Hashemi, Nader. *Islam, Secularism, and Liberal Democracy: Toward a Democratic Theory of Muslim Societies*. Oxford and New York: Oxford University Press, 2009.

Hikmet, Nazim. *Human Landscapes from My Country: An Epic Novel in Verse*, trans. by Randy Blasing and Mutlu Konuk. New York: Persea Books, 2002.

Hirschon, Renée (ed.). *Crossing the Aegean: An Appraisal of the 1923 Compulsory

Population Exchange between Greece and Turkey. New York and Oxford: Berghahn Books, 2003.

Hourani, Albert. *A History of the Arab Peoples*. London: Faber and Faber, 1991; 2002; 2013.

Houston, Christopher. *Kurdistan: Crafting of National Selves*. Oxford and New York: Berg, 2008.

Howe, Barbara J. and Kemp, Emory L. (eds.). *Public History: An Introduction*. Malabar, FL: Robert E. Krieger Publishing Company, 1986.

Hutchinson, William R. *Errand to the World*. Chicago and London: The University of Chicago Press, 1987.

Hyde, Andrew. *Jihad: The Ottomans and the Allies, 1914–1922*. Stroud, GL: Amberley Publishing, 2017.

Ilicak, H. Sükrü. "Jewish Socialism in Ottoman Salonica." *Southeast European and Black Sea Studies*, Vol. 2, No. 3 (2002), pp. 115–146.

Jwaideh, Wadie. *The Kurdish National Movement: Its Origins and Development*. Syracuse, NY: Syracuse University Press, 2006.

Kanat, Kılıc. "Elections in Turkey." Ankara: SETA/Foundation for Political, Economic and Social Research, October 2015.

Kanat, Kılıc. "Turkey and the U.S.: the Longest Two Years of the Relations." Ankara: SETA/Foundation for Political, Economic and Social Research, 2015.

Kanat, Kılıc, Hannon, Jackson and Backer, Meghan. "Turkey's Elections 2018." Ankara: SETA/Foundation for Political, Economic and Social Research, June 2018.

Kandiyoti, Deniz. "Bargaining with Patriarchy." *Gender and Society*, 2: 3 (1988), pp. 274–290.

Kandiyoti, Deniz. "Locating the Politics of Gender: Patriarchy, Neo-liberal Governance and Violence in Turkey." *Research and Policy on Turkey*, 1: 2 (2016), pp. 103–118.

Karagöl, Erdal Tanas. "The Turkish Economy during the Justice and Development Party Decade." *Insight Turkey*, Vol. 15, No. 4 (2013), pp. 115–129.

Karasipahi, Sena. *Muslims in Modern Turkey: Kemalism, Modernism and the Revolt of the Islamic Intellectuals*. London and New York: I. B. Tauris, 2014.

Kardam, Nükhet. *Turkey's Engagement with Global Women's Human Rights*. Aldershot: Ashgate, 2005.

Karpat, Kemal H. "The Turkish Left." *Journal of Contemporary History*, Vol. 1, No. 2 (1966), pp. 169–186.

Kavakci, Merve. *Headscarf Politics in Turkey: A Postcolonial Reading*. New York: Palgrave Macmillan, 2010.

Ker-Lindsay, James. *The Cyprus Problem: What Everyone Needs to Know*. Oxford and New York: Oxford University Press, 2011.

Keyman, E. Fuat and Öniş, Ziya. "Globalization and Social Democracy in the European Periphery: Paradoxes of the Turkish Experience." *Globalizations*, Vol. 4, No. 2 (2007), pp. 211–228.

Keyman, E. Fuat and Gumuscu, Sebnem. *Democracy, Identity, and Foreign Policy in Turkey: Hegemony through Transformation*. New York: Palgrave Macmillan, 2014.

Kili, Suna. "Kemalism in Contemporary Turkey." *International Political Science Review*, Vol. 1, No. 3 (1980), pp. 381–404.

King, Charles. *Midnight at the Pera Palace: the Birth of Modern Istanbul*. New York and London: W.W. Norton & Company, 2014.

Kinross, Patrick. *Ataturk: The Rebirth of a Nation*. London: Weidenfeld & Nicolson, 2012.

Kirişici, Kemal and Winrow, Gareth M. *The Kurdish Question and Turkey: An Example of a Trans-state Ethnic Conflict*. London and New York: Routledge, 1998; 2003.

Kösebalaban, Hasan. "Turkey and the New Middle East: Between Liberalism and Realism." *Perceptions: Journal of International Affairs*, Vol. 16, No. 3 (2011), pp. 93–114.

KüçüK, Sedef. "Being a Woman in Turkey and in the Middle East." *Turkish Policy Quarterly*, Vo. 11, No. 4 (2012), pp. 23–30.

Kuru, Ahmet T. "Changing Perspectives on Islamism and Secularism in Turkey: The

Gülen Movement and the AK Party," Louis J. Cantori, Marcia K. Hermansen and David B. Capes (eds.) *Muslim World in Transition: Contributions of the Gülen Movement*, pp. 140–151. London: Leeds Metropolitan University Press, 2007.

Kuru, Ahmet T. and Stepan, Alfred (eds.). *Democracy, Islam, and Secularism in Turkey*. New York: Columbia University Press, 2012.

Landau, Jacob. "The Nationalist Action Party in Turkey." *Journal of Contemporary History*, Vol. 17 (1982), pp. 587–606.

Landau, Jacob (ed.). *Atatürk and the Modernization of Turkey*, Boulder: Westview Press & Leiden: Brill, 1984.

Landau, Jacob. *The Politics of Pan-Islam: Ideology and Organization*. Oxford: Clarendon Press, 1990.

Landau, Jacob. *Pan-Turkism: From Irredentism to Cooperation*. London: Hurst & Company, 1995 [1981].

Larrabee, F. Stephen. "Turkey Rediscovers the Middle East." *Foreign Affairs*, Vol. 86, No. 4 (2007), pp. 103–114.

Leffler, Phyllis K. and Brent, Joseph (eds.). *Public History Readings*. Malabar, FL: Robert E. Krieger Publishing Company, 1992.

Lewis, Bernard. *The Origins of Ismailism*. Cambridge: W. Heffer & Sons, Ltd., 1940; reprinted AMS, New York: 1975.

Lewis, Bernard. *Notes and Documents from the Turkish Archives*. Jerusalem: Israel Oriental Society, 1952.

Lewis, Bernard. *Istanbul and the Civilization of the Ottoman Empire*. Norman, OK: University of Oklahoma Press, 1963.

Lewis, Bernard. *The Middle East and the West*. Bloomington: Indiana University Press, and London: Weidenfeld & Nicholson, 1964; reprinted (paperback) New York: Harper & Row, and Weidenfeld & Nicholson, 1964; reprinted (paperback) Harper & Row, 1966, 1968.

Lewis, Bernard. *The Assassins*. London: Weidenfeld & Nicolson, 1967; New York: Basic Books, 1968, 1970; reprinted 1972, 1980; New York: Oxford University

Press, 1987.

Lewis, Bernard (ed.). *Islam from the Prophet Muhammad to the Capture of Constantinople*, 2 vols. New York: Walker, 1974; (paperback) New York: Harper & Row, 1974; New York: Oxford University Press, 1987.

Lewis, Bernard. *History — Remembered, Recovered, Invented*. Princeton: Princeton University Press, 1975; reprinted 1976; (paperback) New York: Simon & Schuster, 1987.

Lewis, Bernard. *Race and Color in Islam*. New York: Harper & Row, 1971; reprinted New York: Octagon Books, 1979.

Lewis, Bernard. *The Jews of Islam*. Princeton: Princeton University Press, 1984, reprinted 1986; paperback ed. 1987.

Lewis, Bernard. *Semites and Anti-Semites*. New York: W. W. Norton, 1986; London: Orion Publishing, 1997; rev. ed. 1999.

Lewis, Bernard. *The Political Language of Islam*. Chicago: University of Chicago Press, 1988.

Lewis, Bernard. *Islam and the West*. New York: Oxford University Press, 1993.

Lewis, Bernard. *Shaping of the Modern Middle East*. New York: Oxford University Press, 1993 [A revised version of *The Middle East and the West*, 1964].

Lewis, Bernard. *Cultures in Conflict: Christians, Muslims and Jews in the Age of Discovery*, New York: Oxford University Press, 1995.

Lewis, Bernard. *The Multiple Identities of the Middle East*. London: Weidenfeld & Nicolson, 1998.

Lewis, Bernard (ed.). *A Middle East Mosaic: Fragment of Life, Letters and History*. New York: Random House, 2000.

Lewis, Bernard. *Music of a Distant Drum*. Princeton: Princeton University Press, 2001.

Lewis, Bernard. *The Emergence of Modern Turkey*, 3rd edition. Oxford and New York: Oxford University Press, 2002 [1961; 1962; 1965; 1966; 1968].

Lewis, Bernard. *What Went Wrong? The Clash between Islam and Modernity in the Middle East*. New York: Oxford University Press, 2002.

Lewis, Bernard. *The Middle East: A Brief History of the Last 2000 Years*. New York and London: Scribner, 2003 [1995].

Lewis, Bernard. *The Crisis of Islam: Holy War and Unholy Terror*. New York: Random House, 2003.

Lewis, Bernard. *From Babel to Dragomans: Interpreting the Middle East*. London: Phoenix, 2005 [2004].

Lewis, Bernard. *Faith and Power: Religion and Politics in the Middle East*. New York: Oxford University Press, 2010.

Lewis, Bernard. *The End of Modern History in the Middle East*. Stanford, CA: Hoover Institution Press, 2011.

Lewis, Bernard and Cohen, Amnon. *Population and Revenue in the Towns of Palestine in the Sixteenth Century*. New York: W. W. Norton, 1982, paperback ed. 1985; rev. ed. 2001.

Lewis, Bernard and Churchill, Buntzie Ellis. *Islam: the Religion and the People*. Upper Saddle River, NJ: Wharton School Publishing, 2008.

Lewis, Bernard and Churchill, Buntzie Ellis. *Notes on a Century: Reflections of a Middle East Historian*. London: Phoenix, 2013 [2012].

Lipovsky, Igor. "The Legal Socialist Parties of Turkey, 1960−80," *Middle East Studies*, Vol. 27, No. 1 (1991), pp. 94−111.

Lipovsky, Igor. *The Socialist Movement in Turkey, 1960−1980*. Leiden: Brill, 1992.

Liu, Xinru. *The Silk Road in World History*. New York: Oxford University Press, 2010.

Liu, Yi. "Cross-cultural Encounters along the New Silk Road: the 'Back to Jerusalem' Movement." *Asia Journal of Theology*, Vol. 33, No. 1 (2019), pp. 94−109.

Lutz, Jessie G. *China and the Christian Colleges, 1850−1950*. Ithaca and London: Cornell University Press, 1971.

Lutz, Jessie G. *Chinese Politics and Christian Missions: The Anti-Christian Movement of 1920−1928*. Norte Dame: Cross Cultural Publications, 1988.

Macfie, Alexander Lyon. *The Eastern Question 1774−1923*. London and New York: Routledge, 1996.

MacLean, Gerald. *Abdullah Gül and the Making of the New Turkey*. London: Oneworld Publications, 2014.

Mainstone, Rowland J. *Hagia Sophia: Architecture, Structure, and Liturgy of Justinian's Great Church*. New York: Thames and Hudson, 1988.

Mango, Andrew. *Turkey and the War on Terror: For Forty Years We Fought Alone*. London and New York: Routledge, 2005.

Mankoff, Jeffrey. "Best of Enemies: the Russia-Turkey Confrontation beyond Syria." Washington DC: Center for Strategic and International Studies, January 6, 2016.

Mansfield, Peter. *A History of the Middle East*, 4 edition. London: Penguin, 1992; 2003; 2010; 2013 [Viking, 1991].

Marshall, Gül Aldikaçti. "Ideology, Progress, and Dialogue: A Comparison of Feminist and Islamist Women's Approaches to the Issues of Head Covering and Work in Turkey." *Gender and Society*, 19: 1 (2005), pp. 104–120.

Marshall, Gül Aldikaçti. "A Question of Compatibility: Feminism and Islam in Turkey." *Critique: Critical Middle Eastern Studies*, 17: 3 (2008), pp. 223–238.

Marshall, Gül Aldikaçti. "Gender Quotas and the Press in Turkey: Public Debate in the Age of AKP Government." *South European Society and Politics*, 15: 4 (2010), pp. 573–591.

Marshall, Gül Aldikaçti. *Shaping Gender Policy in Turkey: Grassroots Women Activists, the European Union, and the Turkish State*. Albany, NY: State University of New York Press, 2013.

Mastny, Vojtech and Nation, R. Craig. *Turkey Between East and West: New Challenges for a Rising Regional Power*. Boulder, CO: Westview Press, 1997.

Mathews, Thomas. *Byzantium: From Antiquity to the Renaissance*. New Haven and London: Yale University Press, 1998.

McCarthy, Justin. *The Ottoman Turks: An Introductory History to 1923*. London and New York: Longman, 1997.

Milton, Giles. *Paradise Lost: Smyrna 1922*. New York: Basic Books, 2008.

Miş, Nebi and Aslan, Ali. "Erdoğan's Politics and His Presidential Mission." Ankara:

SETA/Foundation for Political, Economic and Social Research, 2014.

Mitchell, Margaret Mary, Young, Frances M. and Bowie, K. Scott (eds.). *The Cambridge History of Christianity, Vol. 1: Origins to Constantine*. Cambridge: Cambridge University Press, 2006.

Navaro-Yashin, Yael. *Faces of the State: Secularism and Public Life in Turkey*. Princeton and Oxford: Princeton University Press, 2002.

Negrón-Gonzales, Melinda. "The Feminist Movement during the AKP Era in Turkey: Challenges and Opportunities." *Middle Eastern Studies*, 52: 2 (2016), pp. 198–214.

Nykänen, Johanna. "Identity, Narrative and Frames: Assessing Turkey's Kurdish Initiatives." *Insight Turkey*, Vol. 15, No. 2 (2013), pp. 85–101.

Onar, Nora Fisher and Paker, Hande. "Towards Cosmopolitan Citizenship? Women's Rights in Divided Turkey." *Theory and Society*, 41: 4 (2012), pp. 375–394.

Onis, Ziya. "The Political Economy of Islamic Resurgence in Turkey: the Rise of the Welfare Party in Perspective." *Third World Quarterly*, 18: 4 (1997), pp. 743–766.

Onis, Ziya. "Globalization, Democratization and the Far Right: Turkey's Nationalist Action Party in Critical Perspective." *Democratization*, Vol. 10, No. 1 (2003), pp. 27–52.

Onis, Ziya. "Turkey and the Arab Spring: Between Ethics and Self-Interest." *Insight Turkey*, Vol. 14, No. 3 (2012), pp. 45–63.

Orsal, Osman. "From ISIS to the Kurds to Erdogan: Why Turkey is in Serious Trouble." *The Atlantic*, October 5, 2015.

Özgüler, Cevahir and Yarar, Betül. "Neoliberal Body Politics: Feminist Resistance and the Abortion Law in Turkey." in Wendy Harcourt (ed.), *Bodies in Resistance: Gender and Sexual Politics in the Age of Neoliberalism*, pp. 133–161. London: Palgrave, 2017.

Özhan, Taha. "The Longest Year of Turkish Politics: 2014." *Insight Turkey*, Vol. 16. No. 2 (2014), pp. 79–98.

Özkan, Behlül. *From the Abode of Islam to the Turkish Vatan: The Making of a National*

Homeland in Turkey. New Haven and London: Yale University Press, 2012.

Özkırımlı, Umut and Sofos, Spyros A. *Tormented by History: Nationalism in Greece and Turkey*. London: Hurst & Company, 2008.

Özyürek, Esra. *Nostalgia for the Modern: State Secularism and Everyday Politics in Turkey*. Durham and London: Duke University Press, 2006.

Pak, Soon-Yong. "Politicizing Imagery and Representation of Muslim Womanhood: Reflections on the Islamic Headscarf Controversy in Turkey." *Asian Journal of Women's Studies*, 12: 4 (2006), pp. 32–60.

Palabiyik, Mustafa Serdar. *Understanding the Turkish-Armenian Controversy over 1915*. Istanbul: Beta, 2015.

Park, Bill. *Modern Turkey: People, State and Foreign Policy in a Globalized World*. London and New York: Routledge, 2012.

Patrick, Mary Mills. *Under Five Sultans*. New York: The Century Co., 1929.

Patrick, Mary Mills. *A Bosporus Adventure: Istanbul (Constantinople) Woman's College, 1871–1924*. Stanford: Stanford University Press, 1934.

Peirce, Leslie P. *The Imperial Harem: Women and Sovereignty in the Ottoman Empire*. New York and Oxford: Oxford University Press, 1993.

Poulton, Hugh. *Top Hat Grey Wolf, and Crescent: Turkish Nationalism and the Turkish Republic*. London: Hurst and Company, 1997.

Prior, Robin. *Gallipoli: The End of the Myth*. London and New Haven: Yale University Press, 2009.

Rabasa, Angel and Larrabee, F. Stephen. *The Rise of Political Islam in Turkey*. Santa Monica: RAND, 2008.

Reeves-Ellington, Barbara. "Constantinople Woman's College: Constructing Gendered, Religious, and Political Identities in an American Institution in the Late Ottoman Empire." *Women's History Review*, Vol. 24, No. 1 (2015), pp. 53–71.

Robert, Dana L. *Christian Mission: How Christianity Became a World Religion*. West Sussex and Malden: Wiley-Blackwell, 2009.

Rubin, Barry and Heper, Metin (eds.). *Political Parties in Turkey*. London and Portland,

OR: Frank Class, 2002.

Runciman, Steven. *The Fall of Constantinople: 1453*. Cambridge: Cambridge University Press, 1965.

Sabev, Orlin. *Spiritus Roberti-Shaping New Minds and Robert College in Late Ottoman Society*. Istanbul: Boğaziçi University Press, 2014.

Sachsenmaier, Dominic. *Global Perspectives on Global History: Theories and Approaches in a Connected World*. Cambridge and New York: Cambridge University Press, 2011.

Safa, Peyami. *Reflections on the Turkish Revolution*, trans. by Yuluğ Tekin Kurat. Ankara: Atatürk Research Center, 1999.

Sahin, Emrah. *Errand into the East: A Social History of American Missionaries in Istanbul, 1830–1900*. Koln: Lambert Academic Publishing, 2019.

Saktanber, Ayşe. *Living Islam: Women, Religion and the Politicization of Culture in Turkey*. London and New York: I. B. Tauris, 2002.

Şanlı, Şölen. *Women and Cultural Citizenship in Turkey: Mass Media and "Women's Voice" Television*. London and New York: I. B. Tauris, 2016.

Šedivý, Miroslav. *Crisis among the Great Powers: The Concert of Europe and the Eastern Question*. London and New York: I. B. Tauris, 2016.

Seggie, Fatma Nevra. *Religion and the State in Turkish Universities: The Headscarf Ban*. New York: Palgrave Macmillan, 2011.

Sevindi, Nevval and Abu-Rabi, Ibrahim M. (eds.). *Contemporary Islamic Conversations: M. Fethullah Gülen on Turkey, Islam and the West*, tans. by Abdullah T. Antepli. Albany, NY: State University of New York Press, 2008.

Seyhan, Azade. "Beyond Exile and Sorrow: Nazim Hikmet Writes of Passage." *Journal of Turkish Literature*, 11 (2014), pp. 61–75.

Simga, Hulya and Goker, Gulru Z. "Wither Feminist Alliance? Secular Feminists and Islamist Women in Turkey." *Asian Journal of Women's Studies*, 23: 3 (2017), pp. 273–293.

Sirman, Nükhet. "Feminism in Turkey: A Short History." *New Perspectives on Turkey*,

3: 1 (1989), pp. 1-34.

Smith, Jane I. "French Christian Narratives Concerning Muhammad and the Religion of Islam from the 15th to the 18th Centuries." *Islam and Christian-Muslim Relations*, Vol. 7, No. 1 (1996), pp. 47-61.

Smith, Jane I. "Christian Missionary Views of Islam in the Nineteenth and Twentieth Centuries." *Islam and Christian-Muslim Relations*, Vol. 9, No. 3 (1998), pp. 357-373.

Sonyel, Salahi R. *Atatürk: The Founder of Modern Turkey*. Ankara: Turkish Historical Society Printing House, 1989.

Stein, Aaron. *Turkey's New Foreign Policy: Davutoglu, the AKP and the Pursuit of Regional Order*. London: The Royal United Services Institute, 2014.

Stevens, Marcia and Stevens, Malcolm. *Against the Devil's Current: The Life and Times of Cyrus Hamlin*. Istanbul: Boğaziçi University Press, 2012.

Stone, Frank Andrews. *Academies for Anatolia: A Study of the Rationale, Program, and Impact of the Educational Institutions Sponsored by the American Board in Turkey, 1830-1980*. Claremont, CA: Caddo Gap Press, 2006.

Stoye, John. *The Siege of Vienna: The Last Great Trial between Cross and Crescent*. New York: Pegasus, 2008.

Taşpinar, Ömer. "New Turkey and Its Paradox (1)." *Today's Zaman*, April 13, 2014.

Taşpinar, Ömer. "New Turkey and Its Paradox (2)." *Today's Zaman*, April 20, 2014.

Taşpinar, Ömer. "Ambivalence about Davutoğlu." *Today's Zaman*, August 24, 2014.

Temür, Haydar. "Kendi Yayınları Çerçevesinde Osmanlı Sosyalist Fırkası Çevresinin Fikirleri." *Atatürk Yolu Dergisi*, Sayı: 60, Bahar 2017, s. 233-276.

Ter-Matevosyan, Vahram. "Kemalism and Communism: From Cooperation to Complication." *Turkish Studies*, Vol. 16, No. 4 (2015), pp. 510-526.

Tezcür, Güneş Murat. "Kurdish Nationalism and Identity in Turkey: A Conceptual Reinterpretation." *European Journal of Turkish Studies*, No. 10 (2009).

Thain, A.R. "Cyrus Hamlin: Missionary, Statesman, Inventor." *Envelop Series*, Vol. 10, No. 2 (1907), pp. 3-25.

Tocci, Nathalie et al. *Turkey and the Arab Spring: Implications for Turkish Foreign Policy from a Transatlantic Perspective*. Washington, DC: The German Marshall Fund of the United States, 2011.

Toktaş, Şule and Diner, Cagla. "Feminists' Dilemma — With or Without the State? Violence against Women and Women's Shelters in Turkey." *Asian Journal of Women's Studies*, 17: 3 (2011), pp. 49–75.

Tol, Gonul. "Turkey's Next Military Coup: How Empowering the Generals could Backfire." *Foreign Affairs*, May 30, 2016.

Toledano, Ehud R. "Some Thoughts on the Ottomans and neo-Ottomanism." *Turkish Review*, Vol. 3, No. 1 (2013), pp. 8–13.

Tuğal, Cihan. *The Fall of the Turkish Model: How the Arab Uprisings Brought Down Islamic Liberalism*. London: Verso, 2016.

Tunçay, Mete and Zürcher, Erik J. (eds.). *Socialism and Nationalism in the Ottoman Empire and Modern Turkey*. London: I. B. Tauris, 1994.

"Turkey Divided on Erdogan and the Country's Direction." Pew Research Global Attitudes Project, July 30, 2014.

"Turkey's Female MPs Wear Headscarves in Parliament for the First Time." *The Guardian*, October 31, 2013.

"Turkish President Erdoğan Says Gender Equality 'Against Nature'." *Hürriyet Daily News*, November 24, 2014.

Tütüncü, Fatma. "The Women Preachers of the Secular State: The Politics of Preaching at the Intersection of Gender, Ethnicity and Sovereignty in Turkey." *Middle Eastern Studies*, 46: 4 (2010), pp. 595–614.

Uchehara, Kieran. "Erdoğan's Mideast and African Tour: Putting Turkey on the Map." *Turkish Review*, Vol. 1, No. 6 (2011), pp. 68–71.

Ulum, Ömer Gökhan. *Recep Tayyip Erdoğan-The Brave Heart: the Father of New Turkey*. Frederick, MD: America Star Books, 2014.

Ulus, Özgür Mutlu. *The Army and the Radical Left in Turkey: Military Coups, Socialist Revolution and Kemalism*. London and New York: I. B. Tauris, 2011.

Ustun, Kadir and Cebeci, Erol. "AK Party-Gulen Split: Political Fallout from Corruption Probe." Washington, DC: SETA, 2014.

VanderLippe, John M. *The Politics of Turkish Democracy: İsmet İnönü and the Formation of the Multi-Party System, 1938–1950*. Albany, NY: State University of New York Press, 2005.

Ware, Timothy. *The Orthodox Church: An Introduction to Eastern Christianity*. London: Penguin, 2015.

Washburn, George. *Fifty Years in Constantinople and Recollections of Robert College*. Istanbul: Boğaziçi University Press, 2012 [1909].

Watts, Nicole F. *Activists in Office: Kurdish Politics and Protests in Turkey*. Seattle and London: University of Washington Press, 2010.

White, Jenny B. *Islamist Mobilization in Turkey: A Study in Vernacular Politics*. Seattle: University of Washington Press, 2002.

White, Jenny B. *Muslim Nationalism and the New Turks*. Princeton and Oxford: Princeton University Press, 2013.

White, Paul. *The PKK: Coming Down from the Mountains*. London: Zed Books, 2015.

Wilson, Peter H. *The Holy Roman Empire: A Thousand Years of Europe's History*. London: Penguin, 2017.

Wolff, Robert Lee. "The Three Romes: The Migration of an Ideology and the Making of an Autocrat." *Daedalus*, Vol. 88, No. 2 (1959), pp. 291–311.

Wyers, Mark David. *"Wicked" Istanbul: The Regulation of Prostitution in the Early Turkish Republic*. Istanbul: Libra, 2012.

Yang, Fenggang and Tamney, Joseph (eds.). *Confucianism and Spiritual Traditions in Modern China and Beyond*. Leiden and Boston: Brill, 2012.

Yavuz, Hakan. "Five Stages of the Construction of Kurdish Nationalism in Turkey." *Nationalism and Ethnic Politics*, Vol. 7, No. 3 (2001), pp. 1–24.

Yavuz, Hakan. "The Politics of Fear: The Rise of the Nationalist Action Party (MHP)." *Middle East Journal*, Vol. 56, No. 2 (2002), pp. 200–201.

Yavuz, Hakan. *Secularism and Muslim Democracy in Turkey*. Cambridge: Cambridge

University Press, 2009.

Yavuz, Hakan. *Toward an Islamic Enlightenment: The Gülen Movement.* New York: Oxford University Press, 2013.

Yavuz, Hakan (ed.). *The Emergence of a New Turkey: Democracy and the AK Parti.* Salt Lake City, UT: The University of Utah Press, 2006.

Yazıcı, Berna. "The Return to the Family: Welfare, State, and Politics of the Family in Turkey." *Anthropological Quarterly*, 85: 1 (2012), pp. 103–140.

Yesevi, Çağla Gül. "Turkish Political Parties and Turkish Nationalism." *International Journal of Social Sciences and Humanity Studies*, Vol. 4, No. 1 (2012), pp. 95–106.

Yeşiltaş, Murat and Özçelik, Necdet. "Turkey's Stillborn Junta Coup Attempt: Process, Responses and Prospects." *Analysis*, No. 19, Ankara: SETA/Foundation for Political, Economic and Social Research, July 2016.

Yıldırım, Kadir. "Osmanlı Sosyalist Hareketi İçinde Mustafa Suphi: Hayatı ve Fikirleri." *Sosyoloji Dergisi*, 3. Dizi, 28. Sayı, 2014/1, s.101–115.

Yilmaz, Muzaffer Ercan. "The Rise of Political Islam in Turkey: the Case of the Welfare Party." *Turkish Studies*, 13: 3 (2012), pp. 363–378.

Ze'evi, Dror. *Producing Desire: Changing Sexual Discourse in the Ottoman Middle East, 1500–1900.* Berkeley: University of California Press, 2006.

Zeytinoglu, Gunes N. and Bonnabeau, Richard F. "From Atatürk to Erdoğan: Women in Modern Turkey." in Saba Safdar and Natasza Kosakowska-Berezecka (eds.), *Psychology of Gender through the Lens of Culture: Theories and Applications*, pp. 93–112. Cham, Switzerland: Springer International Publishing, 2015.

Zürcher, Erik J. *The Young Turk Legacy and Nation Building: From the Ottoman Empire to Atatürk's Turkey.* London and New York: I. B. Tauris, 2010.

Zürcher, Erik J. *Turkey: A Modern History.* London and New York: I. B. Tauris, 2012.

Zürcher, Erik J (ed.). *Jihad and Islam in World War I: Studies on the Ottoman Jihad on the Centenary of Snouck Hurgronje's "Holy War Made in Germany."* Leiden: Leiden University Press, 2016.